ACCESO AL E-BOOK GRATIS

[+] Diríjase a la página web de la editorial www.tirant.com

[+] En *Mi cuenta* vaya a Mis promociones www.tirant.com/mispromociones

[+] Introduzca su mail y contraseña, si todavía no está registrado debe registrarse

[+] Una vez en Mis promociones inserte el código oculto en esta página para activar la promoción

Código Promocional

Rasque para visualizar

La utilización del LIBRO ELECTRÓNICO y la visualización del mismo en NUBE DE LECTURA excluyen los usos bibliotecarios y públicos que puedan poner el archivo electrónico a disposición de una comunidad de lectores. Se permite tan solo un uso individual y privado.

AF808854

No se admitirá la devolución de este libro si el código promocional ha sido manipulado

PROTECCIÓN JURÍDICA DEL ORDEN PÚBLICO, LA PAZ PÚBLICA Y LA SEGURIDAD CIUDADANA

COMITÉ CIENTÍFICO DE LA EDITORIAL TIRANT LO BLANCH

MARÍA JOSÉ AÑÓN ROIG
Catedrática de Filosofía del Derecho de la Universidad de Valencia

ANA BELÉN CAMPUZANO LAGUILLO
Catedrática de Derecho Mercantil de la Universidad CEU San Pablo

JORGE A. CERDIO HERRÁN
Catedrático de Teoría y Filosofía de Derecho. Instituto Tecnológico Autónomo de México

JOSÉ RAMÓN COSSÍO DÍAZ
Ministro de la Suprema Corte de Justicia de México

OWEN M. FISS
Catedrático emérito de Teoría del Derecho de la Universidad de Yale (EEUU)

LUIS LÓPEZ GUERRA
Juez del Tribunal Europeo de Derechos Humanos
Catedrático de Derecho Constitucional de la Universidad Carlos III de Madrid

ÁNGEL M. LÓPEZ Y LÓPEZ
Catedrático de Derecho Civil de la Universidad de Sevilla

MARTA LORENTE SARIÑENA
Catedrática de Historia del Derecho de la Universidad Autónoma de Madrid

JAVIER DE LUCAS MARTÍN
Catedrático de Filosofía del Derecho y Filosofía Política de la Universidad de Valencia

VÍCTOR MORENO CATENA
Catedrático de Derecho Procesal de la Universidad Carlos III de Madrid

FRANCISCO MUÑOZ CONDE
Catedrático de Derecho Penal de la Universidad Pablo de Olavide de Sevilla

ANGELIKA NUSSBERGER
Jueza del Tribunal Europeo de Derechos Humanos. Catedrática de Derecho Internacional de la Universidad de Colonia (Alemania)

HÉCTOR OLASOLO ALONSO
Catedrático de Derecho Internacional de la Universidad del Rosario (Colombia) y Presidente del Instituto Ibero-Americano de La Haya (Holanda)

LUCIANO PAREJO ALFONSO
Catedrático de Derecho Administrativo de la Universidad Carlos III de Madrid

TOMÁS SALA FRANCO
Catedrático de Derecho del Trabajo y de la Seguridad Social de la Universidad de Valencia

JOSÉ IGNACIO SANCHO GARGALLO
Magistrado de la Sala Primera (Civil) del Tribunal Supremo de España

TOMÁS S. VIVES ANTÓN
Catedrático de Derecho Penal de la Universidad de Valencia

RUTH ZIMMERLING
Catedrática de Ciencia Política de la Universidad de Mainz (Alemania)

Procedimiento de selección de originales, ver página web:

www.tirant.net/index.php/editorial/procedimiento-de-seleccion-de-originales

PROTECCIÓN JURÍDICA DEL ORDEN PÚBLICO, LA PAZ PÚBLICA Y LA SEGURIDAD CIUDADANA

Directores:

MARÍA LUISA CUERDA ARNAU
Catedrática de Derecho penal. Universitat Jaume I

JUAN ANTONIO GARCÍA AMADO
Catedrático de Filosofía del Derecho. Universidad de León

Autores:

Alberto Alonso Rimo
Profesor Titular Derecho Penal
Universidad de Valencia

José Luis Blasco Díaz
Catedrático de Derecho Administrativo
Universitat Jaume I de Castellón

Antonio Fernández Hernández
Contratado Doctor de Derecho Penal
Universitat Jaume I de Castellón

José Manuel Paredes Castañón
Catedrático de Derecho Penal
Universidad de Oviedo

Guillermo Portilla Contreras
Catedrático de Derecho Penal
Universidad de Jaén

Miguel Ángel Presno Linera
Profesor Titular de Derecho Constitucional. Acreditado como Catedrático. Universidad de Oviedo

Gonzalo Quintero Olivares
Catedrático de Derecho Penal. Universitat Rovira Virgili. Tarragona

tirant lo blanch
Valencia, 2016

Copyright ® 2016

Todos los derechos reservados. Ni la totalidad ni parte de este libro puede reproducirse o transmitirse por ningún procedimiento electrónico o mecánico, incluyendo fotocopia, grabación magnética, o cualquier almacenamiento de información y sistema de recuperación sin permiso escrito de los autores y del editor.

En caso de erratas y actualizaciones, la Editorial Tirant lo Blanch publicará la pertinente corrección en la página web www.tirant.com.

Director de la Colección:
JOSÉ LUIS GONZÁLEZ CUSSAC
Catedrático de Derecho Penal
Universitat de València

© María Luisa Cuerda Arnau
Juan Antonio García Amado y otros

© TIRANT LO BLANCH
EDITA: TIRANT LO BLANCH
C/ Artes Gráficas, 14 - 46010 - Valencia
TELFS.: 96/361 00 48 - 50
FAX: 96/369 41 51
Email:tlb@tirant.com
www.tirant.com
Librería virtual: www.tirant.es
DEPÓSITO LEGAL: V-579-2016
ISBN: 978-84-9119-503-0
IMPRIME: Guada Impresores, S.L.
MAQUETA: Tink Factoría de Color

Si tiene alguna queja o sugerencia, envíenos un mail a: *atencioncliente@tirant.com*. En caso de no ser atendida su sugerencia, por favor, lea en *www.tirant.net/index.php/empresa/politicas-de-empresa* nuestro Procedimiento de quejas.

ÍNDICE

PRÓLOGO ....

Presentación: Ley, interpretación de la ley y efectivi
fundamentales ....
MARÍA LUISA CUERDA ARNAU
JUAN ANTONIO GARCÍA AMADO

Seguridad ciudadana y potestad sancionadora ....
JOSÉ LUIS BLASCO DÍAZ

La expansión del Derecho administrativo sancionador
sis constitucional de la Ley Orgánica para la protecci
ciudadana..
MIGUEL ÁNGEL PRESNO LINERA

La contrarrevolución preventiva emprendida por el Dere
nistrativo para hacer frente a los movimientos de protes
civil ....
GUILLERMO PORTILLA CONTRERAS

Orden público y adelantamiento de la línea de defensa p
de la reforma de los delitos de desórdenes públicos ....
ALBERTO ALONSO RIMO

La reforma penal de 2015 en materia de terrorismo: el o
cipios limitadores del *ius puniendi* ....
ANTONIO FERNÁNDEZ HERNÁNDEZ

Derecho de manifestación y desórdenes públicos.............
GONZALO QUINTERO OLIVARES

La reforma del delito de atentado...................................
Mª LUISA CUERDA ARNAU

Caso "Aturem el Parlament": una cuestión de atipicida
ponderación ....
JOSÉ MANUEL PAREDES CASTAÑÓN

Sobre ponderaciones y penas. A propósito de la Sentenci
Supremo (Sala Penal) 161/2015, en el caso del asedio al
Cataluña ....
JUAN ANTONIO GARCÍA AMADO

PRÓLOGO

La protección de tres bienes jurídicos fundamentales para la convivencia debe realizarse dentro del mayor respeto al orden constitucional de las libertades. Sin embargo, da la impresión de que el legislador español hubiera configurado la protección penal y administrativa de espaldas a ese orden, es decir, no tomando la prioridad de la libertad como punto de partida.

Históricamente el principio de legalidad se concebía como una garantía capaz de contener el que Montesquieau llamaba "el poder de los jueces, tan terrible". Hoy no podemos concebirlo así. Por desgracia, merced a los múltiples despropósitos e improvisaciones del legislador hemos de confiar en que los jueces atemperen sus malas consecuencias. Con ello, el orden jurídico constitucional atraviesa uno de sus mejores momentos; y la esperanza que nos queda es que, a partir de aquí, sólo cabe la regeneración.

TOMÁS S. VIVES ANTÓN
Catedrático emérito de Derecho penal
Universidad de Valencia

PRESENTACIÓN: LEY, INTERPRETACIÓN DE LA LEY Y EFECTIVIDAD DE LOS DERECHOS FUNDAMENTALES

MARÍA LUISA CUERDA ARNAU
Catedrática Derecho penal. Universitat Jaume I
JUAN ANTONIO GARCÍA AMADO
Catedrático de Filosofía del Derecho. Universidad de León

Decía hace ya un tiempo VIVES ANTÓN[1] que tras el 11-S y tras el 11-M, la libertad no está de moda. El terrorismo internacional y otras muchas amenazas a la seguridad están representando el mayor de los desafíos para la vieja Europa, que, atenazada por ellos, empieza a olvidar la libertad. Incluso en España, nos recordaba el maestro, donde nació la palabra liberal por oposición a servil, es decir con un significado ligado indisolublemente a la defensa de las que RAWLS llamó las libertades básicas, se enarbola la bandera de Cádiz en defensa de un liberalismo o neoliberalismo económico que se ofrece como un discutible camino para conseguir el bienestar material, que, junto a la seguridad material se alzan como valores absolutos. Así pues, hay que ahuyentar cualquier riesgo que los ponga en peligro y la libertad, claro está, comporta riesgos indudables. Ante ello, lo más fácil es olvidarla.

Eso es, en buena medida, lo que se hace en la reforma operada en el Código penal de 1995 por LO 1/2015 y LO 2/2015, que, por otra parte, viene acompañada de una nueva Ley Orgánica de Seguridad Ciudadana, LOSC 4/2015, que cierra el círculo de un orden público que ya no se concibe como las condiciones estrictamente indispensables para crear un ámbito de convivencia en el que todos podamos ejercer nuestros derechos y libertades, y que, por estar concebido en esos términos, resulta compatible con alteraciones del orden material (cfr. SSTC 59/1990 y 66/1995). La Constitución introdujo cambios categoriales en las nociones de seguridad pública y orden público que obligan a interpretar restrictivamente cualquier limitación que en nombre de las mismas se imponga a los derechos fundamentales. Paradójicamente, más de treinta años después de que aquella se aprobara, esos conceptos, que ya no aparecen indisolublemente vinculados al mantenimiento de la paz pública, pasan a ocupar un lugar

---

1 "¿Estado democrático o Estado autoritario? (Reflexiones jurídico-políticas a propósito de un Anteproyecto de Código penal", *Teoría&Derecho*, 4/2008, pág. 272.

de honor. Y lo hacen, precisamente, en un momento en el que la ciudadanía vive inmersa en una dramática crisis económica que, además, beneficia a quienes han contribuido a crearla y genera brechas de desigualdad cada vez más profundas, sin que los Estados parezcan tener mecanismos de control capaces de establecer reglas más justas. Antes al contrario, lo que la mayoría percibe es debilidad de los Estados frente a los poderosos mercados financieros y mano firme cuando se trata de acallar al débil, quien, de ese modo, deja de confiar en el propio sistema y en la misma democracia representativa. Las protestas por los recortes, los desahucios o los productos bancarios engañosos son, en esa medida, la comprensible y legítima válvula de escape. Frente a ese estado de cosas se levanta el muro del orden público, convertido en el orden de la calle y su mantenimiento deja de ser, además, función exclusiva de los servidores públicos.

Esta deriva autoritaria es, como veremos, manifiesta en materia de terrorismo y desórdenes públicos pero lo es también —aunque de manera más sutil— en la nueva regulación del delito de atentado, una figura que muy probablemente sufra algún repunte si los agentes de la autoridad —y personal de la seguridad privada— no hacen una interpretación de la Ley de seguridad ciudadana favorable al ejercicio de los derechos fundamentales. Baste pensar en los altercados que pueden suscitarse con ocasión de los desnudos a que autoriza el art. 20.2 b), o a raíz de una generosa aplicación de la amplia cláusula prevista como infracción en el art. 36.1, o, en fin, los que pueden derivarse del sistema de prohibición general con reserva de autorización a que aboca de facto el art. 36.23, por cuya virtud los agentes pueden incautar *prima facie* las cámaras a cualquiera —profesional o no— que los fotografíe. Y todo ello amparado por una presunción de veracidad (art. 19.2) que favorece la elusión de cualquier control jurisdiccional previo. Frente a semejante panorama se impone recordar a los agentes de la autoridad que, como reza algo cínicamente el art. 4.1 de LOSC "las disposiciones de los capítulos III (Actuaciones para el mantenimiento y restablecimiento de la seguridad ciudadana) y V (Régimen sancionador) deberán interpretarse y aplicarse del modo más favorable a la plena efectividad de los derechos fundamentales y libertades públicas, singularmente de los derechos de reunión y manifestación, las libertades de expresión e información, la libertad sindical y el derecho de huelga".

De igual modo, fiscales y jueces no deben olvidar que dicha obligación constitucional también les atañe y que, por tanto, deben interpretar los tipos conforme a ella, tanto para iniciar el procedimiento, como para archivarlo o, en su defecto, absolver al acusado. Una interpretación favorable a los derechos fundamentales no sólo exige —eso se da por descontado— dejar fuera de la órbita penal las conductas que están justificadas, sino que impide reaccionar desproporcionadamente frente a otras que, sin estar justificadas, sean tan cercanas al derecho fundamental que su castigo genere como efecto reflejo el temor ciudadano a ejercer esos derechos ante la eventualidad de que su conducta acabe recibiendo idéntico trato. Ni la ley, ni la interpretación de la ley deben conducir a que los ciudadanos tengan miedo a ser encausados penalmente por ejercer sus derechos de participación en la vida pública. Sin embargo, esta es, en buena medida, la reforma del miedo[2], del miedo a la libertad, a la que, por otra parte, también contribuyen determinadas interpretaciones de la norma penal que, en expresión de MAQUEDA ABREU, abocan a una criminalización del espacio público[3].

El caso enjuiciado en la STS 161/2015, de 17 de marzo en el asunto conocido como "Asedio al Parlamento de Cataluña" *(Tol 4770855)* es un ejemplo paradigmático de lo que no debe ser, razón por la cual en esta misma obra se le dedican diversos estudios que aquí nos exoneran de entrar en detalles. Baste, pues, decir que dicha resolución condenó a los acusados por hechos ajenos, vulneró su presunción de inocencia e interpretó la ley al margen de lo que se deriva de una recta aplicación de los principios de legalidad y prohibición de exceso. Muy distinto había sido el proceder de la Audiencia Nacional al conocer del asunto en la sentencia nº 31/2014, de 7 de julio *(Tol 4424314)*. Dicha resolución y su ponente fueron objeto de descalificaciones inaceptables en nuestro sistema constitucional, no sólo ni prioritariamente porque destilen animadversiones personales, sino porque con sus críticas feroces desnudas de argumentos se alinean con los que ante el desorden estiman que los derechos fundamentales deben ser los primeros sacrificados. Frente a lo anterior, la sentencia casada adopta la única perspectiva de análisis constitucionalmente admisible, esto es, la que obliga a interpretar y a aplicar los tipos penales

---

2 Como se lee en las Conclusiones del XXX Congreso de la Unión Progresista de Fiscales celebrado los días 5 y 6 de junio, "estas son las reformas del miedo: 1) Miedo a los empobrecidos (....) 2) Miedo a los indignados que se refleja en una criminalización de la protesta social con la reforma de los delitos contra el orden público en el Código Penal y con la nueva Ley de Seguridad Ciudadana ignorando que una democracia no únicamente se construye mediante una democracia representativa, sino que en una democracia avanzada es imprescindible respetar y garantizar las vías propias de la democracia participativa entre las que, sin duda, están la libertad de expresión y los derechos de reunión y manifestación consagrados como derechos fundamentales en la constitución. 3) Miedo a los migrantes (...)

3 La criminalización del espacio público. *Revista electrónica de Ciencia penal y criminología* 17-12 (2015), http://criminet.ugr.es/recpc/.

de la manera más efectiva al ejercicio de los derechos fundamentales. En esa medida, al margen de que se comparta o no que los hechos en cuestión estén cubiertos por una causa de justificación, la sentencia de la Audiencia toma partido por la libertad y solo por ello ya es mejor sentencia que la dictada por el Tribunal Supremo. El gobierno tiene muy buenas razones para conceder el indulto. Las mismas que tenía el Tribunal Supremo para informar favorablemente la solicitud de indulto. El informe desfavorable de la mayoría gira en torno a la gravedad de las conductas, "que implican un pilar de nuestra estructura democrática, representada, en este caso, por el Parlament, al vulnerar principios y valores esenciales de nuestro ordenamiento constitucional". Eso era algo que ya se dijo para condenar y, por coherencia, el Tribunal no puede ahora negarlo. Sin embargo sí pudo prescindir de ese argumento —necesario para la condena pero no obstativo del indulto— y servirse de razones vinculadas a otros principios y valores que también conforman nuestro ordenamiento, cual la proporcionalidad de la reacción penal. Eso bastaba para mostrarse partidario, al menos, de la concesión de un indulto parcial que permita la suspensión y evite los efectos desocializadores que previsiblemente tendrá, en caso contrario, el inevitable ingreso en prisión. Como nos recuerda el magistrado discrepante, la gravedad de los hechos no ha sido obstáculo para informar favorablemente algunos indultos con los que funcionarios policiales responsables de odiosos delitos de tortura se beneficiaron de generosas condonaciones de pena. Aunque sólo fuese por lavar la historia de esta institución[4] y mantener la necesidad de su vigencia, el Gobierno debiera concederlo.

---

4 Vid. por todos, DOVAL PAÍS, A./VIANA BALLESTER, C., "El indulto, a revisión: razones y propuesta para una modificación legislativa", *El Cronista del Estado Social y Democrático de Derecho*, Nº 43, 2014, págs. 40-47; DOVAL PAÍS, A./BLANCO CORDERO, L./FERNÁNDEZ PACHECO, C./VIANA BALLESTER, C., SANDOVAL CORONADO, J.C., "Guía sobre indultos: criterios seguidos en su concesión y formulario de petición", *Iuris, Actualidad y práctica del derecho*, Nº 171, 2012, págs. 44-51.

SEGURIDAD CIUDADANA Y POTESTAD SANCIONADORA

JOSÉ LUIS BLASCO DÍAZ
Catedrático Derecho Administrativo. Universitat Jaume I

1. INTRODUCCIÓN

En nuestra Constitución se concibe la seguridad pública como un derecho de los ciudadanos, a la vez que como una responsabilidad del Estado. A ella solemos referirnos también como seguridad ciudadana[5], y, en el primero aspecto, se la ha venido considerando tradicionalmente como un derecho relacionando estrechamente con el que se tiene a la libertad personal, a la vida y a la integridad física. Por ello, supone más que la preservación del estricto orden público, obligando a los poderes públicos a remover los obstáculos que dificulten el libre y pacífico ejercicio de los derechos fundamentales, conforme se desprende del artículo 9.2 en relación con el artículo 104 de la Constitución. Así, en todo caso, el mantenimiento de aquella seguridad o, en términos de este último precepto, la protección del libre ejercicio de los derechos y libertades y la garantía de la seguridad ciudadana, constituye una función cuyo responsable es el Estado[6].

El objeto de esa función pública se ha identificado con el aseguramiento de un mínimo de regularidad o normalidad de la convivencia, mediante un conjunto de actuaciones preventivas y represivas[7], que limitan derechos o permiten la coacción administrativa[8]. Buscando concretar ese objeto, el Tribunal Constitucional, en su Sentencia 32/1982, de 7 de junio *(Tol 79005)*, definió la seguridad como la "actividad dirigida a la protección de personas y bienes y al mantenimiento de la tranquilidad u orden ciu-

---

5 Aunque puede entenderse que es un ámbito suyo, como señala Vicenç AGUADO I CUDOLÀ, "Los conceptos de seguridad pública y seguridad ciudadana. Título competencial, fines y organización administrativa", en *El nuevo régimen de la seguridad ciudadana*, Cizur Menor, 2015, págs. 28-29.

6 En este sentido, el Tribunal Constitucional, en su Sentencia 325/1994, de 12 de diciembre *(Tol 82729)*, insiste en que la seguridad ciudadana, cuya salvaguardia como bien jurídico de ámbito colectivo, no individual, es función del Estado, tiene su sede propia en el artículo 104 de la Constitución.

7 Como Luciano PAREJO ALFONSO, "La seguridad ciudadana y el orden público", en su obra junto a José Roberto DROMI CASAS, *Seguridad pública y Derecho Administrativo*, Madrid, 2001, págs. 52-53.

8 Véase sobre su configuración, Iñaki AGIRREAZKUENAGA, *La coacción administrativa directa*, Madrid, 1990, págs. 213 y ss.

dadano, que son finalidades inseparables y mutuamente condicionadas". En este sentido, la Ley Orgánica 4/2015, de 30 de marzo, de protección de la seguridad ciudadana (LOPSC), recogiendo tanto la doctrina constitucional como sus antecedentes legislativos, proclama que "las demandas sociales de seguridad ciudadana van dirigidas esencialmente al Estado, pues es apreciable una conciencia social de que sólo éste puede asegurar un ámbito de convivencia en el que sea posible el ejercicio de los derechos y libertades, mediante la eliminación de la violencia y la remoción de los obstáculos que se opongan a la plenitud de aquellos". En consecuencia, establece en su artículo 1.2 que su objeto es la regulación de un conjunto plural y diversificado de actuaciones de distinta naturaleza orientadas a su tutela, mediante la protección de personas y bienes y el mantenimiento de la tranquilidad de los ciudadanos. En esta línea, en el artículo 3 concreta sus fines y los de la acción de los poderes públicos en su ámbito de aplicación[9].

Por tanto, la actividad dirigida a la protección de personas y bienes y al mantenimiento de la tranquilidad ciudadana, concretada en esos fines, constituye el título que otorga a la Administración el singular *status* que posee en este ámbito, dotándola de un conjunto de potestades que permiten diversas actuaciones, de distinta naturaleza y contenido, sin las que no podría cumplir con su función. Precisamente, es esa actividad la que en no pocos supuestos puede afectar la esfera jurídica de los ciudadanos, de modo que tradicionalmente se ha considerado necesaria la adecuada articulación entre libertad y autoridad[10]. Por ello mismo, el derecho a la seguridad y sus implicaciones no se debe preservar sólo frente a causas externas que lo amenacen, y así, desde el nacimiento del Estado constitucional

---

9 Que son, principalmente: a) la protección del libre ejercicio de los derechos fundamentales y las libertades públicas y los demás derechos reconocidos y amparados por el ordenamiento jurídico; b) la garantía del normal funcionamiento de las instituciones; c) la preservación de la seguridad y la convivencia ciudadanas; d) el respeto a las Leyes, a la paz y a la seguridad ciudadana en el ejercicio de los derechos y libertades; e) la protección de las personas y bienes, con especial atención a los menores y a las personas con discapacidad necesitadas de especial protección; f) la pacífica utilización de vías y demás bienes demaniales y, en general, espacios destinados al uso y disfrute público; g) la garantía de las condiciones de normalidad en la prestación de los servicios básicos para la comunidad; y h) la prevención de la comisión de delitos e infracciones administrativas directamente relacionadas con los fines de la Ley.

10 En este sentido y sobre su evolución, Giulano AMATO, "La libertà personale", en *La pubblica sicurezza*, Milano, 1967, págs. 54 y ss. De tal modo, como señala Luciano PAREJO ALFONSO, ob. cit., pág. 32, la seguridad y el orden son valores en tensión dialéctica con la libertad, tensión cuyos términos se rigen y resuelven por la ley con arreglo al sistema sustantivo o material diseñado por la propia norma fundamental.

ha existido la idea de que debe ser este quien garantice la seguridad de los individuos y no, precisamente, quien la ponga en peligro[11]. Desde esta óptica, el derecho a la seguridad también incluye la adopción de un conjunto de garantías del ciudadano frente a la actuación de los poderes públicos y sus agentes que puedan menoscabar o limitar sus derechos, que, en su máximo nivel, se recogen el artículo 17 de nuestra Constitución[12], y que deben ser establecidas en las leyes y salvaguardadas por los tribunales, de acuerdo con las condiciones propias de un Estado de Derecho.

En consecuencia, la LOPSC, según mantiene, huye de definiciones genéricas que justifiquen una intervención expansiva sobre los ciudadanos en virtud de peligros indefinidos, evitando una discrecionalidad administrativa y una potestad sancionadora genéricas, y declara su intento de hacer compatibles los derechos y libertades de los ciudadanos con la injerencia estrictamente indispensable en los mismos para garantizar su seguridad. No obstante, introduce diversas novedades que han provocado algunas reticencias en orden a la intensidad de la intervención pública sobre esos derechos, tendiendo a la limitación de su ejercicio bajo determinadas circunstancias, no contempladas en la regulación anterior. En este sentido, la Ley se justifica en varios factores, y así, junto a la apelación al transcurso del tiempo, se refiere a los problemas actuales de la seguridad ciudadana y a la imperiosa necesidad de actualización del régimen sancionador. Sin embargo, la falta de concreción de algunos de ellos hace que no todas las novedades introducidas aparezcan nítidamente ligadas a sus fines y objetivos, apreciándose desde diversos sectores un cierto carácter represivo carente de una justificación aceptable[13]. De ser así, nos encontraríamos ante algunos aspectos más próximos a modelos policiales ya

---

11 Ha sido la razón por la que está presente en diversos textos y documentos dirigidos a conformar los catálogos de derechos de los ciudadanos, y así, ya la Declaración de los Derechos del Hombre y del Ciudadano de 1789 disponía que la finalidad de todas las asociaciones políticas es la protección de los derechos naturales e imprescriptibles del hombre; y esos derechos son la libertad, la propiedad, la seguridad y la resistencia a la opresión (artículo 2). Posteriormente, la Declaración francesa de 1793 establecía que, "La seguridad consiste en la protección otorgada por la sociedad a cada uno de sus miembros para la conservación de su persona, de sus derechos y de sus propiedades".

12 El Tribunal Constitucional señaló en su Sentencia 15/1986, de 31 de enero *(Tol 79562)*, que el derecho a la seguridad implica la ausencia de perturbaciones procedentes de medidas tales como la detención u otras similares que, adoptadas arbitraria o ilegalmente, restringen o amenazan la libertad de toda persona de organizar en cualquier momento y lugar, dentro del territorio nacional, su vida individual y social con arreglo a sus propias opciones y convicciones.

13 De la otra parte, el Consejo de Estado, en su Dictamen 557/2014, de 26 de junio, dice que "lo que merece una consideración general (...) es si el anteproyecto consultado

superado por el modelo de servicio público, que es el que resulta de la Ley Orgánica 2/1986, de 13 marzo, de Fuerzas y Cuerpos de Seguridad (LOFCS).

En lo concreto, incorpora diversas novedades respecto a su antecedente de 1992, a algunas de las cuales luego nos referiremos con mayor detenimiento. Por ejemplo, regula los registros corporales externos, así como las medidas que deberán adoptar las autoridades para proteger la celebración de reuniones y manifestaciones, y la dirigidas a restablecer la normalidad de su desarrollo en casos de alteración de la seguridad ciudadana. Especialmente, en lo que nos ocupa, modifica el régimen sancionador, entre otros aspectos en lo que se refriere a los autores de las conductas tipificadas como infracciones, o la sanción de conductas que, sin ser constitutivas de delito, atentan gravemente contra la seguridad ciudadana, así como de conductas que representan un ejercicio extralimitado del derecho de reunión y manifestación.

2. LAS POTESTADES DE LA POLICÍA DE SEGURIDAD

2.1. Proporcionalidad y legalidad de las actuaciones para el mantenimiento y restablecimiento de la seguridad ciudadana

Cada tipo de actividad desarrollada por la Administración dirigida al cumplimiento de los fines que tiene encomendados supone la aplicación de un régimen jurídico singular. El núcleo esencial de ese marco normativo lo conforman en este ámbito la LOFCS y LOPSC, si bien estas normas deben completarse en ocasiones con otras que regulan algún aspecto parcial de las medidas de seguridad o se ocupan de un sector específico (tráfico, espectáculos públicos, etc.). Su contenido es diverso, dependiendo del grado o intensidad de cada medida de intervención, siempre con un fin que se incardina en esa actividad, como son, entre otras, los actos de comprobación, las órdenes, las prohibiciones o, para asegurar su efectividad, las sanciones administrativas. En cualquier caso, como venimos diciendo, no pueden realizarse libremente, pues su ejercicio se encuentra condicionado por límites que no se pueden traspasar, especialmente los derivados de la observancia de la legalidad y otros principios jurídicos, de la competencia y de los derechos y libertades fundamentales de los ciudadanos.

---

guarda la prudente ponderación y contrapeso entre los valores de libertad y seguridad, cuestión que, a juicio del Consejo, merece una respuesta positiva" (4).

En efecto, si normalmente la Administración debe realizar su actividad de acuerdo con una serie de principios, en el caso de algunos concretos modos de intervención limitativa esa necesidad de aprecia con una mayor intensidad, ya que conducen a la reducción del margen de decisión de la Administración y sus agentes[14]. En este sentido, la LOPSC señala en su Preámbulo que cualquier incidencia o limitación en el ejercicio de las libertades ciudadanas por razones de seguridad debe ampararse en el principio de legalidad y en el de proporcionalidad, a los que seguidamente nos referimos. A ellos debemos unir aquellos otros principios rectores de la acción pública en esta materia, recogidos actualmente con carácter general en el artículo 4 LOPSC, al disponer que "el ejercicio de las potestades y facultades reconocidas por esta Ley a las administraciones públicas y, específicamente, a las autoridades y demás órganos competentes en materia de seguridad ciudadana y a los miembros de las Fuerzas y Cuerpos de Seguridad se regirá por los principios de legalidad, igualdad de trato y no discriminación, oportunidad, proporcionalidad, eficacia, eficiencia y responsabilidad, y se someterá al control administrativo y jurisdiccional"[15]. Asimismo, establece que, en particular, la actuación de los miembros de las Fuerzas y Cuerpos de Seguridad está sujeta a los principios básicos de actuación regulados en el artículo 5 LOFCS, que los agrupa en la adecuación al ordenamiento jurídico, las relaciones con la comunidad, el tratamiento de detenidos, la dedicación profesional, el secreto profesional y la responsabilidad, todos ellos ligados a las formas de actuación previstas en la LOPSC.

En cuanto al principio de proporcionalidad, tiene una trascendencia especial por encontrarnos ante actuaciones limitativas de los derechos de los ciudadanos, como se señala expresamente en la Ley. Ciertamente, es uno de los problemas que más recurrentemente se pueden plantear respecto esas intervenciones[16], pues, no en balde, en su virtud los medios empleados se deben corresponder con los resultados que se quieren obtener, de modo que se convierte en un elemento central de toda la norma. Su

---

14 Así, Javier BARCELONA LLOP, *El régimen jurídico de la policía de seguridad*, Oñati, 1988, págs. 243 ss.

15 También se declaran para medidas concretas, como la identificación de personas en el artículo 16.1, debiendo respetarse estrictamente en su práctica los principios de proporcionalidad, igualdad de trato y no discriminación por razón de nacimiento, nacionalidad, origen racial o étnico, sexo, religión o creencias, edad, discapacidad, orientación o identidad sexual, opinión o cualquier otra condición o circunstancia personal o social.

16 Los principios de la actuación policial han sido estudiados, entre otros, por Luciano PAREJO ALFONSO, ob. cit., págs. 100 ss., Iñaki AGIRREAZKUENAGA, ob. cit., págs. 334 ss., y Javier BARCELONA LLOP, ob. cit., págs. 246 ss.

importancia en este ámbito puede apreciarse en las palabras del Tribunal Constitucional en su Sentencia 37/1998, de 17 de febrero *(Tol 80895)*, para quien "la constitucionalidad de cualquier medida restrictiva de derechos fundamentales viene determinada por la estricta observancia del principio de proporcionalidad".

En concreto, como se señala en la Ley, la proporcionalidad se debe contemplar en una triple dimensión. En primer lugar, como un juicio de idoneidad de la limitación, es decir, la intervención tiene que ser la adecuada para la consecución del objetivo propuesto. Asimismo, como un juicio de necesidad de la misma, entendido como inexistencia de otra medida menos intensa para la consecución del mismo fin. Finalmente, como un juicio de proporcionalidad en sentido estricto de dicha limitación, por derivarse de ella un beneficio para el interés público que justifica un cierto sacrificio del ejercicio del derecho. Así, por ejemplo, en otras palabras, la Sentencia del Tribunal Constitucional 66/1995, de 8 de mayo *(Tol 82806)*, señala que para comprobar si la medida impeditiva del ejercicio de un derecho de reunión supera el juicio de proporcionalidad exigible, es necesario constatar si cumple los siguientes tres requisitos o condiciones: si tal medida era susceptible de conseguir el objetivo propuesto —la garantía del orden público sin peligro para personas y bienes—; si, además, era necesaria en el sentido de que no existía otra medida más moderada para la consecución de tal propósito con igual eficacia, y, finalmente, si la misma era proporcionada, en sentido estricto, es decir, ponderada o equilibrada por derivarse de ella más beneficios o ventajas para el interés general que perjuicios sobre otros bienes o valores en conflicto. Por consiguiente, la necesaria congruencia con los motivos y fines justificativos de la intervención exigen tanto que la intervención a realizar se encuentre justificada como la necesidad de una razonable proporcionalidad.

Por ello, en su entendimiento, la cláusula *favor libertatis*, determina que, siendo varias las medidas de intervención posibles, se elegirá la menos restrictiva para los derechos de los ciudadanos y la libertad individual. Así se contempla en el artículo 4 LOPSC, al establecer que sus disposiciones referidas a las actuaciones para el mantenimiento y restablecimiento de la seguridad ciudadana (capítulos III) y al régimen sancionador (capítulo V) deberán interpretarse y aplicarse del modo más favorable a la plena efectividad de los derechos fundamentales y libertades públicas, singularmente de los derechos de reunión y manifestación, las libertades de expresión e información, la libertad sindical y el derecho de huelga. Por tanto, no basta con que la medida a adoptar sea proporcional, sino que igualmente deberá ser la menos lesiva.

Respecto a la vinculación general de la Administración a la legalidad, es más intensa en su actuación de limitación y gravamen, tratándose en todo caso de una vinculación positiva al ordenamiento jurídico. De tal manera, cada concreta potestad que utilice la Administración en su actividad de policía debe estar prevista por una norma de rango legal, tanto en lo que concierne al supuesto de hecho en que puede o debe ser utilizada como en el fin de esa utilización. El respeto a ambos elementos se constituye en condición de validez de la actuación realizada, por lo que cualquier desviación de los mismos la impide. De tal modo, si no se da el supuesto de hecho previsto por la norma no es posible la actuación, y cuando ésta se lleva a cabo sólo puede tener un fin legítimo, que es el también previsto por la norma, informando los demás principios mencionados en el artículo 4 LOPSC la elección y utilización de los medios a emplear.

Por consiguiente, el fin reviste una especial importancia, pues faculta la intervención pública. Así, según establece el artículo 4.3 LOPSC, "la actividad de intervención se justifica por la existencia de una amenaza concreta o de un comportamiento objetivamente peligroso que, razonablemente, sea susceptible de provocar un perjuicio real para la seguridad ciudadana y, en concreto, atentar contra los derechos y libertades individuales y colectivos o alterar el normal funcionamiento de las instituciones públicas". En consecuencia, esa actividad engloba un conjunto plural y diversificado de actuaciones, distintas por su naturaleza y contenido[17]. La Ley las regula en su Capítulo III, dedicado a las actuaciones para el mantenimiento y restablecimiento de la seguridad ciudadana, diferenciando entre las potestades generales de policía de seguridad y el mantenimiento y restablecimiento de la seguridad ciudadana en reuniones y manifestaciones.

De acuerdo con ello, habilita a las autoridades competentes para acordar las distintas actuaciones. Se justifica en ella que la relación de estas potestades de policía de seguridad es análoga a la contenida en la anterior norma de 1992, si bien, en garantía de los derechos de los ciudadanos que puedan verse afectados por su legítimo ejercicio por parte de los miembros de las Fuerzas y Cuerpos de Seguridad, se perfilan con mayor precisión los

17 No obstante, con ello no se agota el ámbito material de lo que hay que entender por seguridad pública, en el que se incluyen otras materias, atribuidas a diversos otros órganos y autoridades administrativas, entre las que la Ley aborda en su Capítulo IV, dedicado a las potestades especiales de policía administrativa de seguridad, las obligaciones de registro documental o de adopción de medidas de seguridad por las personas físicas o jurídicas que realicen actividades relevantes para la seguridad ciudadana, o el control administrativo sobre armas y explosivos, entre otras.

presupuestos habilitantes y las condiciones y requisitos de su ejercicio, de acuerdo con la jurisprudencia constitucional. Se trata, en todo caso, de actuaciones públicas limitativas de derechos, realizadas en el desarrollo de la función general de seguridad ciudadana, sin que sea precisa la aparición de una situación extraordinaria a la que se le deba de hacer frente. En este sentido, se regulan con detalle las facultades de las autoridades y de los agentes de las Fuerzas y Cuerpos de Seguridad para dictar órdenes y prohibiciones, para la entrada y registro en domicilios y edificios de organismos oficiales, para requerir la identificación de personas, efectuar comprobaciones y registros en lugares públicos, establecer restricciones del tránsito y controles en la vía pública, para realizar registros corporales externos y para el uso de videocámaras, así como otras medidas extraordinarias en situaciones de emergencia imprescindible para garantizar la seguridad ciudadana (desalojo de locales o establecimientos, prohibición de paso, evacuación de inmuebles, etc.).

En la regulación de algunas de esas actuaciones se han introducido novedades, aunque con un diferente objeto[18]. Así, en diversas ocasiones, la Ley pormenoriza o concreta con más detalle los supuestos que pueden dar lugar a la intervención, así como su finalidad y alcance[19]. En otros casos, se regulan por primera vez, como sucede con los registros corporales

---

18 Así, en el artículo 14, cuando se habilita a las autoridades competentes para que, de conformidad con las Leyes y reglamentos, dicten las órdenes y prohibiciones y dispongan las actuaciones policiales estrictamente necesarias para asegurar la consecución de los fines previstos en la LOPSC, se incorpora la exigencia de una resolución debidamente motivada. En el sentido antes indicado, se posibilita el control del fin del uso de esa potestad, así como sus circunstancias y justificación, alcanzando a la posibilidad de verificar que se trata efectivamente de las actuaciones policiales "estrictamente necesarias" para alcanzar ese fin. Asimismo, cuando se regula la identificación en dependencias policiales cuando no fuera posible la identificación por cualquier medio, también telemático o telefónico, o por negativa de la persona, y siempre justificado en el impedimento de la comisión de un delito o sanción de una infracción, establece, además del deber de información, que el tiempo que podrán permanecer allí será el estrictamente necesario, incluyendo que en ningún caso podrá superar las seis horas, así como que a las personas desplazadas a dependencias policiales a efectos de identificación, se les deberá expedir a su salida un volante acreditativo del tiempo de permanencia en ellas, la causa y la identidad de los agentes actuantes. El fin no puede ser otro que el expresamente indicado.

19 Por ejemplo, en el caso de las comprobaciones y registros en lugares públicos, reguladas en su artículo 18, o con la previsión de las medidas de seguridad extraordinarias en su artículo 21, donde se amplían y detallan las que es posible adoptar en situaciones de emergencia que las hagan imprescindibles y durante el tiempo estrictamente necesario para garantizar la seguridad ciudadana, incluso mediante órdenes verbales. Incluso determina que por emergencia debe entenderse aquella situación de riesgo sobrevenida por un evento que pone en peligro inminente a personas o bienes, y que

externos, o cacheos (artículo 20), que anteriormente encontraban su justificación en la habilitación para llevar a cabo cuantas actuaciones fueran necesarias. También se prevé en el artículo 22 el uso de videocámaras, de modo que la autoridad gubernativa y, en su caso, las Fuerzas y Cuerpos de Seguridad, podrán proceder a la grabación de personas, lugares u objetos mediante cámaras de video vigilancia fijas o móviles legalmente autorizadas, de acuerdo con la legislación vigente en la materia, recogiéndose así una práctica que ya se venía realizando, especialmente con la grabación de los participantes en protestas y movilizaciones[20]. Asimismo, es novedosa la habilitación a los agentes de las Fuerzas y Cuerpos de Seguridad para las identificaciones en la vía pública, regulada ahora en su artículo 16. Así, anteriormente su práctica se justificaba genéricamente en el ejercicio de las funciones de protección de la seguridad ciudadana, mientras que su nuevo régimen exige la existencia de indicios de participación en la comisión de una infracción, o que razonablemente se considere necesario realizar la identificación para prevenir la comisión de un delito. De tal modo, la persona a la que se solicite que se identifique será informada de modo inmediato y comprensible de las razones de dicha solicitud. Por su parte, el artículo 19 establece que las diligencias de identificación, registro y comprobación practicadas por los agentes de las Fuerzas y Cuerpos de Seguridad no estarán sujetas a las mismas formalidades que la detención[21].

---

exige una actuación rápida por parte de la autoridad o de sus agentes para evitarla o mitigar sus efectos.

20 La utilización de videocámaras por las fuerzas y cuerpos de seguridad en lugares públicos a los fines de la prevención y mantenimiento de la seguridad ciudadana se regula en la Ley Orgánica 4/1997, de 4 de agosto, en la que se prevé su régimen de autorización, empleo y un régimen de garantías para los ciudadanos. Ciertamente, su uso no es irrelevante ni carente de controversia, pues, como apreció el Tribunal Constitucional en la citada Sentencia 37/1988, del 17 de febrero (*Tol 80895*), "efectivamente, la filmación entrañó una disuasión u obstaculización del libre ejercicio del derecho de huelga, reduciendo su efectividad, pues no cabe minusvalorar los efectos disuasorios que puede producir en el ánimo de quienes pacíficamente forman parte de un piquete informativo el hecho de ser ininterrumpidamente filmados, sin mediar explicación alguna de este proceder, sin que se acepte su ofrecimiento de identificación y, sobre todo, sin saber qué uso van a hacer de la filmación las fuerzas de seguridad y qué tipos de controles van a existir sobre la misma" (FJ 6).

21 Su exclusión del marco jurídico de la detención se explica por el Consejo de Estado en su Dictamen 557/2014, señalando que la retención, como figura intermedia entre el estado general de libertad del ciudadano y la detención, consiste en una inmovilización provisionalísima que sólo puede mantenerse durante el tiempo imprescindible para realizar una determinada diligencia policial, de ahí que quede excluida del marco jurídico de la detención. Su legitimidad deriva de que exista una cobertura legal expresa, y lo único que se requiere para que se respeten las exigencias de proporcionalidad

2.2. La potestad sancionadora

La previsión de un régimen sancionador es una consecuencia lógica de la imposición de un cuadro de obligaciones y prohibiciones como el de la LOPSC, pues de no preverse no se podría garantizar su cumplimiento. En el ejercicio de esa potestad sancionadora, la Administración debe ofrecer las mismas garantías que en los procesos penales, de ahí que sobre el procedimiento y los derechos que rodean al presunto infractor se proyecten una serie principios con esa finalidad. De esta forma, como señaló el Tribunal Constitucional en su Sentencia 18/1981, de 8 de junio *(Tol 110823)*, "los principios inspiradores del orden penal son de aplicación, con ciertos matices, al Derecho Administrativo sancionador, dado que ambos son manifestaciones del ordenamiento punitivo del Estado". No obstante, se ha entendido que no es posible una transposición automática de los mismos, por lo que los propios del procedimiento sancionador deben ser determinados, en cuanto a su alcance y significado, desde el propio Derecho Administrativo[22], de modo que hoy en día se recogen en la Ley 30/1992, de 26 de noviembre, de Régimen Jurídico de las Administraciones Públicas y del procedimiento Administrativo Común (en adelante, LRJPAC)[23].

El primer principio que consagra la LRJPAC es el de la garantía de procedimiento (artículo 134.1), al ser su objeto el esclarecimiento de los hechos constitutivos de la infracción y la determinación de las responsabilidades susceptibles de sanción, constituyéndose asimismo en una garantía frente a la actuación administrativa sancionadora. En este caso, señala la LOPSC que, a fin de contribuir a evitar la proliferación de procedimientos administrativos especiales, se establece que el ejercicio de la potestad sancionadora en materia de protección de la seguridad ciudadana se regirá por la LRJPAC, y su normativa de desarrollo. Hay que indicar, no obstante, que esta norma no contiene una regulación por trámites del procedimiento sancionador, sino sólo los principios que deben informarlo.

---

e interdicción de la arbitrariedad es que las identificaciones se produzcan en el desempeño de esas funciones de indagación o prevención que corresponden a los agentes. En estos términos, la identificación policial constituye una retención lícita a la que no se aplican las garantías características de la detención, con excepción del deber de informar al retenido de los motivos de su retención.

22 En este sentido, Alejando NIETO GARCÍA, *Derecho Administrativo Sancionador*, Madrid, 2005, págs. 142 ss.

23 Vigente hasta la entrada en vigor, el 2 de octubre de 2016, de la Ley 39/2015, de 1 de octubre, del Procedimiento Administrativo Común de las Administraciones Públicas, y de la Ley 40/2015, de 1 de octubre, de Régimen Jurídico del Sector Público, que regula esos principios (artículos 25 y siguientes).

Por ello, la LOPSC realiza una previsión de trámites bastante completa[24], regulando las actuaciones previas, las medidas de carácter provisional, la caducidad o la ejecución, por ejemplo. Además, incorpora determinadas especialidades, como la regulación de un procedimiento abreviado.

Asimismo, la Ley se declara orientada a dar cumplimiento en el ámbito de la seguridad pública a los principios que rigen la potestad sancionadora administrativa, singularmente los de responsabilidad, proporcionalidad y legalidad, en sus dos vertientes, de legalidad formal o reserva de Ley y legalidad material o tipicidad. Así, junto a las diversas modificaciones que realiza, también lleva a cabo una actualización del régimen sancionador, que regula en su Capítulo V, introduciendo novedades relevantes con respecto a la norma de 1992, que se proyectan tanto sobre las infracciones y sanciones que prevé como sobre otros aspectos relacionados con el ejercicio de esa potestad.

3. LAS CONDUCTAS CONTRARIAS A LA SEGURIDAD CIUDADANA Y SU SANCIÓN

3.1. El cuadro de infracciones previsto en la Ley

3.1.1. Graduación y certeza de las infracciones

El principio de tipicidad constituye una de las garantías esenciales que se derivan del artículo 25.1 CE, pues requiere que se utilicen conceptos jurídicos que permitan predecir con suficiente grado de certeza las conductas que constituyen una infracción y las sanciones que les son aplicables. Concretado con carácter común en el artículo 129 LRJPAC, la LOPSC ha incorporado algunas novedades en la tipificación de las infracciones, régimen que sucede a su antecedente de la Ley de 1992. Por ejemplo, si por un lado han desaparecido determinadas conductas —por ejemplo, las infracciones en materia electoral y las que serían siempre constitutivas de delito—, por otro se incorporan otras en correspondencia con las novedades que introduce, como son aquellas relacionadas con actuaciones que recurrentemente se han manifestado en los últimos tiempos, como las movilizaciones ciudadanas. Asimismo, explicita los criterios para graduar las infracciones que tipifica y señala las sanciones máximas correspondientes a cada tipo infractor, lo que para la Ley supone un avance en la seguridad jurídica y en la equidad.

---

[24] Véase sobre el mismo, Javier RODRÍGUEZ TEN, "Régimen sancionador", en *El nuevo régimen de la seguridad ciudadana*, cit., págs. 394 y ss.

Respecto al cuadro de infracciones[25], introduce un elenco de conductas que califica como leves, graves y muy graves[26]. Si bien reduce su número (de 58 a 47), la cantidad de conductas tipificadas sigue siendo muy elevada, lo que la Ley justifica en la seguridad jurídica en la descripción de las que son susceptibles de ser sancionadas. Así, combina conductas de diverso origen, ya que, junto a las infracciones ya tipificadas por el legislador de 1992, la Ley sanciona conductas que, sin ser constitutivas de delito, atentan gravemente contra la seguridad ciudadana[27], como otras que han perdido su condición de ilícito penal como faltas contra el orden público —que se incorporan para que no queden impunes—, que ya no se recogen en su normativa específica[28] o que se han tipificado *ex novo*, al apreciarse la necesidad de dar respuesta a nuevos problemas surgidos en este ámbito. Éste último es el caso, por ejemplo, de los comportamientos atentatorios a la libertad sexual de las personas, especialmente de los menores, o que perturban la convivencia ciudadana o el pacífico disfrute de las vías y espacios públicos, es decir, relacionados con la prostitución, anteriormente objeto principalmente de las ordenanzas municipales, y no carentes de controversia[29].

Por lo demás, cabe señalar que bien el número de conductas tipificado es elevado —sobre todo se aprecia en las 26 infracciones graves previstas—, no siempre su descripción posee el deseable grado de certeza, algo que también ocurre con otras previsiones de la Ley. Efectivamente, ésta recurre en diversas ocasiones al empleo de conceptos jurídicamente inde-

---

25 Establece asimismo en su artículo 31 las normas concursales o concurrencia de conductas, con referencia a criterios de especialidad, amplitud y gravedad.

26 Estas últimas ausentes de la norma de 1992, que simplemente permitía la calificación de determinadas infracciones graves como muy graves en función de las circunstancias concurrentes.

27 A este grupo pertenecen, según la Ley, una diversidad de supuestos, como las reuniones o manifestaciones prohibidas en lugares que tengan la condición de infraestructuras e instalaciones en las que se prestan servicios básicos para la comunidad y los actos de intrusión en éstas, cuando se ocasione un riesgo para las personas; la proyección de haces de luz sobre los conductores o pilotos de medios de transporte con riesgo de provocar un accidente, o la celebración de espectáculos públicos o actividades recreativas a pesar de la prohibición o suspensión acordada por la autoridad por razones de seguridad, entre otras.

28 Como las infracciones previstas en la Ley Orgánica 1/1992, de 21 de febrero, relacionadas con el consumo de drogas tóxicas, estupefacientes o sustancias psicotrópicas, a las que se agregan otras dirigidas a favorecerlo.

29 En este supuesto sólo se sanciona al cliente, mientras que a quien ofrece sus servicios se le advierte de que no puede hacerlo en determinados lugares, y si no se atiende a la advertencia, se sanciona la conducta como desobediencia a los agentes de la autoridad.

terminados, que si bien se ha entendido que se hace como consecuencia de la imposibilidad de acotar de modo jurídicamente más preciso la realidad a la que se refiere[30], también ha sido objeto de crítica. Frente a ello, el Consejo de Estado considera en su Dictamen 557/2014, que su utilización, que precisamente ha servido y sirve como instrumento de control de la acción administrativa, no equivale a vaguedad e imprecisión, pues ante la inexistencia de una certeza previa, el operador jurídico, tanto administrativo como judicial, debe proceder "razonablemente" al apreciar las circunstancias del caso, dado que el legislador no puede prever detalladamente todas y cada una de las circunstancias del caso al que hay que aplicar la ley, especialmente en materia tan fluida como es el mantenimiento de la seguridad ciudadana, y por eso es adecuado y razonable tanto el recurso a los conceptos jurídicos indeterminados, como a lo razonable de la interpretación de la norma y la valoración de los hechos en presencia.

En el ámbito sancionador, ello tiene un evidente riesgo, pues, no en balde, en el pasado, la ambigüedad de fórmulas para describir los actos contrarios al orden público llevó a atribuir un arbitrio absoluto a las autoridades administrativas, pues todo podía ser considerado como infracción del mismo[31]. Sin embargo, el Tribunal Constitucional ha admitido la técnica normativa de los conceptos jurídicos indeterminados en el ámbito sancionador, sin considerar vulnerado por ello el artículo 25.1 de la Constitución ni los principios de tipicidad siempre que se den los requisitos que señala. Entre otras, su Sentencia 69/1989, de 20 de abril *(Tol 81528)*, establece que "si bien los preceptos, legales o reglamentarios, que tipifiquen las infracciones deben definir con la mayor precisión posible los actos, omisiones o conductas sancionables, no vulnera la exigencia de *lex certa* que incorpora el art. 25.1 de la Constitución la regulación de tales supuestos ilícitos mediante conceptos jurídicos indeterminados, siempre que su concreción sea razonablemente factible en virtud de criterios lógicos, técnicos o de experiencia y permitan prever, por consiguiente, con suficiente seguridad, la naturaleza y las características esenciales de las conductas constitutivas de la infracción tipificada, pues, como ha declarado este Tribunal en reiteradas ocasiones [STC 62/1982, de 15 de octubre, ATC 703/1985, de 16 de octubre, entre otras resoluciones], dado que los conceptos legales no pueden alcanzar, por impedirlo la propia naturaleza de las cosas, una claridad y precisión absolutas, por lo que es necesario en

---

30 Luciano PAREJO ALFONSO, ob. cit., pág. 53.

31 En este sentido, Lorenzo MARTÍN-RETORTILLO, *La cláusula de orden público como límite impreciso y creciente del ejercicio de los derechos*, Madrid, 1975, págs. 18 ss.

ocasiones un margen de indeterminación en la formulación de los tipos ilícitos que no entra en conflicto con el principio de legalidad, en tanto no aboque a una inseguridad jurídica insuperable con arreglo a los criterios interpretativos antes enunciados"[32].

Por consiguiente, para el ejercicio de las actuaciones previstas en la Ley será determinante el criterio de la autoridad actuante, a la que le confía en algunas ocasiones un margen amplio de apreciación, que deberá ser susceptible de control. Así, el artículo 137.1 LRJPAC dispone que los procedimientos sancionadores respetarán la presunción de no existencia de responsabilidad administrativa mientras no se demuestre lo contrario. Al respecto, y en línea con lo dispuesto en el artículo 137.3 LRJPAC, el artículo 52 LOPSC establece que las denuncias, atestados o actas formulados por los agentes de la autoridad en ejercicio de sus funciones que hubiesen presenciado los hechos, previa ratificación en el caso de haber sido negados por los denunciados, constituirán base suficiente para adoptar la resolución que proceda, salvo prueba en contrario y sin perjuicio de que aquéllos deban aportar al expediente todos los elementos probatorios disponibles. Si bien estas denuncias poseen un valor probatorio singular, que ya puso de manifiesto el Tribunal Constitucional en su Sentencia 341/1993, de 18 de noviembre *(Tol 82362)*, la autoridad que ha de resolver no queda, en ningún caso vinculada o determinada en su juicio por el contenido de la denuncia, ratificada o no. Ello significa, precisamente, que el valor atribuido a esas denuncias no dispensa de aportar cuantas pruebas se hayan obtenido sobre los hechos en ellas contenidos. Pero también que se deberá resolver de acuerdo con su contenido mientras la presunción que lo sustenta no haya sido destruída.

3.1.2. El mantenimiento y restablecimiento de la seguridad ciudadana en reuniones y manifestaciones y su sanción

Entre las actuaciones para el mantenimiento y restablecimiento de la seguridad ciudadana, se regulan en el artículo 23, diferenciadamente de las potestades generales de la policía de seguridad, las medidas que debe-

---

32 Véase sobre los mismos Javier BARCELONA LLOP, "Las infracciones y sanciones administrativas en la Ley Orgánica 1/1992, sobre Protección de la Seguridad Ciudadana. Algunos aspectos problemático", en *Seguridad Ciudadana. Materiales de reflexión crítica sobre la ley Corcuera*, Madrid, 1993, págs. 140-141, quien considera que es cierto que este tipo de conceptos incorporan un elemento valorativo, pero no lo es menos que su admisión en el ordenamiento aparece necesaria sin que de la misma derive infracción constitucional alguna siempre que respeten a exigencia de los pronunciamientos del Tribunal Constitucional.

rán adoptar las autoridades para proteger la celebración de reuniones y manifestaciones, así como para restablecer la normalidad de su desarrollo en casos de alteración de la seguridad ciudadana. Su regulación en esta sede constituye una novedad, así como su extensión, lo que ha provocado que desde diversos ámbitos se haya considerado que la LOPSC limita de forma desproporcionada y sin justificación, e incluso impide en ocasiones, el goce efectivo de los derechos de reunión y manifestación pacíficas, así como la libertad de expresión[33], si bien en algunos aspectos procede a regular lo que se venía realizando habitualmente, dándole la necesaria cobertura legal. Indudablemente, las actuaciones previstas afectan al derecho de reunión pacífica y sin armas, que si bien no necesitará autorización previa, en los casos de reuniones en lugares de tránsito público y manifestaciones se dará comunicación previa a la autoridad, que solo podrá prohibirlas cuando existan razones fundadas de alteración del orden público, con peligro para personas o bienes (artículo 21 CE).

El ejercicio de este derecho se disciplina en la Ley Orgánica 9/1983, de 15 de julio, reguladora del derecho de reunión, en la que se prevén diversos supuestos de intervención, mientras que la LOPSC dispone que las autoridades competentes adoptarán las medidas necesarias para proteger la celebración de reuniones y manifestaciones, impidiendo que se perturbe la seguridad ciudadana —novedad introducida por la Ley—, y que podrán acordar la disolución de reuniones en lugares de tránsito público y manifestaciones en los supuestos previstos en el artículo 5 de la referida Ley Orgánica 9/1983 (artículo 23.1)[34]. Esos supuestos son: cuando se consideren ilícitas de conformidad con las leyes penales, cuando se produzcan alteraciones del orden público, con peligro para personas o bienes, cuando se hiciere uso de uniformes paramilitares por los asistentes y cuando fueran organizadas por miembros de las Fuerzas Armadas o de la Guardia Civil infringiendo las limitaciones impuestas en la normativa correspondiente. En cualquier caso, la disolución será el último recurso (artículo 23.2), pues, de conformidad con la línea garantista que dice se-

---

33 Por ejemplo, RIGHTS INTERNATIONAL SPAIN, *Consideraciones relativas al Proyecto de Ley de Protección de la Seguridad Ciudadana respecto del derecho a la libertad de reunión pacífica, del derecho a la libertad de expresión y al principio de no discriminación en las identificaciones y otras diligencias policiales*, http://www.rightsinternationalspain.org/uploads/publicacion/ef7a1a5fbde23fae2f794d95eca7754a82eff190.pdf.

34 También podrán disolver las concentraciones de vehículos en las vías públicas y retirar aquéllos o cualesquiera otra clase de obstáculos cuando impidieran, pusieran en peligro o dificultaran la circulación por dichas vías.

guir la Ley, las medidas de intervención serán graduales y proporcionadas a las circunstancias[35], como hemos señalado.

En consecuencia, para garantizar la efectividad de este régimen, entre las nuevas infracciones se prevén también conductas que representan un ejercicio extralimitado del derecho de reunión y manifestación, así como las que obstaculicen el ejercicio de este derecho. De este modo, se incluye por un lado con el carácter de grave la negativa a la disolución de reuniones y manifestaciones en lugares de tránsito público ordenada por la autoridad competente cuando concurran los supuestos referidos, y por otro, también como grave, la perturbación del desarrollo de una reunión o manifestación lícita, cuando no constituya infracción penal. Asimismo, se tipifica como leve la celebración de reuniones en lugares de tránsito público o de manifestaciones, incumpliendo los requisitos establecidos por la Ley Orgánica 9/1983, cuya responsabilidad corresponderá a los organizadores o promotores (artículo 37.1).

Algunas de estas previsiones han planteado reparos de constitucionalidad, y también se ha señalado la incertidumbre que provoca la libertad de apreciación que se otorga a la autoridad actuante. Es el caso, por ejemplo, de la perturbación grave de la seguridad ciudadana con ocasión de reuniones o manifestaciones frente a las sedes del Congreso de los Diputados, el Senado y las asambleas legislativas de las comunidades autónomas, aunque no estuvieran reunidas (infracción grave según el artículo 36 2). En el recurso de inconstitucionalidad núm. 2896-2015 presentado contra diversos preceptos de esta Ley, se considera que la previsión de esta última conducta supone una restricción injustificada del ejercicio del derecho de reunión, vulneradora del artículo 21 CE. Se entiende que el bien jurídico que intenta proteger esta infracción no encuentra justificación, pues si, ciertamente, la Constitución señala que las Cortes Generales son inviolables y prohíbe la presentación directa de peticiones por manifestaciones ciudadanas (artículo 77 CE), estas previsiones tienen por objeto garantizar la independencia y la inviolabilidad de la deliberación parlamentaria, lo que sólo puede producirse cuando las Cámaras estuvieran reunidas, no

---

[35] De tal modo, dispone el artículo 23.3 que antes de adoptar las medidas pertinentes, las unidades actuantes de las Fuerzas y Cuerpos de Seguridad deberán avisar de ello a las personas afectadas, pudiendo hacerlo de manera verbal si la urgencia de la situación lo hiciera imprescindible. Como excepción a esta previsión, en caso de que se produzca una alteración de la seguridad ciudadana con armas, artefactos explosivos u objetos contundentes o de cualquier otro modo peligroso, las Fuerzas y Cuerpos de Seguridad podrán disolver la reunión o manifestación o retirar los vehículos y obstáculos sin necesidad de previo aviso.

de sus edificios. De tal modo, si por un lado la Ley estaría posibilitando la sanción de una conducta que podría no guardar la necesaria correspondencia con el bien jurídico a proteger, por otro, será determinante la apreciación por la autoridad competente de si se da una perturbación grave o no, en función de las circunstancias concurrentes, entendiéndose que incluso la mera ausencia de comunicación previa podría ser considerada como una perturbación de ese tipo.

Otro supuesto también señalado en dicho recurso es el incumplimiento de las restricciones de circulación peatonal o itinerario con ocasión de un acto público, reunión o manifestación, cuando provoquen alteraciones menores en el normal desarrollo de los mismos, aunque como infracción leve (artículo 37.3)[36]. Se entiende en él que esta infracción contraviene la doctrina constitucional contenida en las Sentencias 66/1995, de 8 de mayo *(Tol 82806)*, y 193/2011, de 12 de diciembre *(Tol 2343006)*, ya que constituye una restricción al ejercicio del derecho de reunión injustificada, innecesaria y desproporcionada por cuanto afecta a la propia esencia de éste y vulnera el artículo 21 CE, por cuanto parece difícil que la circunstancia de que simples alteraciones menores en el desarrollo de la manifestación puedan justificar la obstaculización o impedimento del libre ejercicio del derecho fundamental de reunión. Además, el artículo 17 LOPSC establece que esa restricción podrá realizarse también cuando existan indicios racionales de que pueda producirse una alteración, por el tiempo imprescindible para su mantenimiento o restablecimiento, es decir, no se requiere una alteración real, sino que está podrá ser también previsible. En estos supuestos se evidencia una vez más la importancia del fin, expresado claramente, para adoptar la medida, una exigencia ineludible por cuanto afecta la libertad de circulación, así como la necesidad de determinar lo razonable a través de los principios de oportunidad y proporcionalidad.

3.1.3. La habilitación de la intervención local

La seguridad ciudadana y el orden público han sido tradicionalmente materias de indudable interés municipal, como se ha evidenciado en los diversos textos normativos que desde mediados del siglo pasado han venido reconociendo un papel relevante a las entidades locales en su mantenimiento. En tiempos más recientes, ha sido creciente el número de mu-

---

36 Así como la remoción de vallas, encintados u otros elementos fijos o móviles colocados por las Fuerzas y Cuerpos de Seguridad para delimitar perímetros de seguridad, aun con carácter preventivo, cuando no constituya infracción grave.

nicipios que han venido aprobando sus propias ordenanzas de policía y buen gobierno o, posteriormente, de convivencia ciudadana, no exentas en ocasiones de polémica por las medidas de intervención que contenían, como modo de reaccionar ante los problemas de ésta índole que se manifestaban en la población. Al respecto, actualmente el artículo 25.2 Ley 7/1985, de 2 de abril, reguladora de las Bases del Régimen Local, dispone que el municipio ejercerá en todo caso como competencias propias, en los términos de la legislación del Estado y de las Comunidades Autónomas, en materia de policía local, desapareciendo con la última modificación de aquella norma la referencia a la "seguridad en lugares públicos". Por consiguiente, en lo que respecta a la seguridad ciudadana considerada estrictamente y al personal encargado de mantenerla, las normas de referencia serán tanto la LOFCS (artículos 51 a 54) como la LOPSC[37], que, en lo que concierne al ejercicio de la potestad sancionadora, prevé mayores posibilidades de intervención.

En efecto, ahora, la LOPSC reconoce por un lado la competencia de los alcaldes para el ejercicio de la potestad sancionadora, y por otro, habilita a las ordenanzas para intervenir en la tipificación[38]. Así, dispone en su artículo 32.2 que los alcaldes podrán imponer las sanciones y adoptar las medidas previstas en ella Ley cuando las infracciones se cometieran en espacios públicos municipales o afecten a bienes de titularidad local, siempre que ostenten competencia sobre la materia de acuerdo con la legislación específica. Además, en los términos de su artículo 41, las ordenanzas municipales podrán introducir especificaciones o graduaciones en el cuadro de las infracciones y sanciones tipificadas en la LOPSC. Dicho precepto establece que lo podrán hacer cuando, sin constituir nuevas infracciones o sanciones, ni alterar su naturaleza y límites, contribuyan a la más correcta identificación de las conductas o a la más precisa determina-

---

37 En cualquier caso, la disposición adicional décima de la Ley 7/1985 establece que, en el marco de lo dispuesto en la LOFCS, LOPSC y la Ley Orgánica 6/1985, de 1 de julio, del Poder Judicial, se potenciará la participación de los cuerpos de policía local en el mantenimiento de la seguridad ciudadana, como policía de proximidad, así como en el ejercicio de las funciones de policía judicial.

38 Anteriormente, la Ley 10/1999, de 21 de abril, de modificación de la Ley de 1992 habilitó a los municipios a especificar en sus respectivas ordenanzas los tipos, definidos en la ley, que correspondían a las infracciones cuya sanción se atribuye a los Alcaldes, pretendiendo solucionar las dificultades que venía planteando la ausencia de una habilitación expresa en la ley para que las ordenanzas municipales pudieran establecer dicha especificación dentro del tipo correspondiente a cada infracción definido en el propio texto legal. Esta actuación hay que considerarla fundamental en la problemática de la potestad sancionadora municipal.

ción de las sanciones correspondientes. De tal modo, la LOPSC se constituye en la principal norma de cobertura para posibilitar la sanción por las ordenanzas municipales de muchas de las conductas ilícitas que así se venían tipificando en las normas municipales antes referidas, y que a falta de la misma devenían impunes, con el consiguiente daño o perturbación para la convivencia, tranquilidad, seguridad y salubridad vecinal.

3.2. Las sanciones y la proporcionalidad

De acuerdo con lo antes dicho, la LOPSC establece un cuadro de sanciones en correspondencia con las infracciones tipificadas. No en balde, el Tribunal Constitucional ha señalado que la garantía de *lex certa* no resulta satisfecha tan sólo mediante la tipificación de las infracciones y la definición y, en su caso, graduación de las sanciones que pueden ser impuestas a los infractores, realizadas por la ley, sino que, además, es elemento esencial y lógico de dicha garantía la determinación de la correlación necesaria entre los actos o conductas tipificados como ilícitos administrativos y las sanciones consiguientes a los mismos. Ha resaltado, asimismo, que ello no implica un automatismo tal que suponga la exclusión de todo poder de apreciación por parte de los órganos administrativos a la hora de imponer una sanción concreta, pues el establecimiento de dicha correspondencia puede dejar márgenes más o menos amplios a la discrecionalidad judicial o administrativa [Sentencia 207/1990, de 17 de diciembre *(Tol 80413)*], que queda moderada en virtud de las circunstancias objetivas y subjetivas que rodean a la contravención [Sentencia 51/1983, de 14 de junio *(Tol 79218)*].

En esta línea, señalando que acoge una exigencia del principio de proporcionalidad presente en la jurisprudencia contencioso-administrativa, pero que tiene escaso reflejo en los regímenes sancionadores de nuestro ordenamiento jurídico administrativo, la Ley incorpora en su artículo 33 como novedad que, dentro de los límites previstos para las infracciones muy graves y graves, las multas se dividirán en tres tramos de igual extensión, correspondientes a los grados mínimo, medio y máximo, en los términos del artículo 39.1 LOPSC. Determina también, en consecuencia, las circunstancias agravantes y los criterios de graduación que deberán tenerse en cuenta para la individualización de las sanciones pecuniarias.

De tal modo, la comisión de una infracción determinará la imposición de la multa correspondiente en grado mínimo, mientras que se sancionará con multa en grado medio cuando se acredite la concurrencia, al menos, de una de las circunstancias que recoge (reincidencia, violencia, amenaza o intimidación, entorpecimiento de la identificación, y utilización de menores de edad, personas con discapacidad necesitadas de especial protección o en situación de vulnerabilidad). En cada grado, para la individualización de la multa se tendrán en cuenta asimismo una serie de criterios (entidad del riesgo producido para la seguridad ciudadana o la salud pública; cuantía del perjuicio causado; trascendencia del perjuicio para la prevención, mantenimiento o restablecimiento de la seguridad ciudadana; alteración ocasionada en el funcionamiento de los servicios públicos o en el abastecimiento a la población de bienes y servicios; grado de culpabilidad; beneficio económico obtenido como consecuencia de la comisión de la infracción; y capacidad económica del infractor), de modo que sólo se sancionarán con multa en grado máximo cuando los hechos revistan especial gravedad y así se justifique teniendo en cuenta el número y la entidad de las circunstancias concurrentes y los criterios previstos en este apartado. Para las infracciones leves no se prevén grados, aunque la multa se deberá individualizar en atención a las anteriores circunstancias y criterios.

En cuanto a la cuantía de las sanciones, ha sido objeto de crítica por considerarse elevada, si bien la Ley señala que no se ha aumentado el importe previsto en la norma de 1992 de las que pueden imponerse por la comisión de infracciones muy graves. No obstante, hay que señalar que lo cierto es que las sanciones muy graves apenas han variado en su cuantía, rebajándose incluso su máximo, mientras que en las sanciones graves, en cambio, sí que asciende el mínimo, doblándose, aunque manteniéndose el máximo, y que en las infracciones leves se ha duplicado el máximo posible y se ha establecido una sanción mínima, que anteriormente no existía[39]. Pero, ciertamente, encontramos que para determinadas infracciones muy graves se puede imponer una sanción dentro de una horquilla que va de 30.000 a 600.000 euros. Al respecto, ha señalado el Consejo de Estado en su Dictamen 557/2014, que si bien en otros textos legales vigentes se prevén sanciones iguales o superiores para faltas administrativas de igual o menor trascendencia que las contempladas en la Ley, raramente se ha

---

[39] Asimismo, junto a las sanciones pecuniarias se ha previsto que cabrá exigir al infractor, en su caso, la reposición de los bienes dañados a su situación originaria o, cuando ello no fuera posible, la indemnización por los daños y perjuicios causados (artículo 42), como también se ha viene exigiendo en otros ámbitos. Además, la multa podrá llevar aparejada alguna o algunas de las sanciones accesorias, atendiendo a la naturaleza de los hechos constitutivos de la infracción (artículo 39.2), como viene siendo habitual. Por lo demás, la LOPSC se alinea con normas anteriores e incorpora la posibilidad de pago voluntario de la sanción, con la correspondiente reducción del 50 por ciento del importe de la sanción de multa (artículo 54.3).

hecho uso de tan graves sanciones pecuniarias, de modo que cuando la sanción es excesiva el resultado es que no se aplica y conduce a la impunidad del hecho sancionable. Si a ello se suma que muchos de los sancionados pueden resultar insolventes, la consecuencia es que la impunidad se da por supuesta desde el principio y ello tiene un grave eco en la conciencia ciudadana. En este sentido, la efectividad de las medidas sancionadoras depende no sólo de su obligatoriedad, sino sobre todo de la aceptación por la sociedad de las medidas adoptadas[40].

Finalmente, entre las novedades reseñables de la LOPSC, una es la referida a la responsabilidad por las infracciones cometidas, de modo que si con carácter general recae directamente en el autor del hecho en que consista la infracción (artículo 30), se exime de la misma a los menores de catorce años, en consonancia con la legislación sobre responsabilidad penal del menor[41]. La otra es que se crea un Registro Central de Infracciones contra la Seguridad Ciudadana (artículo 43), como también existe en otros ámbitos, que la Ley considera indispensable para poder apreciar la reincidencia de los infractores, a la que acabamos de referirnos, y permitir así sancionar adecuadamente a quienes de modo voluntario y reiterado incurren en conductas merecedoras de reproche jurídico. De tal modo, las autoridades y órganos de las distintas administraciones públicas con competencia sancionadora en materia de seguridad ciudadana comunicarán al Registro Central las resoluciones sancionadoras dictadas, una vez firmes en vía administrativa. Asimismo, a estos efectos, dichas administraciones públicas tendrán acceso a los datos obrantes en ese Registro Central.

---

40 Marta OLLER RUBERT, "Régimen sancionador en la prevención y represión del blanqueo de capitales", en *Régimen jurídico en la prevención y represión del blanqueo de capitales*, Valencia, 2015, pág. 274.

41 En este supuesto, la autoridad competente lo pondrá en conocimiento del Ministerio Fiscal para que inicie, en su caso, las actuaciones oportunas. Asimismo se prevé que cuando sea declarado autor de los hechos cometidos un menor de dieciocho años no emancipado o una persona con la capacidad modificada judicialmente, responderán solidariamente con él de los daños y perjuicios ocasionados sus padres, tutores, curadores, acogedores o guardadores legales o de hecho (artículo 42.3) Además, con objeto de dar el tratamiento adecuado a las infracciones de los menores de dieciocho años en materia de consumo o tenencia ilícitos de drogas tóxicas, establece su disposición adicional quinta que las multas que se les impongan por ello podrán suspenderse siempre que, a solicitud de los infractores y sus representantes legales, aquéllos accedan a someterse a tratamiento o rehabilitación, si lo precisan, o a actividades de reeducación. En caso de que los infractores abandonen el tratamiento o rehabilitación o las actividades reeducativas, se procederá a ejecutar la sanción económica.

LA EXPANSIÓN DEL DERECHO ADMINISTRATIVO SANCIONADOR *SECURITARIO*: ANÁLISIS CONSTITUCIONAL DE LA LEY ORGÁNICA PARA LA PROTECCIÓN DE LA SEGURIDAD CIUDADANA[42]

MIGUEL ÁNGEL PRESNO LINERA[43]
Profesor Titular de Derecho Constitucional. Acreditado como catedrático. Universidad de Oviedo

1. INTRODUCCIÓN: ¿QUÉ PRETENDE LA LEY ORGÁNICA PARA LA PROTECCIÓN DE LA SEGURIDAD CIUDADANA?

Según se declara en la Exposición de Motivos de la Ley Orgánica 4/2015, de 30 de marzo, de protección de la seguridad ciudadana (LOPSC) dicha norma se justifica por "...el simple transcurso del tiempo, con la perspectiva que ofrece de las virtudes y carencias de las normas jurídicas, los cambios sociales operados en nuestro país, las nuevas formas de poner en riesgo la seguridad y la tranquilidad ciudadanas, los nuevos contenidos que las demandas sociales incluyen en este concepto, la imperiosa necesidad de actualización del régimen sancionador o la conveniencia de incorporar la jurisprudencia constitucional en esta materia justifican sobradamente un cambio legislativo".

Se trata así de legitimar esta expansión del Derecho administrativo sancionador en la línea señalada en su día por el profesor Silva Sánchez a propósito del Derecho penal; también aquí se alude a la aparición de nuevas amenazas propias de la sociedad del riesgo así como a la aparición de bienes

---

42 Realicé una aproximación previa a esta cuestión en el artículo "El primer Anteproyecto de Ley Orgánica para la protección de la seguridad ciudadana", *Teoría y realidad constitucional*, nº 34, 2014, págs. 269 y sigs.; disponible en http://revistas.uned.es/index.php/TRC/article/view/14090. Para un análisis completo de todo el discurrir legislativo, Juan María BILBAO UBILLOS: "La llamada Ley mordaza: la Ley Orgánica 4/2015 de protección de la seguridad ciudadana", Teoría y Realidad Constitucional, nº 36, 2015, págs. 217 a 260.

43 Correo electrónico presnolinera@gmail.com; blog jurídico: http://presnolinera.wordpress.com; página académica: http://presnolinera.wix.com/presnolinera

jurídicos que deben ser tutelados[44]. Sin embargo, no se especifica cuál es la nueva perspectiva de las carencias de la Ley Orgánica de 1992[45], tampoco qué cambios sociales se han producido ni ante qué nuevas formas de poner en riesgo la seguridad y tranquilidad ciudadanas nos encontramos. Y, lo que quizá resulta más relevante, no parece evidente la existencia de esas demandas sociales de tutela de nuevos contenidos. Es, precisamente, una "rara unanimidad" social, en palabras de Silva Sánchez, la que está presente en la tendencia expansiva del Derecho penal, y lo que diferencia dicha orientación de la propia del movimiento *ley y orden*, en cuyo desarrollo "unos sectores sociales —para simplificar, los acomodados— apoyaban tales propuestas; otros, en cambio, —los marginados, pero también los intelectuales y los movimientos de derechos humanos— se oponían a ellas"[46].

Tal vez lo que ocurra, al menos en el Derecho administrativo sancionador por el que se apuesta en la LOPSC, sin duda vinculada a la reforma del Código Penal[47] llevada a cabo por las Leyes Orgánicas 1 y 2/2015, de 30 de marzo, es que la línea expansiva de este Derecho sí que está conectada con el movimiento *ley y orden*, y entronca con la tutela de nuevos bienes que han de ser protegidos sino con la vieja represión de ciertos movimientos sociales[48].

---

44 *La expansión del Derecho penal. Aspectos de la política criminal en las sociedades postindustriales,* Edisofer/Bdef; Montevideo/Buenos Aires, Tercera edición, 2011, págs. 11 y sigs.; alude SILVA SÁNCHEZ a la "creación de nuevos «bienes jurídico-penales», ampliación de los espacios de riesgos jurídico-penalmente relevantes, flexibilización de las reglas de imputación y relativización de los principios político-criminales de garantía no serían sino aspectos de esta tendencia general, a la que cabe referirse con el término *«expansión»*", pág. 5.

45 Sobre dicha Ley y su evolución, pueden verse, entre otros, Jesús FERNÁNDEZ ENTRALGO/Guillermo PORTILLA CONTRERAS/Javier BARCELONA LLOP: *Seguridad ciudadana: materiales de reflexión crítica sobre la ley Corcuera,* Trotta, 1993; Francisco ALONSO PÉREZ: *Seguridad ciudadana: la Ley Orgánica 1/1992, de 21 de febrero, sobre protección de la seguridad ciudadana,* Marcial Pons, 1994; VARIOS AUTORES: *La protección de la seguridad ciudadana* (coord. Ignacio Muñagorri), The International Institute for the Sociology of Law, 1995; Javier BARCELONA LLOP: *Policía y Constitución,* Tecnos, 1997; VARIOS AUTORES: *Seguridad ciudadana y globalización*, Ministerio del Interior, 2003.

46 *Ibídem*, págs. 8 y 9.

47 Véanse los *Comentarios a la reforma del Código Penal de 2015*, dirigidos por José Luis GONZÁLEZ CUSSAC y coordinados por Elena GÓRRIZ y Ángela MATALLÍN, Tirant lo Blanch, Valencia, 2015.

48 José Luis DÍEZ RIPOLLÉS cuestiona esta visión de SILVA por mezclar los fenómenos de "modernización" y de "seguridad ciudadana" bajo el común denominador de "expansión" del derecho penal; "El nuevo modelo penal de la seguridad ciudadana", *Revista electrónica de ciencia penal y criminología*, 2004, núm. 06-03, http://criminet.ugr.es/recpc/06/recpc06-03.pdf, nota 7, (consulta de 15 de septiembre de 2015); véase

Desde luego, y hasta la fecha, la oposición a esta orientación *securitaria* ha venido en buena medida de los movimientos sociales de defensa de los derechos[49]. El propio Silva Sánchez concluye que "ni las premisas ideológicas ni los requerimientos del movimiento de «ley y orden» han desaparecido", si bien, para él, "se han integrado (cómodamente) en ese nuevo consenso social sobre el papel del Derecho penal"[50]. A nosotros no nos parece que exista un consenso social sobre el papel del Derecho administrativo sancionador[51] y sí, como se tratará de exponer aquí, que se opta por un modelo *securitario* en la LOPSC[52].

---

también el libro colectivo coordinado por Pedro OLIVER OLMO: *Burorrepresión. Sanción administrativa y control social*, Bomarzo, Albacete, 2013.

49 Pueden verse el documento del Comité Permanente de Jueces para la Democracia: *Orden público y restricción de libertades. Análisis de la reforma de la legislación penal y administrativa desde la perspectiva de la protección de los derechos fundamentales*, Alcalá de Henares, 20 y 21 de febrero de 2014; el de Amnistía Internacional España: *España: El derecho a protestar, amenazado*, https://www.es.amnesty.org/paises/espana/documentos/ (consultado el 15 de septiembre de 2015); también la campaña de Greenpeace #No a la Ley Antiprotesta: http://www.greenpeace.org/espana/es/Trabajamos-en/No-a-la-LeyAntiprotesta/ (consultada el 15 de septiembre de 2015) y el documento de la Plataforma Ciudadana contra la reforma del Código Penal, la Ley de seguridad ciudadana y la Ley de seguridad privada
"No somos delito": http://nosomosdelito.net/sites/default/files/public_files/documentos/argumentario_leyes_mordaza_.pdf (consultado el 15 de septiembre de 2015).

50 *Ibídem*, pág. 10.

51 Sobre este Derecho, véanse, entre otros muchos: Lucía ALARCÓN SOTOMAYOR: *El procedimiento administrativo sancionador y los derechos fundamentales*, Civitas, 2007; también, "Los confines de las sanciones: en busca de la frontera entre Derecho penal y Derecho administrativo sancionador", *Revista de Administración Pública*, nº 195, 2014, págs. 134 y sigs.; María José ALONSO MÁS: *Prevalencia de la vía jurisdiccional penal y prohibición de doble enjuiciamiento*, Tirant lo Blanch, Valencia, 2005; Miguel BELTRÁN DE FELIPE: "Realidad y constitucionalidad en el procedimiento administrativo sancionador" (I y II), *Revista Jurídica de Castilla-La Mancha*, núms. 39 y 40, 2005/2006; Francisco CAAMAÑO DOMÍNGUEZ: *La garantía constitucional de la inocencia*, Tirant lo Blanch, Valencia, 2003; Alejandro HUERGO LORA: *Las sanciones administrativas*, Iustel, Madrid, 2007; Blanca LOZANO CUTANDA: "La tensión entre eficacia y garantías en la represión administrativa: aplicación de los principios constitucionales del orden penal en el Derecho administrativo sancionador", VV.AA. *Las fronteras del Código Penal de 1995 y el Derecho Administrativo sancionador*, CGPJ, Madrid, págs. 41 y igs.; Alejandro NIETO GARCÍA: *Derecho administrativo sancionador*, Tecnos, Madrid, 5ª edición, 2012; Ignacio PEMÁN GAVÍN: *El sistema sancionador español. Hacia una teoría general de las infracciones y sanciones administrativas*, Cedecs, Barcelona, 2000; VARIOS AUTORES: *Justicia Administrativa. Número extraordinario: Infracciones, sanciones y procedimiento administrativo sancionador*, 2001.

52 José Luis DÍEZ RIPOLLÉS: "De la sociedad del riesgo a la seguridad ciudadana: Un debate desenfocado", *Revista Electrónica de Ciencia Penal y Criminología*, 2005,

En esa línea, el artículo 1 proclama como objeto de la Ley:

> "1. La seguridad ciudadana es una condición esencial para el pleno ejercicio de los derechos fundamentales y las libertades públicas, y su salvaguarda, como bien jurídico de carácter colectivo, es función del Estado, con sujeción a la Constitución y a las leyes. 2. Esta ley tiene por objeto la regulación de un conjunto plural y diversificado de actuaciones de distinta naturaleza orientadas a la tutela de la seguridad ciudadana, mediante la protección de personas y bienes y el mantenimiento de la tranquilidad de los ciudadanos".

Sorprende la ausencia de concreción cuando, previamente, se dice en la Exposición de Motivos, que se debe huir "de definiciones genéricas que justifiquen una intervención expansiva sobre los ciudadanos en virtud de peligros indefinidos, y evitando una discrecionalidad administrativa y una potestad sancionadora genéricas".

Al respecto, el Informe del Consejo General del Poder Judicial al Anteproyecto comentó, en evidente tono crítico, que "sigue la línea marcada por el Proyecto de reforma del Código Penal[53], situándose en el *Derecho penal de la peligrosidad*, desde cuyos axiomas la seguridad se convierte en una categoría prioritaria en la política criminal, como un bien que el Estado y los Poderes públicos han de defender con todos los medios e instrumentos a su alcance[54]. Como consecuencia, la Ley proyectada, por un lado, intensifica la acción preventiva, no solo del delito, sino también de las infracciones administrativas, y, por otro, incrementa notablemente las infracciones contra la seguridad ciudadana"[55]. Buena parte de estas censuras al Anteproyecto se pueden extender, como veremos más adelante, a la Ley Orgánica finalmente aprobada.

Como es obvio, no se trata de que no se deba proteger el orden público, sino de que su tutela debe consistir en la defensa de los derechos

---

núm. 07-01, http://criminet.ugr.es/recpc/07/recpc07-01.pdf; Pablo RANDO CASERMEIRO habla directamente de "El modelo penal de la seguridad ciudadana en el derecho administrativo sancionador", *Indret*,1, 2010, http://www.indret.com/pdf/rando_casermeiro.pdf (ambos consultados el 15 de septiembre de 2015).

53 Se refiere a la Ley Orgánica 1/2015, de 30 de marzo, por la que se modifica la Ley Orgánica 10/1995, de 23 de noviembre, del Código Penal.

54 Sobre la irrupción del "Estado preventivo", Erhard DENNINGER: "Der Präventions-Staat", en *Der gebändigte Leviathan*, Nomos, Baden-Baden, 1990, págs. 33 y sigs.; del mismo autor, "Vom Rechtsstaat zum Präventionsstaat", *Recht in globaler Ordnung*, Bwv Berliner-Wissenschaft, Berlín, 2005, págs. 223 y sigs.

55 Sobre la conversión de la seguridad en valor autónomo y "superior", pueden verse, entre otros muchos, y además de los trabajos ya citados del profesor DÍEZ RIPOLLÉS, el estudio de Francisco MUÑOZ CONDE: "El nuevo Derecho penal autoritario", *Estudios penales en recuerdo del Profesor Ruiz Antón*, Tirant, Valencia, 2004, págs. 803 y sigs.

fundamentales reconocidos en la Constitución, que son "los componentes estructurales básicos, tanto del conjunto del orden jurídico objetivo como de cada una de las ramas que lo integran en razón de que son la expresión jurídica de un sistema de valores, que, por decisión del constituyente ha de informar al conjunto de la organización jurídica y política" (STC 53/1985 F. 4)[56].

El Legislador, penal y administrativo, de la seguridad ciudadana está obligado, pues, a tener bien presentes los derechos reconocidos en la Constitución, tanto los que tutelan la vida, la integridad física o la libertad personal, como la defensa de la propiedad, pero también ha de tener en cuenta su adecuada delimitación cuando entren en juego otros derechos como la libertad de expresión o el derecho de manifestación, pues éstos últimos no pueden ser ajenos a la garantía del orden público democrático[57].

Conviene recordar lo ya dicho por el Tribunal Constitucional (STC 341/1993, de 18 de noviembre, F. 8) a propósito del enjuiciamiento de la ahora derogada Ley Orgánica 1/1992, de 21 de febrero, de protección de la seguridad ciudadana (en lo sucesivo, LOSC):

> "La interpretación y aplicación legislativa de los conceptos constitucionales definidores de ámbitos de libertad o de inmunidad es tarea en extremo delicada, en la que no puede el legislador disminuir o relativizar el rigor de los enunciados constitucionales que establecen garantías de los derechos ni crear márgenes de incertidumbre sobre su modo de afectación. Ello es no sólo inconciliable con la idea misma de garantía constitucional, sino contradictorio, incluso, con la única razón de ser —muy plausible en sí— de estas ordenaciones legales, que no es otra que la de procurar una mayor certeza y precisión en cuanto a los límites que enmarcan la actuación del poder público, también cuando este poder cumple, claro está, el "deber estatal de perseguir eficazmente el delito" (STC 41/1982, fundamento jurídico 2º). La eficacia en la persecución del delito, cuya legitimidad es incuestionable, no puede imponerse, sin embargo, a costa de los derechos y libertades fundamentales".

No parece que Legislador haya tenido muy en cuenta estas advertencias al redactar el ya citado artículo 1 ni, por ejemplo, el artículo 4.3:

> "La actividad de intervención se justifica por la existencia de una amenaza concreta o de un comportamiento objetivamente peligroso que, razonable-

---

56 Francisco BASTIDA y OTROS: *Teoría general de los derechos fundamentales en la Constitución española de 1978*, Tecnos, Madrid, 2004, págs 38 y sigs.

57 Véase María Luisa CUERDA ARNAU: "Nos queda la palabra: contra la nueva orientación político-criminal en materia de orden público" en la obra colectiva *Crímenes y castigos: miradas al Derecho penal a través del arte y la cultura, Tirant lo Blanch, Valencia, 2014, págs. 211 y sigs.*

> mente, sea susceptible de provocar un perjuicio real para la seguridad ciudadana y, en concreto, atentar contra los derechos y libertades individuales y colectivos y demás bienes jurídicos protegidos, o alterar el regular funcionamiento de las instituciones públicas".

Por otra parte, también en este precepto se advierte la tipificación de los comportamientos peligrosos como instrumento para generar tranquilidad ciudadana, en la línea de lo que se ha denominado orientación *neoconservadora* en materia de política de seguridad, que apunta al reforzamiento de los poderes del Estado en la lucha contra la criminalidad y a la conformación de una suerte de "justicia expresiva" basada en la severidad de las penas, y capaz de gobernar una supuesta sensación social de inseguridad, así como de dar respuesta a sujetos caracterizados por la alteridad y la peligrosidad[58].

En consecuencia, se apuesta por lo que, en materia penal, se han denominado "prácticas de naturaleza gerencial": mejora de la coordinación entre las diferentes instancias de persecución punitiva y gestión del orden público, y desarrollo de modos de colaboración entre instancias públicas y entidades privadas en el gobierno de la seguridad y la lucha contra el delito[59].

Estas tendencias se advierten, por ejemplo, en el artículo 7.3, que prevé:

> "Las empresas de seguridad privada, los despachos de detectives privados y el personal de seguridad privada tienen un especial deber de auxiliar a las Fuerzas y Cuerpos de Seguridad en el ejercicio de sus funciones, prestarles la colaboración que precisen y seguir sus instrucciones, en los términos previstos en la normativa de seguridad privada".

Es una de las consecuencias, como se afirma en la Exposición de Motivos de la reciente Ley 5/2014, de 4 de abril, de Seguridad Privada, de entender que "en los últimos años se han producido notables avances en la consideración ciudadana y en el replanteamiento del papel del sector pri-

---

58 José Ángel BRANDARIZ GARCÍA: "¿Una teleología de la seguridad sin libertad? La difusión de lógicas actuariales y gerenciales en las políticas punitivas", en Miguel Ángel PRESNO LINERA (Coordinador) *La metamorfosis del Estado y del Derecho. Fundamentos. Cuadernos monográficos de derecho público, teoría del estado e historia constitucional*, nº 8, 2014, pág. 317; hay versión electrónica abierta en http://www.unioviedo.es/constitucional/fundamentos/octavo/index.html

59 José Angel BRANDARIZ GARCÍA: *ibídem*, que, a su vez, menciona, entre otros, los estudios de E. BELL: *Criminal Justice and Neoliberalism*, Palgrave MacMillan, Basingstoke, 2011, y J. WOOD/C. SHEARING: *Pensar la seguridad*, Gedisa, Barcelona, 2011.

vado de la seguridad, reconociéndose *la importancia, eficacia y eficiencia de las alianzas público-privadas como medio para hacer frente y resolver los problemas acuciantes y variados de seguridad que se producen en la sociedad.* Cada vez más, la seguridad privada se considera una parte indispensable del conjunto de medidas destinadas a la protección de la sociedad y a la defensa de los derechos y legítimos intereses de los ciudadanos".

Este rasgo cooperativo caracteriza también el modelo penal de seguridad ciudadana, donde, en palabras de Díez Ripollés, "lo decisivo es la constatación de que todo este fenómeno de implicación de la sociedad en el control de la delincuencia ha desplazado las energías de la comunidad del afán por lograr la inclusión social de los desviados al interés por garantizar la exclusión social de los delincuentes"[60].

En suma, se opta, con escaso disimulo, por una gestión eficiente de la seguridad, minimizando el coste para el erario público de la *tranquilidad ciudadana*[61]. Aunque, bien mirado, cabe poner en duda que tal tranquilidad ciudadana esté en peligro, al menos si nos atenemos a los datos que ofrece el propio Ministerio del Interior a través de su Anuario Estadístico de 2014 (el último publicado al redactar estas líneas, septiembre de 2015)[62]: así, la tasa de criminalidad (infracciones penales por cada mil habitantes) en España no ha dejado de bajar en los últimos cinco años

---

60 "El nuevo modelo penal de la seguridad ciudadana", *ob. cit.* pág. 19; en el mismo sentido, RANDO CASERMEIRO: *ob. cit.*, pág. 6

61 En el ámbito penal, véase el texto, ya citado de BRANDARIZ y la bibliografía que allí se menciona; en una línea próxima, JOHNSTON y SHEARING (*Governing Security. Explorations in policing and justice*, Routledge, London/New York, 2003) destacan que el pensamiento contemporáneo se ocupa menos del delito que del problema —más amplio— de la gobernanza de la seguridad.

62 http://www.interior.gob.es/documents/642317/1204854/Anuario-Estadistico-2014.pdf/4c7f4a33-0b68-49ec-9abd-df470992f43b (consulta de 15 de septiembre de 2015).

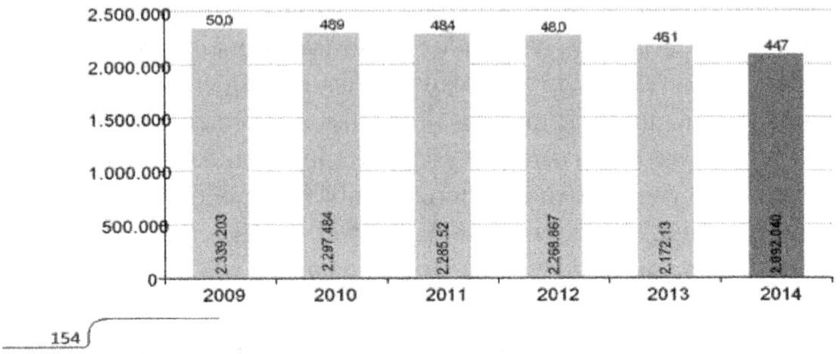

Esta tasa es, por otra parte, de las más reducidas de Europa:

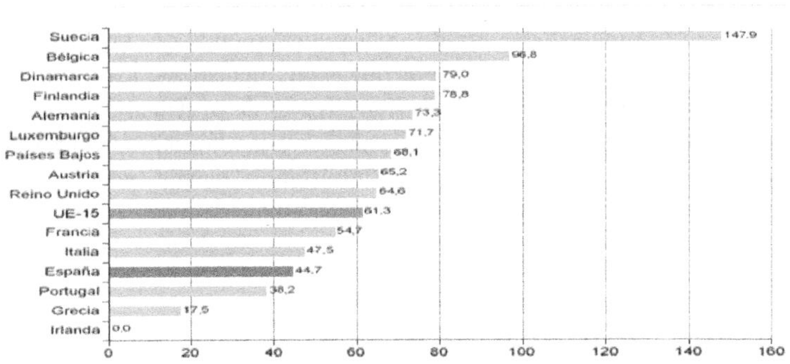

En resumen, no parece que la situación de la seguridad ciudadana en España demande una nueva norma en la materia; en todo caso, y puestos a aprobarla, tendrá que hacerse, obviamente, de conformidad con nuestra Norma Fundamental y sin olvidar que, como es bien sabido, ya había una Ley Orgánica de seguridad ciudadana que tampoco estuvo exenta de críticas.

2. ¿SEGURIDAD CIUDADANA VERSUS SEGURIDAD JURÍDICA?

Dijo el Tribunal Constitucional en una de sus primeras sentencias (STC 27/1981, de 20 de julio) que la seguridad jurídica

> "es suma de certeza y legalidad, jerarquía y publicidad normativa, irretroactividad de lo no favorable, interdicción de la arbitrariedad, pero que, si se agotara en la adición de estos principios, no hubiera precisado de ser formulada expresamente. La seguridad jurídica es la suma de estos principios, equi-

> librada de tal suerte que permita promover, en el orden jurídico, la justicia y la igualdad, en libertad" (F. 10); posteriormente, y de manera más concreta, ha insistido (STC 46/1990, de 15 de marzo) en que "la exigencia del 9.3 relativa al principio de seguridad jurídica implica que el Legislador debe perseguir la claridad y no la confusión normativa, debe procurar que acerca de la materia sobre la que se legisle sepan los operadores jurídicos y los ciudadanos a qué atenerse, y debe huir de provocar situaciones objetivamente confusas... Hay que promover y buscar la certeza respecto a qué es Derecho y no,..., provocar juegos y relaciones entre normas como consecuencia de las cuales se introducen perplejidades difícilmente salvables respecto a la previsibilidad de cuál sea el Derecho aplicable, cuáles las consecuencias derivadas de las normas vigentes incluso cuáles sean éstas" (F. 4). Y, en lo que respecta a las disposiciones sancionadoras (penales en este caso) se emplaza al Legislador para que haga "el máximo esfuerzo posible en la descripción de los tipos penales, promulgando normas concretas, claras, precisas e inteligibles" (SSTC 142/1999, F. 3; 24/2004, F. 2; 283/2006, F. 5;...)[63].

Pues bien, en la L. O. 4/2015 encontramos diversos preceptos en los que el Legislador no ha "perseguido" o, al menos, no ha conseguido que "sepan los operadores jurídicos y los ciudadanos a qué atenerse", de manera que nos encontramos con importantes normas que no son "concretas, claras, precisas e inteligibles".

A.- Así, el artículo 35.1, sobre el que se volverá más adelante, dispone que "son infracciones muy graves las reuniones o manifestaciones no comunicadas o prohibidas en infraestructuras o instalaciones en las que se prestan servicios básicos para la comunidad o en sus inmediaciones, así como la intrusión en los recintos de éstas, incluido su sobrevuelo,..." Pues bien, si uno de los elementos esenciales que definen esta infracción muy grave es el lugar concreto en el que se llevan a cabo reuniones o manifestaciones, falta una delimitación clara del mismo pues se podrá entender cometida dicha infracción si aquéllas se llevan a cabo "en sus inmediaciones". La pregunta que surge es: ¿dónde empiezan y acaban las "inmediaciones"? Falta así certeza y sobra confusión normativa, menoscabándose

---

63 Véanse, entre otros, los estudios de Víctor FERRERES COMELLA, *El principio de taxatividad en materia penal y el valor normativo de la jurisprudencia (Una perspectiva constitucional)*, Civitas, 2002; Juan Antonio LASCURAÍN SÁNCHEZ: *Sólo penas legales, precisas y previas: el derecho a la legalidad penal en la jurisprudencia constitucional*, Aranzadi, 2009; de Rafael ALCÁCER GUIRAO: "El derecho a la legalidad penal y los límites de actuación del Tribunal Constitucional" en Santiago MIR/Joan QUERALT (directores)/Silvia FERNÁNDEZ (coordinadora): *Constitución y principios del Derecho penal: algunas bases constitucionales*, Tirant, Valencia, 2010, pág. 15 y sigs.

de manera inconstitucional el principio de seguridad jurídica (art. 9.3 CE) en conexión con el de legalidad sancionadora (art. 25 CE).

B.- El artículo 36.1 califica como falta grave "la perturbación de la seguridad ciudadana en actos públicos, espectáculos deportivos o culturales, solemnidades y oficios religiosos u otras reuniones a las que asistan numerosas personas, cuando no sean constitutivas de infracción penal".

Este precepto, como ha señalado el Consell de Garanties Estatutàries de Catalunya[64], no cumple con los requisitos de certeza y claridad que exige la jurisprudencia constitucional, ya que omite cualquier precisión sobre el nivel de perturbación que ha de tener la actuación infractora y sobre el resultado que debe producir, actuando como una cláusula abierta o "cajón de sastre", que permite sancionar como infracción grave cualquier perturbación de la seguridad ciudadana.

C.- En la misma línea, el artículo 36.2 prevé, también como falta grave, "la perturbación grave de la seguridad ciudadana que se produzca con ocasión de reuniones o manifestaciones frente a las sedes del Congreso de los Diputados, el Senado y las asambleas legislativas de las comunidades autónomas, aunque no estuvieran reunidas, cuando no constituya infracción penal".

En este precepto no queda claro qué es lo que se pretende tutelar cuando se sancionan con tanta gravedad reuniones o manifestaciones ante las sedes parlamentarias cuando las Cámaras no estén reunidas, dado que ya en el apartado siguiente se prevé la misma sanción si se causan "desórdenes en las vías, espacios o establecimientos públicos, u obstaculizar la vía pública con mobiliario urbano, vehículos, contenedores, neumáticos u otros objetos, cuando en ambos casos se ocasione una alteración grave de la seguridad ciudadana". Por otra parte, hay que tener presente el espacio valor simbólico que representan esas sedes y que, como ha señalado el Tribunal Europeo de Derechos Humanos (TEDH), "la expresión política [una reunión o una manifestación son formas colectivas de ejercicio de la libertad de expresión] exige un nivel elevado de protección a efectos del artículo 10" (sentencias *Thorgeir Thorgeirson c. Islandia*, de 25 de junio de 1992; y *Hertel c.Suiza*, de 25 de agosto de 1998) y "cuando el objeto del reproche es el Gobierno [en sentido amplio, lo que incluiría a instituciones como las Cámaras legislativas] el espacio permisible para la crítica

---

64 Dictamen 7/2015, de 7 de junio, sobre la Ley orgánica 4/2015, de 30 de marzo, de protección de la seguridad ciudadana, https://www.cge.cat/admin/uploads/docs/20150606100245-1.pdf

aún acerba e hiriente, incluso falsa si no hay mala fe, es especialmente amplio" (asunto *Castells c. España*, de 23 abril de 1992).

D.- Esa misma falta de concreción se aprecia en el apartado 8 del artículo 36, que también incluye como infracción grave "la perturbación del desarrollo de una reunión o manifestación lícita, cuando no constituya infracción penal"[65].

E.- El apartado 22 del artículo 36 sanciona "el incumplimiento de las restricciones a la navegación reglamentariamente impuestas a las embarcaciones de alta velocidad y aeronaves ligeras". Es especialmente llamativo que se incluya una previsión de esta índole cuando el Tribunal Constitucional ya tuvo ocasión de censurar, por inconstitucional, una norma que, con un contenido material diferente, tenía una dicción similar y que estaba contenida en la derogada Ley Orgánica 1/1992; no se olvide que entre los motivos que se invocan por el Legislador para aprobar la Ley Orgánica 4/2015 está, precisamente, "la conveniencia de incorporar la jurisprudencia constitucional en esta materia".

Según esa jurisprudencia (STC 341/1993, F. 10), "en modo alguno puede la ley habilitar o remitir al reglamento para la configuración ex novo de obligaciones o prohibiciones cuya contravención dé origen a una infracción sancionable. Una tal remisión a normas infralegales para la configuración incondicionada de supuestos de infracción no es, vale repetir, conciliable con lo dispuesto en el art. 25.1 CE".

Dicha remisión puede ser admisible pero siempre que esté justificada y se cumplan una serie de condiciones; entre ellas, y especialmente para lo que aquí importa, que la ley —en este caso en la LOPSC—, además de señalar la sanción, contenga los elementos esenciales de la conducta antijurídica y se satisfaga la exigencia de certeza[66].

---

65 En el mismo sentido se pronuncia el Dictamen del Consell de Garanties Estatutàries de Catalunya nº 7/2015, de 7 de junio, sobre la Ley orgánica 4/2015, de 30 de marzo, de protección de la seguridad ciudadana, págs.83 y 84, https://www.cge.cat/admin/uploads/docs/20150606100245-1.pdf

66 Como se recuerda en la misma STC 341/1993:"la vigencia del principio nullum crimen nulla poena sine lege en el ordenamiento sancionador administrativo conlleva, a imagen de lo predicable del Derecho Penal, la doble garantía, material y formal, consistente, en primer lugar, "en la imperiosa exigencia de predeterminación normativa de las conductas ilícitas", y también, junto a ello, en la suficiencia de rango de las normas tipificadoras y sancionadoras, pues la locución "legislación vigente" que emplea el art. 25.1 de la Constitución es expresiva de una reserva de Ley en materia sancionadora (STC 42/1987, fundamento jurídico 2º; en términos análogos, y entre otras, SSTC 69/1989, fundamento jurídico 1º, 22/1990, fundamento jurídico 7º y 61/1990, fundamento jurídico 7º). En lo que se refiere, de modo específico, a la garantía formal, hemos dicho también que el mandato del citado art. 25.1 "determina la necesaria

En definitiva, no parece que en el apartado 22 del artículo 36 de la LOPSC estén "suficientemente determinados los elementos esenciales de la conducta antijurídica", por lo que sería inconstitucional por vulnerar los principios de seguridad jurídica (art. 9.3 CE) y la legalidad de la potestad sancionadora (art. 25.1 CE)[67].

F.- Finalmente, el apartado 7 del artículo 37 califica como infracción leve "La ocupación de cualquier inmueble, vivienda o edificio ajenos, o la permanencia en ellos, en ambos casos contra la voluntad de su propietario, arrendatario o titular de otro derecho sobre el mismo, cuando no sean constitutivas de infracción penal. Asimismo la ocupación de la vía pública con infracción de lo dispuesto por la Ley o contra la decisión adoptada en aplicación de aquella por la autoridad competente. Se entenderá incluida en este supuesto la ocupación de la vía pública para la venta ambulante no autorizada".

Al respecto, el citado Dictamen del Consell de Garanties Estatutàries de Catalunya pone de relieve que con dicha redacción se podría sancionar cualquier ocupación sin autorización del titular, con independencia de que afecte a una relación jurídica de carácter estrictamente privado y debe tenerse en cuenta que no toda lesión del derecho de propiedad es susceptible de ser sancionada penal o administrativamente, ya que el derecho civil prevé las acciones necesarias para restablecer la integridad y el goce pacífico de los derechos del titular. Por otra parte, no se expresa de forma nítida cuál es el bien jurídico protegido por este precepto, en el sentido que su redacción no conduce necesariamente al establecimiento de una conexión directa y clara con la protección de la seguridad ciudadana. La misma crítica se puede hacer al tipo descrito en el apartado segundo, que no identifica de que Ley se trata ni el tipo de decisión administrativa que

---

cobertura de la potestad sancionadora de la Administración en una norma de rango legal, pero no excluye que esa norma contenga remisiones a normas reglamentarias, siempre que en aquélla *queden suficientemente determinados los elementos esenciales de la conducta antijurídica* (de tal manera que sólo sean infracciones las acciones u omisiones subsumibles en la norma con rango de Ley) y la naturaleza y límites de las sanciones a imponer". La Constitución —señalamos en la misma resolución— "prohíbe la remisión al reglamento que haga posible una regulación independiente y no claramente subordinada a la Ley (...), pero no impide la colaboración reglamentaria en la normativa sancionadora" (STC 3/1988, fundamento jurídico 9º; en análogos términos, STC 101/1988, fundamento jurídico 3º)".

67 A la misma conclusión llega el Dictamen del Consell de Garanties Estatutàries de Catalunya nº 7/2015, de 7 de junio, sobre la Ley orgánica 4/2015, de 30 de marzo, de protección de la seguridad ciudadana, págs.86 a 88, https://www.cge.cat/admin/uploads/docs/20150606100245-1.pdf

se incumple; tampoco aclara cómo la venta ambulante puede vulnerar la seguridad ciudadana[68].

En suma, encontramos en la nueva Ley reguladora de la seguridad ciudadana varios preceptos de cuya constitucionalidad cabe dudar porque en ellos no se ha alcanzado suficiente seguridad jurídica; es decir, certeza respecto a qué es Derecho y no, lo que prueba que no se ha hecho el esfuerzo necesario para que las normas promulgadas fueran "concretas, claras, precisas e inteligibles".

3. LA EXPANSIÓN CODICIOSA DEL DERECHO ADMINISTRATIVO SANCIONADOR

Ya se ha dicho antes que la L. O. 4/2015 no puede desvincularse de las reformas penales llevadas a cabo por las Leyes Orgánicas 1 y 2/2015 de reforma del Código Penal; una prueba de ello es que en el Preámbulo de la L. O. 1/2015 se emplea una frase que se reproducirá, en parte, como ya se ha visto, en el de la LOPSC: "El Código Penal... es objeto de una completa revisión y actualización, en *la conciencia de que el transcurso del tiempo y las nuevas demandas sociales evidencian la necesidad de llevar a cabo determinadas modificaciones de nuestra norma penal...*"

Otra evidencia de esa vinculación es la traslación, vía Leyes Orgánicas 1 y 4/2015, del Código Penal a la LOPSC de lo que en el primero eran faltas y pasan a ser infracciones administrativas en la segunda; una de las razones según el Preámbulo de la L. O. 1/2015 es que "la supresión de las infracciones constitutivas de falta introduce coherencia en el sistema sancionador en su conjunto, pues una buena parte de ellas describen conductas sancionadas de forma más grave en el ámbito administrativo..." La cuestión que parece obviar ese mismo Legislador es si es coherente esa mayor gravedad del Derecho administrativo, a la que va unida la presunción de veracidad de las denuncias de los agentes de esa Administración que es denunciante y sancionadora[69].

En realidad, estas reformas no pretenden una reducción del *ius puniendi* estatal sino que confirman la tendencia a la doble expansión san-

---

68 *Ibidem*, págs. 92 a 94.

69 Véase, entre otros, el estudio de Laura ZÚÑIGA RODRÍGUEZ "Relaciones entre Derecho penal y Derecho administrativo sancionador ¿Hacia una "administrativización" del Derecho penal o una "penalización" del Derecho administrativo sancionador", *Homenaje al Dr. Marino Barbero Santos in Memoriam*, coordinado por Arroyo Zapatero/Berdugo Goméz de la Torre, Universidad de Castilla-La Mancha/Universidad de Salamanca, vol. 1, Cuenca, 2001, págs. 1417 y sigs.

cionadora: la del Derecho penal y la del Derecho administrativo sancionador[70], a la que se han venido refiriendo, entre otros, Silva Sánchez y Nieto García[71], y también de la *zona borrosa* entre ambos, siendo así que, como denuncia García-Pablos de Molina, "la 'avidez invasora' de la potestad sancionatoria de la Administración, por su rigor, celeridad y efectividad, tiende a vaciar de contenido y virtualidad al propio poder punitivo del Estado en ciertos ámbitos de criminalidad siendo, de hecho, más temida por el ciudadano que éste último aun cuando las infracciones administrativas carezcan, a menudo, de la reprobación o carga de desvalor y reproche que la comunidad asocia a las infracciones penales"[72].

Esta "codicia del Derecho administrativo sancionador" está bien presente en la regulación, presente y pasada, de la seguridad ciudadana; así, como es bien sabido, en la derogada LOSC, ya se contemplaban sanciones económicas muy elevadas: "multa de 30.050,62 a 601.012,1 euros, para infracciones muy graves. De 300,52 a 30.050,61 euros, para infracciones graves. De hasta 300,52 euros, para infracciones leves" (art. 28.1.a)[73].

La L. O. 4/2015 (art. 39) mantiene el importe para las infracciones muy graves (de 30.001 a 600.000 euros), duplica el mínimo de las graves (de 300,52 a 601) e incrementa en el doble el máximo de las leves (de 300,52 a 600 euros). Estas modificaciones no justifican reprochar a la nueva Ley una tendencia avariciosa de las previsiones sancionadoras; lo que ocurre es que hay más argumentos para la crítica:

A.- Conforme al artículo 35.1 "son infracciones muy graves las reuniones o manifestaciones no comunicadas o prohibidas en infraestructuras o instalaciones en las que se prestan servicios básicos para la comunidad o en sus inmediaciones, así como la intrusión en los recintos de éstas, incluido su sobrevuelo,..."

Aquí se equiparan dos situaciones muy diferentes: las reuniones no notificadas con las prohibidas, lo que vulnera el principio de que la sanción debe ser proporcional a la gravedad de la infracción y parece evidente que no tiene la misma entidad la no notificación de que se va a desarrollar una reunión o manifestación con la celebración de las mismas a pesar de que

---

70 De la delimitación entre ambas se ocupa Pablo RANDO CASERMEIRO: *La distinción entre el Derecho penal y el Derecho administrativo sancionador. Un análisis de política jurídica*, Tirant lo Blanch, Valencia, 2010.

71 El primero en el ya citado libro *La expansión del Derecho penal...*; el segundo en *Derecho Administrativo Sancionador*, Tecnos, 5ª ed., Madrid, 2012.

72 *Introducción al Derecho penal: Instituciones, fundamentos y tendencias del Derecho penal*, Editorial Universitaria Ramón Areces, 5ª ed., vol. 1. Madrid, 2012, pág. 112

73 Sobre el régimen sancionador de esta Ley, BILBAO UBILLOS: ob. cit., págs. 238 y sigs.

han sido prohibidas; en este segundo caso, y de acuerdo con lo previsto en el artículo 10 de la Ley Orgánica 5/1983, reguladora del derecho de reunión, nos encontramos no ante el mero incumplimiento del deber de notificar sino ante una situación en la que la autoridad gubernativa ha considerado que existían razones fundadas de que pudieran producirse alteraciones del orden público, con peligro para personas o bienes, ante lo que puede prohibir la reunión o manifestación o, si es posible, proponer la modificación de la fecha, lugar, duración o itinerario de la reunión o manifestación.

La prohibición es, por tanto, la medida más grave y se adoptará cuando no sea suficiente con la modificación de la fecha, lugar, duración o itinerario de la reunión o manifestación, pero *parece un exceso punitivo prever una misma sanción, y de extrema gravedad, para dos conductas que son muy diferentes en materia de seguridad ciudadana, que es de lo que se habla en la L. O. 4/2015.*

B.- Se sancionan conductas que en sí mismas no menoscaban la seguridad ciudadana: así, es falta leve "la tercera y posteriores pérdidas o extravíos en el plazo de un año" de la documentación personal (art. 37.11); también el "deslucimiento de bienes muebles o inmuebles de uso o servicio público" (art. 37.13); ya se mencionó anteriormente la falta leve de ocupación de inmuebles, viviendas o edificios ajenos y la de la ocupación de la vía pública para la venta ambulante no autorizada (art. 37.7).

C.- No se contempla como medida alternativa a la sanción económica —infracción grave— por consumo de drogas o estupefacientes en la vía pública o su tenencia ilícita lo que preveía el artículo 25.2 de la derogada L.O. 1/1992: la suspensión si el infractor se sometía a un tratamiento de deshabituación en un centro o servicio debidamente acreditado, en la forma y por el tiempo que reglamentariamente se determinase.

D.- La L. O. 4/2015 eleva el número de faltas leves de la L.O. 1/1092 de 10 a 17; las graves pasan de 16 a 23. Este incremento del número de infracciones podría justificarse, desde el punto de vista del Legislador, como consecuencia de su misma previsión de excluir de la consideración de faltas previstas en el Código Penal a conductas que ahora pasan a formar parte de una norma administrativa, pero tal cosa no parece que sea siempre beneficiosa para el ciudadano pues en algunos casos se prevén sanciones administrativas mucho más graves que las anteriormente previstas en el Código Penal para una conducta similar; así, mientras que el derogado artículo 634 de ese Código castigaba con multa de 10 a 60 días una falta contra el orden público, la L. O. 4/2015 contempla una de entre 1.001 euros y 30.000 euros para "la desobediencia o la resistencia a la autoridad o a sus agentes en el ejercicio de sus funciones, cuando no sean constitutivas de delito, así como la negativa a identificarse a requerimiento de la autoridad o de sus agentes o la alegación de datos falsos o inexactos en los procesos de identificación".

E.- En relación con el traspaso de hechos sancionables del ámbito penal al administrativo cabe recordar, finalmente, que la L. O. 4/2015 prevé (artículo 53), en un sentido idéntico al derogado artículo 37 de la L. O. 1/1992, que "en los procedimientos sancionadores que se instruyan en las materias objeto de la presente ley, las informaciones aportadas por los agentes de la autoridad que hubieren presenciado los hechos, previa ratificación en el caso de haber sido negados por los inculpados, constituirán base suficiente para adoptar la resolución que proceda, salvo prueba en contrario y sin perjuicio de que aquéllos deban aportar al expediente todos los elementos probatorios disponibles". Como también es conocido, en la jurisdicción penal dichas informaciones no son base suficiente para una sentencia condenatoria.

Todo ello confirma, como apuntó Rando Casermeiro[74], que el derecho administrativo sancionador puede ser mucho más aflictivo que el derecho penal. En estos casos, decir que se acude al primero porque es menos expeditivo que el segundo, en una aplicación del principio de subsidiariedad, constituye un auténtico *fraude de etiquetas*[75].

4. SANCIONAR AL MENSAJERO

El artículo 36.23 de la L. O. 4/2015 considera como infracción grave "el uso no autorizado de imágenes o datos personales o profesionales de autoridades o miembros de las Fuerzas y Cuerpos de Seguridad que pueda poner en peligro la seguridad personal o familiar de los agentes, de las instalaciones protegidas o en riesgo el éxito de una operación, con respeto al derecho fundamental a la información", y, de conformidad con el artículo 19, "la aprehensión durante las diligencias de identificación, registro y comprobación de armas, drogas tóxicas, estupefacientes, sustancias psicotrópicas u otros efectos procedentes de un delito o infracción administrativa se hará constar en el acta correspondiente, que habrá de ser firmada por el interesado; si éste se negara a firmarla, se dejará constancia expresa

---

74 "El modelo penal de la seguridad ciudadana en el derecho administrativo sancionador", *Indret*,1, 2010, http://www.indret.com/pdf/rando_casermeiro.pdf

75 Luis ARROYO ZAPATERO: "Derecho penal económico y Constitución", *Revista Penal*, 1, 1997, págs. 1-15.

de su negativa. El acta que se extienda gozará de presunción de veracidad de los hechos en ella consignados, salvo prueba en contrario".

El juego conjunto de estos preceptos implica, en primer lugar, que se impone una suerte de prohibición general del uso de imágenes o datos personales y profesionales de autoridades o miembros de las Fuerzas y Cuerpos de Seguridad a salvo de previa autorización administrativa; en segundo lugar, la propia Administración sancionadora puede incautar ese material informativo si concluye que la captación de imágenes o de datos vulnera el artículo 36.23.

Tal entramado normativo parece poco compatible con nuestra Norma Fundamental por varias razones:

A.- No cabe imponer una prohibición general del uso de imágenes o datos personales o profesionales de autoridades o miembros de las Fuerzas y Cuerpos de Seguridad, ni siquiera con las cautelas de que se trate de tutelar la seguridad personal o familiar de los agentes, de las instalaciones protegidas o en riesgo el éxito de una operación, y se apele al respeto al derecho fundamental a la información.

Las autoridades y miembros de las Fuerzas y Cuerpos de Seguridad ejercen funciones públicas de extraordinaria relevancia y están sujetas, en dicho ejercicio, al control ciudadano y de los poderes públicos, lo que debe implicar que, con carácter general, la regla sea la contraria: el derecho a recabar fotos o datos, premisa aceptada en su día en la Ley Orgánica 1/1982, de 5 de mayo, de protección civil del derecho al honor, a la intimidad personal y familiar y a la propia imagen, que en su artículo 8.2.a dispone que, "en particular, el derecho a la propia imagen no impedirá: a) Su captación, reproducción o publicación por cualquier medio, cuando se trate de personas que ejerzan un cargo público o una profesión de notoriedad o proyección pública y la imagen se capte durante un acto público o en lugares abiertos al público".

En esta línea se han manifestado, a propósito precisamente de situaciones como las que se contemplan ahora en la L. O. 4/2015, tanto el TEDH como el TC; el primero, en el caso *Sürek contra Turquía* (número 2) de 8 julio 1999, a propósito de la condena al accionista mayoritario de una sociedad de responsabilidad limitada propietaria de una revista por haber publicado un reportaje revelando la identidad de ciertos funcionarios junto con informaciones que daban a entender que los mismos habían cometido faltas graves, concluyó que, teniendo en cuenta la gravedad de los hechos en presencia, formaba parte del interés legítimo del público conocer no solo la naturaleza del comportamiento de los funcionarios sino también su identidad, añadiendo que el objetivo del Estado turco consistente en proteger a los integrantes de cuerpos de seguridad de posibles atentados no basta para justificar las restricciones a la libertad de expresión e información; en suma, concluye el TEDH, condenas como la enjuiciada disuaden a los medios de comunicación [en ese caso a la prensa] de contribuir al debate abierto sobre cuestiones de interés público; por su parte, el TC (STC 72/2007, de 16 de abril) resolvió, a propósito de la publicación de una foto en la que se identificó a una agente de la policía local que participó en un desahucio, que:

> "el examen de la fotografía y del texto que la acompaña pone de manifiesto que estamos ante un documento que reproduce la imagen de una persona en el ejercicio de un cargo público... y que la fotografía en cuestión fue captada con motivo de un acto público (un desalojo por orden judicial, que para ser llevado a cabo precisó del auxilio de los agentes de la policía municipal, ante la resistencia violenta de los afectados), en un lugar público (una calle de un barrio madrileño), por lo que en modo alguno resulta irrazonable concluir, como se razona en la Sentencia impugnada, que concurre el supuesto previsto en el art. 8.2 a) de la Ley Orgánica 1/1982, de 5 de mayo, de protección civil del derecho al honor, a la intimidad personal y familiar y a la propia imagen. Por otra parte, resulta asimismo incuestionable que la información que se transmite por el periódico es veraz y tiene evidente trascendencia pública. Además, la fotografía en cuestión (y pese a lo que se alega en la demanda de amparo) tiene carácter accesorio respecto de la información publicada y no refleja a la demandante realizando cosa distinta que no sea el estricto cumplimiento de su deber,...
> En fin, aunque es cierto que la utilización de cualquier técnica de distorsión u ocultamiento del rostro de la demandante habría posibilitado que la noticia del desalojo violento hubiera llegado a los lectores de igual manera y sin merma alguna, como se sostiene en la demanda de amparo, no lo es menos que, tal como se afirma en la Sentencia recurrida en amparo, no estamos ante un caso concreto que exija el anonimato, sin perjuicio de que en otros pudiera exigirlo [último inciso del art. 8.2 c) de la Ley Orgánica 1/1982, de 5 de mayo]. En efecto, en contra de lo que se aduce por la demandante de amparo, *no cabe apreciar que, en las circunstancias de este caso, existan razones de seguridad para ocultar el rostro de un funcionario policial por el mero hecho de intervenir, en el legítimo ejercicio de sus funciones profesionales, en una actuación de auxilio a una comisión judicial encargada de ejecutar una orden de desalojo, ante la decidida resistencia de los ciudadanos afectados*".

En la misma línea, y en relación con el uso de datos, el Tribunal Constitucional también ha reconocido (STC 52/2002, de 25 de febrero, FJ 8) que

> "reviste relevancia o interés público la información sobre los resultados positivos o negativos que alcancen en sus investigaciones las fuerzas y cuerpos de seguridad del Estado, especialmente si los delitos cometidos entrañan una cierta gravedad o han causado un impacto considerable en la opinión

pública, extendiéndose aquella relevancia o interés a cuantos datos o hechos novedosos puedan ir descubriéndose, por las más diversas vías, en el curso de las investigaciones dirigidas al esclarecimiento de su autoría, causas y circunstancias del hecho delictivo (SSTC 219/1992, de 3 de diciembre, FJ 4; 232/1993, de 12 de julio, FJ 4).

Finalmente, y como recuerda en su Dictamen el Consell de Garanties Estatutàries de Catalunya[76], esta "prohibición de prohibir" el uso de imágenes y datos de las autoridades y miembros de las Fuerzas y Cuerpos de Seguridad del Estado ampara no solo a los profesionales de la información sino al conjunto de la ciudadanía; en palabras del Tribunal Constitucional (STC 168/1986, de 22 de diciembre, FJ 2): "los sujetos de este derecho son no sólo los titulares del órgano o medio difusor de la información o los profesionales del periodismo o quienes, aun sin serlo, comunican una información a través de tales medios, sino, primordialmente, «la colectividad y cada uno de sus miembros»".

B.- El artículo 36.23 establece una censura previa, prohibida expresamente por el artículo 20 CE, al aludir al *uso no autorizado* de imágenes y datos. El Tribunal Constitucional ha sido rotundo al respecto (STC 187/1999, de 25 de octubre, FJ 5:

"*La prohibición de todo tipo de censura previa*, en el marco de la libertad de expresión *no es sino garantía con el fin de limitar al legislador y evitar que*, amparado en las reservas de ley del art. 53.1 y art. 81.1 C.E., *pudiera tener la tentación de someter su ejercicio y disfrute a cualesquiera autorizaciones*, sea cual fuere su tipo o su carácter, aun cuando cimentadas en la protección de aquellos derechos, bienes y valores constitucionales jurídicos que, con arreglo a lo dispuesto en el art. 20.4 C.E., funcionan como límite de aquella libertad en su doble manifestación. Este Tribunal ya ha dicho en reiteradas ocasiones que *por censura previa debe tenerse cualquier medida limitativa de la elaboración o difusión de una obra del espíritu que consista en el sometimiento a un previo examen por un poder público del contenido de la misma cuya finalidad sea la de enjuiciar la obra en cuestión con arreglo a unos valores abstractos y restrictivos de la libertad, de manera tal que se otorgue el placet a la publicación de la obra que se acomode a ellos a juicio del censor y se le niegue en caso contrario*...

La censura previa,..., constituye un instrumento, en ocasiones de gran sutileza, que permitiría intervenir a aquél en tal proceso, vital para el Estado democrático, disponiendo sobre qué opiniones o qué informaciones pueden circular por él, ser divulgadas, comunicadas o recibidas por los ciudadanos. *Es aquí donde debe buscarse también la razón de que su interdicción deba*

[76] Dictamen 7/2015, de 7 de junio, sobre la Ley orgánica 4/2015, de 30 de marzo, de protección de la seguridad ciudadana, https://www.cge.cat/admin/uploads/docs/20150606100245-1.pdf, pág. 113.

> *extenderse a cuantas medidas pueda adoptar el poder público que no sólo impidan o prohíban abiertamente la difusión de cierta opinión o información, sino cualquier otra que simplemente restrinja o pueda tener un indeseable efecto disuasor sobre el ejercicio de tales libertades* (SSTC 52/1983, fundamento jurídico 5°, 190/1996, fundamento jurídico 3º)..."

C.- La incompatibilidad con la Constitución puede alcanzar también al ya citado artículo 19.2 de la L. O. 4/2015 en relación con el comentado 36.23, pues la Norma Fundamental (artículo 20.5) reserva a los órganos jurisdiccionales, y no a la Administración —cosa que sí contempla la LOPSC— la potestad de secuestrar "publicaciones, grabaciones y otros medios de información."

La mencionada STC 187/1999 (FJ 6) recuerda que

> "la propia Constitución legitima el secuestro de publicaciones, grabaciones y otros medios de información, *aunque sólo podrá acordarse en virtud de una resolución judicial* (art. 20.5 C.E.), *prohibiendo por tanto implícitamente la existencia del llamado secuestro administrativo*, como ya dijo este Tribunal con ocasión de enjuiciar a la luz de tal norma constitucional los arts. 12 y 64 de la Ley 14/1966, de 18 de marzo, de Prensa e Imprenta, que regulaban una medida semejante, cuya inconstitucionalidad declaró la STC 52/1983... *La Constitución* tan sólo, y no es poco, *prohíbe que dichas medidas de urgencia puedan ser adoptadas por un poder público distinto al judicial*, cuando impliquen un examen crítico del contenido del mensaje cuya difusión pueda negarse o restringirse, *y, además, que dicha medida sólo quepa ser adoptada en los supuestos que una Ley permita por efecto de la pertinente resolución judicial motivada y recaída en un proceso ad hoc.*

5. REGISTROS CORPORALES E INTIMIDAD PERSONAL

Prevé el artículo 20 de la L. O. 4/2015 que

> "1. Podrá practicarse el registro corporal externo y superficial de la persona cuando existan indicios racionales para suponer que puede conducir al hallazgo de instrumentos, efectos u otros objetos relevantes para el ejercicio de las funciones de indagación y prevención que encomiendan las leyes a las Fuerzas y Cuerpos de Seguridad.
> 2. Salvo que exista una situación de urgencia por riesgo grave e inminente para los agentes: a) El registro se realizará por un agente del mismo sexo que la persona sobre la que se practique esta diligencia. b) Y si exigiera dejar a la vista partes del cuerpo normalmente cubiertas por ropa, se efectuará en un lugar reservado y fuera de la vista de terceros. Se dejará constancia escrita de esta diligencia, de sus causas y de la identidad del agente que la adoptó.
> 3. Los registros corporales externos respetarán los principios del apartado 1 del artículo 16, así como el de injerencia mínima, y se realizarán del modo que cause el menor perjuicio a la intimidad y dignidad de la persona afec-

tada, que será informada de modo inmediato y comprensible de las razones de su realización.
4. Los registros a los que se refiere este artículo podrán llevarse a cabo contra la voluntad del afectado, adoptando las medidas de compulsión indispensables, conforme a los principios de idoneidad, necesidad y proporcionalidad".

Esta disposición normativa constituye un límite al derecho fundamental a la intimidad personal y hay que dilucidar si es constitucional[77]. Para ello hay que tener en cuenta la doctrina al respecto que emana de la STC 207/1996, de 16 de diciembre, que es la de referencia en esta materia, y que parte de la distinción entre registros corporales e intervenciones corporales (FJ 2):

"a) *En una primera clase de actuaciones, las denominadas inspecciones y registros corporales*, esto es, en aquellas que consisten en cualquier género de reconocimiento del cuerpo humano, bien sea para la determinación del imputado (diligencias de reconocimiento en rueda, exámenes dactiloscópicos o antropomórficos, etc.) o de circunstancias relativas a la comisión del hecho punible (electrocardiogramas, exámenes ginecológicos, etc.) o para el descubrimiento del objeto del delito (inspecciones anales o vaginales, etc.), en principio no resulta afectado el derecho a la integridad física, al no producirse, por lo general, lesión o menoscabo del cuerpo, pero sí *puede verse afectado el derecho fundamental a la intimidad corporal (art. 18.1 C.E.) si recaen sobre partes íntimas del cuerpo*, como fue el caso examinado en la STC 37/1989 (examen ginecológico), *o inciden en la privacidad.*
b) Por contra, *en la segunda clase de actuaciones, las calificadas por la doctrina como intervenciones corporales*, esto es, en las consistentes en la extracción del cuerpo de determinados elementos externos o internos para ser sometidos a informe pericial (análisis de sangre, orina, pelos, uñas, biopsias, etc.) o en su exposición a radiaciones (rayos X, T.A.C., resonancias magnéticas, etc.), con objeto también de averiguar determinadas circunstancias relativas a la comisión del hecho punible o a la participación en él del imputado, *el derecho que se verá por regla general afectado es el derecho a la integridad física (art. 15 C.E.), en tanto implican una lesión o menoscabo del cuerpo, siquiera sea de su apariencia externa*. Y atendiendo al grado de sacrificio que impongan de este derecho, las intervenciones corporales podrán ser calificadas como leves o graves: leves, cuando, a la vista de todas las circunstancias concurrentes, no sean, objetivamente consideradas, susceptibles de poner en peligro el derecho a la salud ni de ocasionar sufrimientos a la persona afectada, como por lo general ocurrirá en el caso de la extracción de elementos externos del cuerpo (como el pelo o uñas) o incluso de algunos internos (como los análisis de sangre), y graves, en caso contrario (por eje., las punciones lumbares, extracción de líquido cefalorraquídeo, etc.)..."

---

77 Veáse también Juan María BILBAO UBILLOS, ob. cit., págs. 234-236.

La actuación prevista en el artículo 20 LOPSC encajaría en los denominados registros corporales y lo que hay que analizar es si las premisas legales justifican la afectación del derecho fundamental; como señala el Consell de Garanties Estatutàries[78], no parece que el Legislador haya acertado en la redacción del precepto: en primer lugar, "podrá practicarse el registro corporal externo y superficial de la persona cuando existan *indicios racionales para suponer* que puede conducir al hallazgo de instrumentos, efectos,..."; es decir, el registro se puede basar en una mera *suposición* que, a su vez, *pueda* conducir a un hallazgo; en segundo lugar, no se concreta de qué objetos estamos hablando —"instrumentos, efectos u otros objetos relevantes para el ejercicio de las funciones de indagación y prevención que encomiendan las leyes a las Fuerzas y Cuerpos de Seguridad"—; en tercer lugar, tampoco se incluyen criterios que permitan una adecuada individualización de estas medidas —el Tribunal Supremo, en su sentencia de 10 de febrero de 2015, anuló el artículo 55.2 del Reglamento de funcionamiento y régimen interior de los centros de internamiento de extranjeros porque permitía "registros de internos sin necesidad de que existan sospechas racionales de su justificación sobre las concretas personas afectadas"—; en cuarto lugar, no se corresponde con el concepto de registro corporal, tal y como lo entiende la jurisprudencia constitucional, la previsión de "dejar a la vista partes del cuerpo normalmente cubiertas por ropa", medida que, por otra parte, no queda claro en qué circunstancias podrá adoptarse.

En conclusión, falta en la LOPSC "toda mención de los motivos de seguridad concretos y específicos" (STC 218/2002, de 25 de noviembre, FJ 6) que justifican esta intromisión en la intimidad personal y ello (FJ 4) para "ponderar, adecuadamente y de forma equilibrada, de una parte, la gravedad de la intromisión que comporta en la intimidad personal y, de otra parte, si la medida es imprescindible para asegurar la defensa del interés público que se pretende proteger"[79]. En esta misma línea, el TEDH (caso *Gillan y Quinton c. Reino Unido*, de 12 de enero de 2010) recuerda que la Ley que autoriza un registro corporal ha de precisar con suficiente

---

78 Dictamen 7/2015, de 7 de junio, sobre la Ley orgánica 4/2015, de 30 de marzo, de protección de la seguridad ciudadana, https://www.cge.cat/admin/uploads/docs/20150606100245-1.pdf, págs. 39 y sigs.

79 Véase el comentario de Fernando REVIRIEGO PICÓN: "Intimidad corporal y cacheos con desnudo integral tras las comunicaciones íntimas de los reclusos a la luz de la S.T.C. 218/2002, de 25 de Noviembre", *Revista General Informática de Derecho*, nº 1, 2003.

claridad tanto el alcance de ese poder discrecional conferidos a las autoridades como la forma de llevarlo a cabo.

A falta de esta claridad mínima en el artículo 20 LOPSC no resulta exagerado concluir que esa previsión puede ser contraria al artículo 18.1 de la Constitución en relación con el artículo 9.3 de la Carta Magna.

6. LAS EXPULSIONES MASIVAS DE PERSONAS EXTRANJERAS EN CEUTA Y MELILLA

La Disposición final primera de la Ley Orgánica 4/2015 añade una nueva Disposición adicional décima a la Ley Orgánica 4/2000, de 11 de enero, sobre derechos y libertades de los extranjeros en España y su integración social:

> 1. Los extranjeros que sean detectados en la línea fronteriza de la demarcación territorial de Ceuta o Melilla mientras intentan superar los elementos de contención fronterizos para cruzar irregularmente la frontera podrán ser rechazados a fin de impedir su entrada ilegal en España.
> 2. En todo caso, el rechazo se realizará respetando la normativa internacional de derechos humanos y de protección internacional de la que España es parte.
> 3. Las solicitudes de protección internacional se formalizarán en los lugares habilitados al efecto en los pasos fronterizos y se tramitarán conforme a lo establecido en la normativa en materia de protección internacional".

En lo que a esta disposición se refiere, y teniendo en cuenta el espacio disponible, en estas páginas, nos limitaremos a analizar si es compatible con las garantías constitucionales sobre derecho de asilo y expulsión de extranjeros[80].

Se trata, en primer lugar, de una medida con unos destinatarios muy concretos: "extranjeros que sean detectados en la línea fronteriza de la demarcación territorial de Ceuta o Melilla mientras intentan superar los elementos de contención fronterizos para cruzar irregularmente la frontera"; en segundo lugar, y aunque se hable de "rechazo" no deja de tratarse de una suerte de expulsión, si interpretamos este último término, como hace el TEDH, "en su sentido genérico, empleado en el lenguaje corriente (ahuyentar de un lugar)" (caso *Hirsi Jamaa y otros c. Italia*, de 23 de febrero de 2012)[81]; además, se está pensando en una expulsión "colectiva"

---

[80] Veáse el análisis crítico de BILBAO UBILLOS: ob. cit., págs. 255-260.

[81] Puede verse el comentario de Marie-Benedicte DEMBOUR a esta sentencia en "Interception-at-sea: Illegal as currently practiced —Hirsi and Others v. Italy" y "Hirsi (part II): Another side to the judgment" en *Strasbourg Observers.com*, http://strasbourgo-

(los extranjeros que sean detectados...), por lo que parece de aplicación el artículo 4 del Protocolo 4 del CEDH, que, taxativamente, dispone "quedan prohibidas la expulsiones colectivas de extranjeros"[82].

Lo que sean expulsiones colectivas fue definido por el propio TEDH (asunto *Čonka c. Bélgica*, de 5 de julio de 2002) como "toda medida que obligue a los extranjeros, en cuanto grupo, a salir de un país, *salvo en el caso de que la medida se haya tomado como consecuencia y sobre la base de un examen razonable y objetivo de la situación particular de cada uno de los extranjeros que forman el grupo*" y el TEDH también ha aclarado (caso *Hirsi Jamaa y otros c. Italia*) que "el objetivo que persigue el artículo 4 del Protocolo Núm. 4 es el de impedir que los Estados puedan expulsar a determinados extranjeros sin antes examinar sus circunstancias personales y, de esta manera, sin dejarles presentar sus argumentos en contra de la medida adoptada por la autoridad competente".

Finalmente, hay que tener en cuenta, por lo que al derecho de asilo se refiere, que la clave "es saber si existen garantías efectivas que protejan al demandante contra una devolución arbitraria, directa o indirecta" (asuntos *M. S. S. c. Bélgica y Grecia*, de 21 de enero de 2011, y *A. C. y otros c. España*, de 22 de abril de 2014). Y esas garantías operan al margen de si "la línea fronteriza de la demarcación territorial de Ceuta o Melilla" es, o no, territorio español pues quienes llevan a cabo la detección y rechazo de las personas extranjeras son miembros de las Fuerzas y Cuerpos de Seguridad del Estado y tienen obligación de garantizarles "todos los derechos y libertades previstos en el Título 1 del Convenio que sean pertinentes en la situación" de esas personas (caso *Hirsi Jamaa*)

Pues bien, a la luz de estas premisas jurídicas no parece que la disposición comentada garantice que las personas rechazadas puedan ejercer los derechos propios de los demandantes de asilo (art. 13.4 CE), acudiendo en su caso a la tutela de los tribunales españoles (art. 24 CE) para que se

---

bservers.com/2012/03/01/interception-at-sea-illegal-as-currently-practiced-hirsi-and-others-v-italy/ y http://strasbourgobservers.com/2012/03/02/hirsi-part-ii-another-side-to-the-judgment/ (consulta de 15 de septiembre de 2015).

82 Pueden verse al respecto los estudios de Juan Fernando DURÁN ALBA: "La interdicción de las expulsiones colectivas de extranjeros", en *La Europa de los Derechos: el Convenio Europeo de Derechos Humanos*, coord. por Francisco Javier García Roca, Pablo Santolaya Machetti, CEPC, 2009, págs. 965-970, y Julio Vicente GONZÁLEZ GARCÍA: "Expulsiones "en caliente", devoluciones y petición de asilo en Ceuta y Melilla", *Revista de Administración Pública*, nº 196, 2015, págs. 309 y sigs.

pueda llevar a cabo un control de la legalidad de la actuación administrativa (art. 106.1 CE) [83].

7. DIEZ CONCLUSIONES POCO TRANQUILIZADORAS PARA LA SEGURIDAD CIUDADANA

Primera.- La LOPSC se inscribe en una orientación *neoconservadora* en materia de política de seguridad, capaz de gobernar una supuesta sensación social de inseguridad, así como de dar respuesta a sujetos caracterizados por la alteridad y la peligrosidad.

Segunda.- Cabe poner en duda que la tranquilidad ciudadana esté en peligro: la tasa de criminalidad (infracciones penales por cada mil habitantes) en España no ha dejado de bajar en los últimos cinco años y es de las más reducidas de Europa.

Tercera.- La L. O. 4/2015 no puede desvincularse de las modificaciones llevadas a cabo en el Código Penal; estas reformas confirman la tendencia a la doble expansión sancionadora: la del Derecho penal y la del Derecho administrativo sancionador.

Cuarta.- En la L. O. 4/2015 encontramos diversos preceptos de cuya constitucionalidad cabe dudar porque carecen de suficiente seguridad jurídica; de certeza respecto a qué es Derecho y no, lo que prueba que no se ha hecho el esfuerzo necesario para que las normas promulgadas fueran "concretas, claras, precisas e inteligibles".

Quinta.- La "codicia del Derecho administrativo sancionador" está bien presente en la regulación, presente y pasada, de la seguridad ciudadana.

Sexta.- El derecho administrativo sancionador puede ser mucho más aflictivo que el derecho penal. En estos casos, decir que se acude al primero porque es menos expeditivo que el segundo, en una aplicación del principio de subsidiariedad, constituye un auténtico *fraude de etiquetas*.

Séptima.- No cabe imponer una prohibición general del uso de imágenes o datos personales o profesionales de autoridades o miembros de las Fuerzas y Cuerpos de Seguridad.

Octava.- En la regulación de los registros corporales no se mencionan los motivos de seguridad que justifican esta intromisión en la intimidad personal.

---

[83] Véase el Dictamen 7/2015, de 7 de junio, sobre la Ley orgánica 4/2015, de 30 de marzo, de protección de la seguridad ciudadana, https://www.cge.cat/admin/uploads/docs/20150606100245-1.pdf, págs. 123 y sigs.

Novena.- La reforma de la Ley de Extranjería llevada a cabo por la LOPSC no garantiza que las personas rechazadas puedan ejercer los derechos propios de los demandantes de asilo, acudiendo en su caso a la tutela judicial para que se pueda llevar a cabo un control de la legalidad de la actuación administrativa.

Décima.- El Legislador de la seguridad ciudadana está obligado a tener bien presentes los derechos reconocidos en la Constitución, tanto si tutelan la vida, la integridad física, la libertad personal o la propiedad, como si garantizan la libertad de expresión o el derecho de manifestación. Esta defensa del orden público constitucional no se ha articulado de manera respetuosa con la Norma Fundamental en la Ley Orgánica 4/2015 de protección de la seguridad ciudadana.

LA CONTRARREVOLUCIÓN PREVENTIVA EMPRENDIDA POR EL DERECHO PENAL Y ADMINISTRATIVO PARA HACER FRENTE A LOS MOVIMIENTOS DE PROTESTA Y DESOBEDIENCIA CIVIL

GUILLERMO PORTILLA CONTRERAS
Catedrático de derecho penal. Universidad de Jaén

1. INTRODUCCIÓN

Las últimas reformas del Código penal en materia de atentado, resistencia activa y pasiva a la autoridad, desobediencia y desórdenes públicos (Ley Orgánica 1/2015, de 30 de marzo, por la que se modifica la Ley Orgánica 10/1995, de 23 de noviembre, del Código Penal) más las que conciernen a la Ley Orgánica de Protección de la Seguridad ciudadana (Ley Orgánica 4/2015, de 30 de marzo, de protección de la seguridad ciudadana —LOPSC—), privación, limitación y restricción de libertad sin garantías constitucionales, conversión en la práctica del derecho de reunión y manifestación en un comportamiento ilícito, desproporción absoluta de sanciones administrativas, etc, representan una ofensiva ideológica de la derecha radical con el objetivo de proteger su antiliberalismo económico y político a través de la supresión de libertades individuales[84]. La finalidad no es otra que silenciar el movimiento multitudinario de protesta y desobediencia civil que surge como consecuencia de la imparable crisis del capitalismo.

La calle, posiblemente uno de los escasos lugares donde la ciudadanía se reivindica, donde puede expresar su opinión, se transmuta en centro del control sobre la peligrosidad. Deambular, reunirse o manifestarse exigiendo derechos ha adquirido el formato de estado peligroso. Sin embargo, ante la imposibilidad de recurrir a medidas de seguridad predelictuales, por su inconstitucionalidad, el legislador ha optado por transformar el ejercicio de derechos fundamentales en ilícitos penales y/o administrativos (burorrepresión). Frente a estos nuevos (viejos) peligros, como ya ocurrió con los mendigos y pobres que pasaron de ser eliminados físicamente a ser controlados en los siglos XVII y XVIII, del derecho de muerte se pasó

84 Cfr. JEAN-YVES CAMUS, "Extremas derechas cambiantes en Europa", *Le Monde diplomatique*, marzo, 2014, pág. 20

al poder sobre la vida, la biopolítica a la que se refiere Foucault, de la neutralización violenta a la regulación productiva. Igual que entonces, lo que se propone ahora es el control de la peligrosidad, el aislamiento de determinados sujetos a través, esencialmente, de penas y sanciones administrativas. El objetivo del capitalismo biopolítico no es otro que acabar con la rebelión ciudadana, con la protesta que demanda derechos económicos y sociales[85].

En realidad, la progresiva desaparición del Estado Social de Derecho, la situación de excepcionalidad decretada por el mercado privando a los ciudadanos del derecho a decidir y a los Estados del principio de soberanía, por las exigencias del Banco Central europeo, la Comisión y el Fondo Monetario Internacional, ha culminado con una suspensión generalizada de los derechos económicos, sociales, sindicales, laborales, etc. Al fin de contrarrestar la ofensiva de los poderes financieros emergen nuevos sujetos históricos y resucitan otros clásicos: disidentes, indignados, desobedientes, estudiantes, pensionistas, trabajadores, desocupados, inmigrantes[86]. En definitiva, en la terminología de LUHMANN, los autoexpulsados del contrato social y los excluidos o potencialmente excluidos de la organización formal[87] son los que reclaman desde escenarios públicos que se respeten los derechos constitucionales.

Hay que recordar cómo durante el franquismo el ejercicio de determinados derechos llegó a convertirse en delito: no se reconocían los derechos de manifestación, reunión, sindicación, asociación, huelga, al contrario, su práctica era delictiva. De igual modo, a través del desacato, el atentado, la resistencia a la autoridad, las propagandas ilegales, los desórdenes públicos, se sancionaba a los que pretendían subvertir la organización política (dictadura) social económica o jurídica del Estado, relajar el sentimiento nacional, atacar a la unidad de la nación española, perjudicar el crédito o la dignidad de España. Ahora asistimos nuevamente al retorno de la censura a través de la reforma de los delitos de atentado, resistencia, contra el

---

85 NEGRI, A, sugiere que "...cuanto más firme sea la resistencia, más feroz será el intento de restauración del poder —por el Estado (en tanto que órgano del capital)—, y más decisivo el recurso a la violencia". Cfr. Una política de lo común. Del fin de las izquierdas nacionales a los movimientos subversivos en Europa. En *El Síntoma griego. Posdemocracia, guerra monetaria y resistencia social en la Europa de hoy*. Errata naturae, Madrid, 2013, pág. 88.

86 Sobre los grupos que componen los movimientos de protesta, CASTELLS M, *Redes de indignación y esperanza*, Alianza editorial, Madrid, 2015, pág. 126.

87 Cfr. MONEREO, M, "De la Crisis a la Revolución Democrática", *El viejo Topo*, 2013, págs. 67-68.

orden público, y la "nueva" LOPSC, que convierte en impracticable, entre otros, derechos como los de reunión y manifestación.

Cierto es que el Estado se enfrenta a nuevas formas del ejercicio de la protesta: al clásico poder sindical patentizado en la convocatoria de huelgas generales, o a la organización en la lucha por los derechos de partidos de izquierda, hay que sumar hoy la aparición de modelos de resistencia muy similares en estrategia a los movimientos del Mayo del 68, lo que BADIOU denomina "las características invariantes del comunismo en tanto que movimiento"[88].

Sin embargo, las estrategias empleadas por Juventud Sin Futuro, en la calle y en redes sociales, por la plataforma Democracia Real Ya, el 15 de mayo de 2011, el 15-M, las propuestas de la Plataforma de Afectados por la Hipoteca[89], están concretamente en deuda con los movimientos antiglobalización, sus métodos asamblearios, trabajos en redes, crítica a las formas del ejercicio del poder[90]. Este movimiento de movimientos (un concepto quizá más correcto que el de movimiento antiglobalización) fue un conglomerado de grupos de izquierda, de organizaciones no gubernamentales, sindicatos, etc, que "surgen" en las manifestaciones de Seattle en 1999 y continúan posteriormente en Praga, Porto Alegre, Gotemburgo, Barcelona, Génova[91], con una finalidad esencial, la resistencia frente a la globalización capitalista neoliberal, siendo indiferente el concreto sector ideológico al que pertenecían o el ámbito de su lucha: ecologista, feminista, anticapitalista. La herencia de estas redes de movimientos la encontramos en las concentraciones contra los desahucios, la ocupación pacífica del domicilio de personas jurídicas, las formas no convencionales de huelga, la lucha por un nuevo modelo constitucional, nuevos derechos, la renta básica, el rechazo de la deuda, la libertad de fronteras, la persecución de cualquier forma de esclavitud como el trabajo servil, en definitiva, la búsqueda de una sociedad igualitaria y libre, etc.

Como era de esperar, las maniobras empleadas en la consecución de aquellos objetivos: bloqueo de viviendas pendientes de desahucios, protección de inmigrantes irregulares, técnicas de desobediencia civil, concen-

---

88 BADIOU, A, La "Impotencia contemporánea". En *El Síntoma griego. Posdemocracia, guerra monetaria y resistencia social en la Europa de hoy,* Errata naturae, Madrid, 2013, pág. 191,

89 PISARELLO G/ASENS, J, *La Bestia sin bozal. En defensa del derecho a la protesta*, Catarata, Madrid, 2014, págs. 22, 36, 37.

90 Cfr. BOTEY J. "Movimientos sociales y globalización. En La batalla de Génova", *El viejo topo*. 2001, pág. 31.

91 Cfr. COLOM JAÉN, A. "Apuntes sobre el orden global neoliberal al alba del siglo XXI. En La batalla de Génova", *El viejo topo*. 2001, pág. 35.

traciones y manifestaciones ante residencias de políticos, bancos, Organismos internacionales, Parlamentos, etc[92]., han generado la reacción del Leviatán. Se ha intuido el peligro que representan estos grupos como altavoces de las reclamaciones de los colectivos más vulnerables y la réplica institucional ha sido inmediata: reforma del Código penal y aprobación de una nueva LOPSC con la finalidad de otorgar un poder omnímodo a las Fuerzas y Cuerpos de seguridad (incluyendo a la seguridad privada) —la fuerza de ley de la que hablaba W BENJAMIN—, transformando en ilícitas cada una de las legítimas conductas de los movimientos de desobediencia civil.

2. SEGURIDAD CIUDADANA, ORDEN PÚBLICO, SEGURIDAD PÚBLICA, TRANQUILIDAD CIUDADANA

El mejor ejemplo de la represión administrativa que sufren los movimientos de desobediencia civil ha sido y será la Ley Orgánica de protección de la seguridad ciudadana (LOPSC) en su versión de 1992 y en la actual de 4/2015, de 30 de marzo. En la misma se supedita el ejercicio de los derechos y libertades fundamentales a la protección de un bien jurídico autónomo, abstracto e inabarcable como la "seguridad ciudadana", definida como la actividad dirigida a la protección de personas y bienes y al mantenimiento de la "tranquilidad ciudadana".

Si se asimila el concepto de seguridad ciudadana, contemplado en el artículo 104.1 de la Constitución, a los de orden público[93], seguridad y tranquilidad pública de los artículos 149.1. 29 de la CE y 11.1, e) de la LOFCS, la conclusión es que se ha ampliado el ámbito de actuación policial no sólo a aquellos casos caracterizados por la presencia de indicios racionales de criminalidad, sino también a supuestos en los que no se sospecha que el autor de la acción ha cometido un ilícito penal sino que ha alterado o puede llega a alterar un valor etéreo, difuso, sin carácter penal como la tranquilidad ciudadana. De este modo, se disfraza el concepto de

---

92 Sobre la composición de los movimientos de protesta, CASTELLS M, *Redes de indignación y esperanza*. Alianza editorial, Madrid, 2015, pág. 143.

93 Interpretado en un sentido material estricto como "orden exterior o tranquilidad en una comunidad", ha sido defendido por OCTAVIO DE TOLEDO Y UBIETO, "El bien jurídico protegido en los capítulos VI y VII del Título II del código penal", en *Cuadernos de Política Criminal*, nº1, 1977, págs. 133-134; IZU BELLOSO, "Los conceptos de orden público y seguridad ciudadana tras la Constitución de 1978", en *Revista de Derecho Administrativo*, nº 58, 1988, pág. 234; LÓPEZ-NIETO Y MALLO, *Seguridad ciudadana y orden público*, Madrid, 1992, pág. 18.

orden público (tranquilidad pública) bajo los términos seguridad y tranquilidad ciudadana protegido a través de figuras de peligro abstracto. En este modelo, el ejercicio de las libertades se concibe como una alteración de la normal actividad del Estado sin que interese la protección de las condiciones esenciales en las que puedan ejercerse libremente los derechos fundamentales (paz pública). Denominan "seguridad ciudadana" a lo que no es más que el retorno de la "seguridad del Estado".

La creación artificial de ese bien jurídico permite la intervención de Fuerzas y Cuerpos de seguridad (art. 4.3), y de las empresas de seguridad, despachos de detectives y personal de seguridad privada[94] —que tienen el deber de colaborar y auxiliar a las FCS en el ejercicio de sus funciones (art. 7.3 LOPSC y arts. 8.2, 14.2, 30, h) de la Ley 5/2014, de 4 de abril, de Seguridad Privada que posibilita la privación de libertad en caso de indicios de delito), no sólo ante un comportamiento lesivo o peligroso para los derechos de los ciudadanos (personas y bienes) o las instituciones públicas sino cuando se genera un peligro potencial para la tranquilidad pública... "por la existencia de una amenaza concreta o de un comportamiento objetivamente peligroso que, razonablemente, sea susceptible de provocar un perjuicio real para la seguridad ciudadana...." (art. 4.3).

Otra de las funestas consecuencias de adoptar el concepto de seguridad ciudadana como bien jurídico autónomo en materia de privación de libertad es que se amplía el espectro de opciones de las FCS y, por ende, del ¡¡¡¡personal de seguridad!!!![95] En primer lugar, se impone por vez primera en nuestra legislación el deber de exhibir el DNI cuando el ciu-

---

94 El artículo 31 de la Ley 5/2014, de 4 de abril, de Seguridad Privada, les otorga la condición de agentes de la autoridad siempre que colaboren con las FCS.

95 El art. 32 de la Ley de Seguridad privada permite a los vigilantes de seguridad la protección de bienes, establecimientos, lugares y eventos, tanto privados como públicos, así como la protección de las personas que puedan encontrarse en los mismos, llevando a cabo las comprobaciones, registros y prevenciones necesarias para el cumplimiento de su misión; efectuar controles de identidad, de objetos personales, paquetería, mercancías o vehículos, incluido el interior de éstos, en el acceso o en el interior de inmuebles o propiedades donde presten servicio, sin que, en ningún caso, puedan retener la documentación personal, pero sí impedir el acceso a dichos inmuebles o propiedades. La negativa a exhibir la identificación o a permitir el control de los objetos personales, de paquetería, mercancía o del vehículo facultará para impedir a los particulares el acceso o para ordenarles el abandono del inmueble o propiedad objeto de su protección; en relación con el objeto de su protección o de su actuación, detener y poner inmediatamente a disposición de las Fuerzas y Cuerpos de Seguridad competentes a los delincuentes y los instrumentos, efectos y pruebas de los delitos, así como denunciar a quienes cometan infracciones administrativas. No podrán proceder al interrogatorio de aquéllos, si bien no se considerará como tal la anotación de sus datos personales para su comunicación a las autoridades.

dadano sea requerido (art. 9). Necesariamente hay que colegir que el funcionario podrá solicitar el carné siempre que se encuentre desempeñando funciones de seguridad, esto es, en supuestos de prevención de delitos o de sanción de infracciones administrativas. De ningún modo está capacitado para realizar tal petición si carece de indicios que le permitan llegar a la convicción de que el sujeto ha podido participar en un delito o en la ejecución de una infracción administrativa.

3. PROCESO DE IDENTIFICACIÓN DE INFRACTORES NO IDENTIFICABLES

Los supuestos de identificación de personas están regulados en el artículo 16 de la LOPSC y contradice varios preceptos constitucionales: artículo 9.3, artículo 25.3, artículo 17 CE. Junto a los casos de privación de libertad por la presencia de indicios de que el sujeto puede en el futuro participar en la comisión de un delito o ha cometido una infracción administrativa, se añade ahora la identificación de persona con el rostro embozado (art. 16.1) —sólo cuando este último se halle en alguna de las dos situaciones anteriores: posible comisión de delito o realización de una infracción administrativa—. De adoptarse una interpretación más flexible: identificación automática de una persona embozada por tener el rostro parcialmente cubierto, se estaría justificando una detención ilegal, selectiva y discriminatoria —contraria al artículo 16.1, que prohíbe expresamente la discriminación basada en cualquier condición personal o social— al configurarse una tercera vía (derecho de autor) en materia de privación de libertad. De hecho, esta figura es contraria a las previsiones de la actual Ley de Enjuiciamiento criminal e inconstitucional ya que permite restringir los movimientos, sin las garantías de artículo 17 de la CE, de aquél sobre el no recaen indicios objetivos de que pueda llegar a participar en la realización de ilícitos penales o administrativos. En ese sentido, la LOPSC se asemeja cada vez más a las previsiones de la Ley de Orden público de 1959 —derogada por la Ley de Protección ciudadana 1/1992 de 21 de febrero— que reguló tres clases de detención: la efectuada por cometer o intentar cometer cualquiera de los actos contrarios al orden público, la basada en la desobediencia a las órdenes dadas directamente por la autoridad o sus agentes en relación con actos de orden público y, finalmente, la privación de libertad derivada de la responsabilidad penal subsidiaria como consecuencia de no hacer efectiva la multa impuesta por razones de orden público.

En el supuesto de que no se logre identificar a la persona (por vía telemática o telefónica) que se especula puede presuntamente cometer un delito, que lesionó o puso en peligro la seguridad ciudadana, las FCS (¿en su caso, personal de seguridad privada) le requerirá a que le acompañen (se supone que con carácter de detenido si la sospecha es de probable comisión de un delito y, sin tal condición, cuando el que no se identifica es un infractor administrativo) a las dependencias policiales más próximas. Al no ostentar carácter de detención —el artículo 19 de la LOPSC dice expresamente que las diligencias de identificación, registro y comprobación carecen de las formalidades de la detención— el sujeto trasladado carece de las garantías del artículo 17 de la Constitución española. Asunto sobre el que se volverá más adelante.

Con el término "requerir" parece que el legislador pretende asignarle un sentido de voluntariedad al acto de acompañamiento a las dependencias policiales. Más lejos de la realidad, en el caso de una prevención delictiva el funcionario no dispone de otra opción que no sea la de trasladar al sujeto como detenido a las dependencias policiales, siempre que realmente existan indicios objetivos. En el segundo supuesto, esto es, al objeto de cumplir con la sanción de una infracción, la expresión "requerir", pierde su connotación de voluntariedad y se resuelve, por el contrario, como una imposición de acompañarle a tal lugar. Es más, en casos de negativa a la identificación, al desaparecer la falta del artículo 634 que sancionaba a los ciudadanos que desobedecían levemente a la autoridad o sus agentes en el ejercicio de sus funciones, los demás casos de desobediencia no grave se convierten ahora en un infracción administrativa grave del artículo 36.6. En este precepto se sanciona la desobediencia o la resistencia a la autoridad o a sus agentes en el ejercicio de sus funciones, cuando no sean constitutivas de delito, así como la negativa a identificarse a requerimiento de la autoridad o de sus agentes o la alegación de datos falsos o inexactos en los procesos de identificación. No obstante, en caso de desobediencia grave o resistencia pasiva es factible el recurso al delito previsto en el artículo 556 Cp (tres meses a un año o multa) que extiende la protección penal al personal de seguridad privada.

En definitiva, los supuestos de omisión voluntaria de identificación pueden reconducirse actualmente al delito o la infracción administrativa de desobediencia a la autoridad o negativa a la identificación, siempre que el funcionario o personal de seguridad privada, debidamente identificado (Ley 30/1992, de 26 de noviembre, sobre Régimen Jurídico de las Administraciones Públicas; ley 2/1986, de 13 de marzo, de las Fuerzas y Cuerpos de Seguridad; Art. 18 del Real Decreto 1484/1987, de 4 de diciembre), esté capacitado para solicitar la identificación en el ejercicio de sus funciones de prevención de delitos o sanción de infracciones. Si se considera que el elemento "en el ejercicio de sus funciones" equivale a la finalidad pública de la actuación y, por tanto, que es un elemento esencial del concepto de funcionario público, se deduce que siempre que falte la intención de servir a los intereses generales en el momento de solicitar la identificación, no puede aplicarse la infracción del artículo 36.6.

Pero, qué finalidad debe perseguir el funcionario que procede a la identificación para actuar en el ejercicio de sus funciones. El cumplimiento de una función pública, en el caso que analizamos, consistiría en la presunción de que la persona a la que se solicita la identidad puede participar en la comisión de un delito o que ha alterado o puede llegar a alterar la seguridad ciudadana. Tesis que deriva de los deberes que la legislación vigente impone a las Fuerzas y Cuerpos de Seguridad: artículo 11.1, aptdos, e, f y g), de la LFCS de 1986, que establece que los funcionarios pueden prevenir la comisión de actos delictivos e incluso investigarlos para descubrir y detener a los presuntos culpables además de mantener y restablecer el orden y la seguridad ciudadana.

Por cierto, es importante reseñar que la Instrucción 13/2007, de la Secretaría de Estado de Seguridad, relativa al uso del Número de identificación Personal en la Uniformidad de los Cuerpos y Fuerzas de seguridad del Estado, recuerda al funcionario la obligación de llevar en el uniforme el número de identidad personal e identificarse siempre antes de solicitar la identificación a un tercero.

En definitiva, sólo se ejercita una finalidad pública cuando se realiza la labor de prevención de delitos o cuando se priva de libertad al infractor administrativo no identificable basada en la presunción de la comisión de una infracción administrativa. En caso contrario, si la solicitud de identificación por el funcionario no obedece a tal fin, es puramente aleatoria, el omitente no quebranta ni la infracción administrativa ni el delito de desobediencia.

El artículo 16 de la LOPSC faculta sin más la privación de libertad por infracciones de carácter administrativo a efectos de identificación del presunto autor: fumar en lugares públicos, aparcar en doble fila, no poseer la documentación, desobedecer mandatos de la autoridad, consumir drogas en lugares públicos, reuniones ilegales sin carácter penal, manifestaciones o concentraciones no comunicadas, etc. Esta figura, introducida en 1992, es contraria al régimen procesal-penal de garantías establecido en la LECr., al principio de taxatividad (art. 9.3 CE) por la amplia discrecionalidad consentida al funcionario, al artículo 25.3 CE, que prohíbe a la

Administración civil imponer sanciones que, directa o subsidiariamente, impliquen privación de libertad (aunque formalmente se alegue que no se trata de una sanción sino de una diligencia, medida cautelar o precautelar). Sin embargo, esta inaudita modalidad de privación de libertad no es original, pues reproduce parcialmente el contenido del artículo 20 de la anterior LOPSC.

Se trata, por tanto, de una privación de libertad basada en la sospecha de que se ha alterado o puede llegar a alterarse la seguridad ciudadana, es decir, en una intuición elaborada en ausencia de indicios de que un ciudadano ha podido cometer una infracción delictiva o, se añade en el actual artículo 16, potencialmente puede llegar a cometer un infracción delictiva[96].

En resumen, el espacio que cubre el artículo 16 es el de la identificación de los infractores administrativos, de los que vulneren o puedan llegar a alterar la seguridad ciudadana y la de los potenciales autores de ilícitos penales.

En cuanto a los derechos que acompañan a esta clase de privación de libertad hay que decir que estaría sometida al límite temporal necesario que exija el desarrollo de las diligencias preliminares policiales de comprobación de identidad. En consecuencia, el estrictamente necesario sin que pueda ser superior a seis horas. Eso sí, durante este plazo el "retenido" carece de las garantías previstas en los artículos 17 de la C.E. y 520 de la L.E.Cr, exigencia constitucional que se elude mediante la ficción de considerar que en estos supuestos no estamos en presencia de casos de detención.

El Tribunal Constitucional ya se pronunció en Sentencia 341/ 1993, 18 de noviembre, al declarar la constitucionalidad del artículo 20 de la LOPSC que posibilitaba la privación de libertad de infractores administrativos no identificables sin otorgarle el carácter de detención. Bien es cierto que el Tribunal Constitucional desmonta en esa sentencia uno de los argumentos defendidos por las providencias del Tribunal Constitucional de 1992: que los controles, cacheos, identificaciones eran sometimientos no ilegítimos desde la perspectiva constitucional y, por tanto, ni tan siquiera tenían la consideración de privación de libertad. Dando marcha atrás, ahora se reconoce —retornando al planteamiento de la STC de 10

---

96 Cfr. Alude al criterio de oportunidad y experiencia sobre el que se fundamenta el proceso de identificación, CALVO GARCÍA, M, "La reforma "anunciada" de la Ley de Seguridad Ciudadana: un nuevo giro de tuerca a la seguridad de los derechos. En *Seguridad(es) y derechos inciertos*. Servicio de publicaciones Universidad de Zaragoza, 2014, pág. 123.

de julio de 1986— que el traslado a Comisaría con fines de identificación sí es una privación de libertad. No obstante, la STC de 1993 reconoce tácitamente que la LOPSC ha creado una nueva figura de privación de libertad: la "detención" de autores de infracciones administrativas que no son identificables, justificada al amparo del artículo 5.1 del Convenio de Roma que admite la privación de libertad para el cumplimiento de una obligación. Algo ciertamente discutible, ya que no existe obligación legal de identificación por parte del ciudadano si el funcionario no cumple un fin de prevención de ilícitos penales.

Además, esta nueva versión del Tribunal Constitucional, que ahora reconoce que son privaciones de libertad cuando antes afirmaba que no lo eran, coincide con las providencias en negarle el carácter de detención y, en esa idea, se adelantó al modelo Guantánamo. Esto es, creó un híbrido jurídico con la única intención de no aplicar las garantías constitucionales del detenido. Así, aunque se admite que el "acompañamiento" policial del ciudadano es una medida de identificación que puede evaluarse como privación de libertad, sin embargo enfatiza que no llega a alcanzar la consideración de detención preventiva y, por tanto, no debe contener las garantías del artículo 17 de la CE.

En efecto, respecto a la privación de libertad con fines de identificación que recae en personas no identificables que hayan incurrido en una infracción administrativa, el TC no admite más garantía que la consistente en la explicación de las razones de la diligencia de identificación. En cuanto al plazo, interpreta que la diligencia prevista en el art. 20.2 de la LOPSC no es indefinida o ilimitada en su duración ya que se utiliza la expresión "tiempo imprescindible", por lo que tal diligencia debe practicarse de manera inmediata y sin dilación alguna (ambas garantías, tanto el plazo como la explicación de las razones del requerimiento son reconocidas expresamente por la Instrucción 12/2007). En consecuencia, el Tribunal Constitucional no permite que sean aplicables el resto de las garantías del artículo 17 CE, como la información sobre el derecho a no declarar, la asistencia letrada, poder instar un procedimiento de habeas corpus, etc, que sólo tienen sentido cuando se trata de una detención preventiva. Bajo este prisma, el Tribunal ratifica que no se debe informar sobre el derecho a no declarar ya que no se puede interrogar más que sobre datos de la personalidad y tampoco resulta inexcusable que la identificación se lleve a cabo en presencia de abogado.

Finalmente, el TC, ante la crítica fundada en que el artículo 20.2 de la LOPSC infringe el artículo 25.3 de la Constitución que prohíbe la imposición de sanciones que impliquen directa o indirectamente privación de libertad, interpreta que tal disposición no se ve en ningún momento afectada ya que el procedimiento restrictivo de la libertad no alcanza la condición sancionadora sino de estricta identificación personal.

En conclusión, con la tesis defendida por el Tribunal Constitucional llegamos al absurdo de que la restricción de libertad con fines de identificación, aun siendo una privación de libertad, no es una detención preventiva y el ciudadano, en tales circunstancias, no goza de todas las garantías del artículo 17 de la CE.

Pues bien, pese que el Tribunal Constitucional no considera relevante garantizar determinados derechos, como establecer un plazo máximo de privación de libertad en tales situaciones, y aunque el artículo 19 de la LOPSC dispone que las diligencias de identificación, registro y comprobación no están sujetas a las mismas formalidades que la detención, el artículo 16.2 ha reconocido por vez primera la garantía de que el sujeto no puede estar más de seis horas en las estancias policiales y, además, se le debe entregar un volante en el que se indique el tiempo de permanencia en ellas (artículo 16.4).

4. LA CONVERSIÓN DEL DERECHO DE REUNIÓN Y MANIFESTACIÓN EN ILÍCITO

Junto a las diversas modalidades de limitación, restricción, privación de libertad, registros corporales, sin garantías constitucionales, otro de los máximos exponentes de la represión contra los movimientos sociales de protesta se concentra en la conversión del derecho de reunión y manifestación en un comportamiento ilícito. Sin valorar que se trata de un derecho fundamental, la LOPSC ha diseñado un modelo de tolerancia cero respecto al derecho a la protesta, sancionando de forma desproporcionada cualquier "exceso" relacionado con los derechos mencionados por muy insignificante que sea. Se olvida que el artículo 21 CE reconoce el derecho de reunión pacífica y sin armas con la única limitación de que no genere un peligro para personas o bienes (STEDH, caso Ozalp Ulusoy c. Turquía, de 4 de septiembre de 2013). Sólo son delictivas aquellas reuniones o manifestaciones que se celebren con el fin de cometer algún delito o aquéllas a las que concurran personas con armas, artefactos explosivos u objetos contundentes o de cualquier otro modo peligroso (art. 513 CP). En consecuencia, únicamente puede impedirse o sancionarse la manifestación que ocasione un peligro delictivo con base en la existencia de elementos objetivos y no en datos infundados, meramente subjetivos, del funcionario (TEDH, caso Disk et Kesk c. Turquía, de 27 de noviembre 2012).

Rompiendo literalmente con estas prescripciones constitucionales y desviándose de la jurisprudencia del TEDH, la LOPSC prevé un listado de infracciones graves (multa de 601 a 30.000. euros) y una muy grave (30.001 a 600.000 euros) que se corresponde con la vulneración de un concepto de orden público apropiado del tardo-franquismo. En realidad, lo que se persigue es el ejercicio de derechos fundamentales y, más concretamente, cualquier acto vinculado con el derecho de reunión y manifestación. Es el caso de la perturbación grave de la seguridad ciudadana en... reuniones numerosas, cuando no sean constitutivas de delito (art. 36.1). En este supuesto se sanciona un comportamiento en el que no hay peligro alguno para las personas o bienes —pues en ese caso sería delito— sino exclusivamente una alteración grave de la tranquilidad. Se incumple así el principio de legalidad (art. 25.1) y la seguridad jurídica (art. 9.3) ya que la conducta típica queda absolutamente indeterminada: alteración de la seguridad ciudadana en su versión de tranquilidad pública. El mismo reproche puede formularse a la sanción de la perturbación de la seguridad ciudadana que se produzca con ocasión de reuniones frente a las sedes del Congreso de los Diputados, el Senado y las Asambleas Legislativas de las Comunidades Autónomas, aunque no estuvieran reunidas, cuando no constituyan delito (art. 36.2). Se forja un tipo prácticamente en blanco que permite a los funcionarios actuar siempre que estimen que la reunión afectó, aunque sea levemente, la tranquilidad pública, vulnerando nuevamente el artículo 25.1 y 9.3 CE. En consecuencia, cualquier reclamación de derechos ante sedes legislativas, aunque no se lesionen personas o bienes va a ser calificado como una infracción grave. También es contraria a los artículos 25.1 y 9.3 CE, la perturbación del desarrollo de una reunión o manifestación lícita, cuando no constituya infracción penal (art. 36.8). La indeterminación del término "perturbación" facilita una arbitraria discrecionalidad policial que les permite intervenir en casos de alteraciones leves de la tranquilidad pública. Lo mismo podría decirse de la infracción muy grave: las reuniones o manifestaciones no comunicadas o prohibidas en infraestructuras o instalaciones en las que se prestan servicios básicos para la comunidad o en sus inmediaciones (art. 35.1).

Junto a estas infracciones graves y muy grave se sancionan otras de carácter leve —multa entre 100 y 600 euros— por la celebración de reuniones en lugares de tránsito público o de manifestaciones incumpliendo lo preceptuado en los artículos 4.2, 8, 9, 10 y 11 de la Ley Orgánica 9/1983, de 15 de julio (art. 37. 1). Esto es, cuando se afecte el buen orden de la manifestación (art. 4.2) no se lleve a cabo la comunicación (art. 8), no se cumpla con los datos formales que deben aparecer en el escrito de comunicación (art. 9) cuando existen indicios de un desorden público de carácter penal (art. 10) o no se realice el recurso (art. 11).

5. ANÁLISIS PENAL DEL EXCESO EN EL EJERCICIO DEL DERECHO DE REUNIÓN Y MANIFESTACIÓN

Tras este repaso por una parte del arsenal legislativo con el que se pretende amedrentar al movimiento de protesta, es necesario analizar cómo puede resolverse jurídicamente el exceso en el ejercicio del derecho de reunión y manifestación.

Inicialmente hay que distinguir entre aquellos supuestos en los que el ejercicio del derecho fundamental perturba la normal tranquilidad de la persona o grupo, respetando los requisitos esenciales y accidentales de la causa de justificación, de aquellos otros en los que se produce un exceso en el ejercicio del derecho. Al primer caso pertenecen los denominados "escraches". Estas reuniones frente a edificios de políticos, casas de representantes públicos, sin duda generan una ligera perturbación de la actividad normal del afectado o afectados por el ejercicio del derecho fundamental, que es parte integrante del núcleo esencial de la causa de justificación. El ejercicio del derecho en estas situaciones sería un elemento de valoración global del hecho que, de concurrir, daría lugar a la atipicidad del comportamiento, de no lesionarse valores como la libertad ideológica, el derecho a la intimidad, honor, libertad de movimientos, libertad de decisión, el comportamiento es atípico. En esta dirección, el Auto de AP MADRID, sección 16, auto 81/14, 29/1/2014, (Ponente: Isabel Valldecabres Ortíz), en el caso de la concentración o manifestación por la Plataforma Afectados por la Hipoteca, estimó que en las conductas analizadas no concurre la violencia o la fuerza en las cosas propias del delito coacciones y, por el contrario, forma parte de la libertad de expresión que es corolario del ejercicio del derecho de manifestación.

Otro ejemplo de ejercicio legítimo del derecho aparece representado en los cortes de tráfico o incluso la invasión de la vía pública durante espacios cortos de tiempo, que no pueden considerarse un ataque a la paz pública, un impedimento al ejercicio de los derechos fundamentales o un peligro para personas o bienes (SSTC 225/2002, de 9 de diciembre; 42/2000, de 14 de febrero). En esa dirección, el Tribunal Constitucional, en la sentencia 59/29 de marzo de 1990, afirmó que la noción de orden público ha de ser interpretada de conformidad con la Constitución, "pues los conceptos de "paz pública" y de "orden público" no son los mismos en un sistema político autocrático que en un Estado social y democrático de Derecho". Así, interpretó que no concurría el delito previsto en el derogado art. 246 del CP si la ocupación de la carretera se efectúa sin peligro para las personas o bienes ya que "aun admitiendo que la alteración al orden público se produce cuando injustificadamente se limita el derecho a la libre circulación, es evidente que la norma constitucional exige también la creación de una situación de peligro para las personas o sus bienes". Por todo ello, "si no se ha probado que se impidiese el paso a quien lo solicitara, tampoco se ha podido probar la restricción del derecho a la libre circulación de los conductores, quienes si permanecieron pasivos, fue, posiblemente, porque voluntariamente asumieron las molestias ocasionadas por los manifestantes, con lo que tampoco cabe hablar siquiera de infracción de "orden público", máxime cuando los recurrentes ejercitaban un derecho fundamental que también integra el concepto de "orden público"[97].

Otra cuestión diferente es cómo solucionar los supuestos en los que se ejercen los derechos fundamentales sobrepasando los límites legales, excediéndose de algún modo, aunque sin llegar a la violencia contra las personas. En tales circunstancias, ¿cabe aplicar la eximente del ejercicio legítimo del derecho, la eximente incompleta o ninguna de las dos?

En el ámbito del Derecho penal nos encontramos con distintos escenarios donde se plantea y resuelve esta discusión. Así, en el contorno de la represión penal del "odio" pese a la hipotética prohibición de cualquier expresión que pueda engendrar el odio por discriminación, la realidad es que, según la interpretación que viene realizando el TEDH, no suelen condenarse las expresiones de odio salvo cuando contribuyen de forma directa a la discriminación o violencia. Sorprendentemente, uno de los argumentos más recurrentes empleados por un sector judicial y doctrinal para justificar la punición de la incitación al odio u hostilidad, es el denominado "discurso del odio" elaborado por el TEDH (citado expresamente por la Recomendación núm. R (97) 20, Comité de Ministros del Consejo de Europa de 30 de octubre de 1997).

Pero, como digo, pese a la hipotética prohibición de cualquier expresión que pueda engendrar el odio por discriminación, la realidad es que, según la interpretación que viene realizando el TEDH, no suelen condenarse las expresiones de odio salvo cuando éstas contribuyen de forma directa a la discriminación o violencia. Cierto es que de alguna sentencia del TEDH parece desprenderse la legitimidad de cualquier forma directa o indirecta de incitar al odio. Así, cuando se afirma: "la libertad de ex-

---

97 Vid.F.J. nº 5 y F.J. nº 8.

presión tiene un límite en el discurso del odio y que es necesario tipificar penalmente las formas de expresión que propaguen, inciten, promuevan o justifiquen un odio basado en la intolerancia..." Al tiempo que exige que las «formalidades», «condiciones», «restricciones» o «sanciones» impuestas en lo que respecta al discurso de odio y a la apología de la violencia sean proporcionadas al fin legítimo perseguido" (Caso Müslüm Gündüz contra Turquía (TEDH, 2003/81); Caso Féret contra Bélgica (TEDH 2009\82). Sin embargo, pese a tal declaración de principios, el TEDH, en la práctica, en escasas ocasiones ha permitido que el Estado limite la libertad de expresión cuando no se incita a la discriminación o violencia (TEDH, 1994\36, Caso Jersild contra Dinamarca; Caso Müslüm Gündüz contra Turquía (TEDH, 2003/81); caso Otegi Mondragón, contra España (TEDH 2011/30).

En conclusión, las meras expresiones, discursos o informaciones de odio únicamente se castigan en la medida en que supongan una incitación a la discriminación o violencia, es decir, cuando engendren el peligro potencial de actos discriminatorios o violentos. Si tal peligro no concurre, faltaría un elemento del tipo y quedaría impune. En consecuencia, el exceso en el derecho de libertad de expresión no debe interpretarse como incitación directa o indirecta a la discriminación o violencia sino como integrante del derecho fundamental.

Otro de los delitos que afectan al ejercicio de un derecho fundamental, el derecho de huelga (coacciones a la huelga del 315.3 del Cp), ha dado lugar a controvertidas decisiones judiciales sobre los límites del ejercicio de ese derecho. Es cierto que el punto de partida no es tanto la interpretación judicial sobre el alcance de las coacciones como la necesidad de un tipo autónomo que sanciona el desvio del derecho fundamental, que estigmatiza a los piquetes de huelga informativos, incurriendo en un execrable Derecho Penal de autor[98].

El ejercicio del derecho de huelga debe estudiarse como causa de justificación en el delito de coacciones o amenazas y el exceso en ese derecho debe valorarse como una eximente incompleta, ante la ausencia de requisitos no esenciales, o el error de prohibición. Salvo, claro está, que se estime que en el delito del 315.3, la eximente de ejercicio legítimo de un derecho no es una causa de justificación sino un elemento de valoración

---

[98] POMARES, CINTAS, E, "La Revisión de los delitos contra los derechos de los trabajadores según la reforma de 2015". En *Comentario a la reforma penal de 2015*. Director QUINTERO OLIVARES, G. Aranzadi. Pamplona, 2015, págs. 638 y ss.

global del hecho que excluye la tipicidad y el error sobre el mismo, un error de tipo.

La cuestión a debatir es si el ejercicio del derecho de huelga por parte de los piquetes abarca la realización de comportamientos que pueden llegar a ser "molestos" para otros ciudadanos. En ese sentido, la STS de 24 de noviembre de 1987 (RJ 1987, 8053), reconoce la necesidad de establecer un equilibrio entre el derecho de huelga y el derecho al honor, reconociendo que un intercambio de insultos entre trabajadores huelguistas y no huelguistas no resulta sancionable, o la inclusión de términos o expresiones duras en panfletos u octavillas o la utilización de un megáfono para intentar convencer a las trabajadores de no entrar a trabajar no atenta contra la libertad de trabajo.

Otra de las cuestiones a debatir es la interpretación del término "violencia" en el delito de coacciones. De aceptarse que, además de la física ejercida sobre el sujeto pasivo, forma parte de la misma la "vis compulsiva" y la fuerza sobre las cosas, verdaderamente se dejaría sin contenido material el derecho fundamental de huelga que exige el uso de métodos de presión, expresiones probablemente incorrectas y determinadas contrariedades ocasionadas a terceros[99]. Tales "molestias" —excesos leves— forman parte del derecho (efecto desaliento) y, en consecuencia, serían atípicas (ATC 193/1993; SAP Lugo, Sección 2ª, 114/2004, 28-10). En esta dirección, ATSJA (Ponente: Miguel Pasquau Liaño), 4/02/2013 *(Tol 3882442)*, estimó que "carecen de toda relevancia penal por no exceder de los límites constitucionalmente garantizados, según jurisprudencia conocida del Tribunal Constitucional (desde la STC 24 diciembre 1988), del ejercicio del derecho de huelga y libertad sindical...., que permiten la presencia en grupo en establecimientos en los que hay trabajadores que no han secundado la huelga con la finalidad de requerir su adhesión a la misma, siempre que la presión no emplee métodos violentos o coactivos. No es pues, constitutivo de infracción penal afear la conducta a quienes no secundan la huelga ni acudir en masa a los establecimientos abiertos al público sin más arma que la palabra, el ruido o la presencia física, con la finalidad de provocar que los responsables de los mismos tomen la decisión de cerrar el establecimiento, a menos que, manifestada por éstos la decisión de mantenerse en el puesto de trabajo, el piquete lo impida físicamente o mediante amenazas verosímiles". Igualmente, la SAP Lugo

---

[99] POMARES, CINTAS, E, "La Revisión de los delitos contra los derechos de los trabajadores según la reforma de 2015". En *Comentario a la reforma penal de 2015*. Director QUINTERO OLIVARES, G. Aranzadi. Pamplona, 2015, págs. 638 y ss.

21/2013, 14/02/, aplicó una falta de coacciones del art. 620 a la expresión: "atente a las consecuencias" y por lanzar un petardo al interior del local. El argumento sustentado es el siguiente: "Resulta prácticamente una obviedad que el ejercicio de un derecho como lo es el derecho de huelga ha de generar en la relación de los promotores de la misma con los trabajadores o empresarios determinadas situaciones de conflicto que, por esa misma situación de crisis de la situación laboral normal, nos ha de llevar a ponderar de una manera más laxa la necesidad de que el derecho penal acuda a sancionar ese tipo de acciones". En esta misma línea, diversas decisiones judiciales descartan la existencia del delito de coacciones a la huelga por no concurrir el elemento violencia, asumiendo ciertos excesos como integrantes del ejercicio del derecho. Bien es cierto que en la mayoría de los casos se opta por la aplicación de faltas (hoy derogadas). Así, la SAP SANTANDER, 151/2013, 8/4/, aplica una falta de coacciones por retirar la señalización en una autovía; la SAP de Córdoba, 95/2013, 20/3/, una falta de coacciones por la frase: "si no contrata a alguien puede tener problemas"; la SAP de Álava 369/2012, 27/11/, absuelve por una falta de desobediencia; la SAP VALENCIA, 164/ 2011, 3/03/, condena por falta de coacciones que absorbe a la de injurias: "coged la matrícula a ese cabrón", en un supuesto en el que el sujeto activo se abalanza sobre un vehículo que no quiso parar, golpeándolo y arrancando el limpiaparabrisas; la SAP SANTANDER, 183/ 2011, 24/4/, aplica una falta de desobediencia a la guardia civil y niega la falta de coacciones por colocarse delante de un camión repartidor de señales; la SAP Madrid 3/2008, 16/4/, absuelve por inexistencia de indicios de delito en la frase "su política iba a llevar a la ruina a la empresa"; la SAP Ourense, 77/2006, 26/10, absuelve al estimar que los términos "fachas", "esquiroles" no tienen un ánimo intimidatorio.

Diferente solución hay que ofrecer a los supuestos de excesos graves del derecho de huelga. Habría que recurrir a las eximentes incompletas o al error de tipo o prohibición en función de si opta por la interpretación del elemento de valoración global del hecho.

6. ¿SUPUSO LA PROPUESTA DEL 15-M: "ATUREM EL PARLAMENT, NO DEIXAREM QUE APROVIN RETALLADES" UN EXCESO GRAVE DEL EJERCICIO DEL DERECHO DE REUNIÓN Y MANIFESTACIÓN?

En este contexto es donde hay que analizar finalmente las acciones convocadas por el Movimiento de Protesta 15-M: "Aturem el Parlament" con el objetivo de evitar que el Parlamento adoptara la decisión de seguir reduciendo los gastos sociales. La cuestión a dilucidar es si los comportamientos realizados forman parte del ejercicio legítimo de un derecho a la manifestación, a la libertad de expresión, a participar directamente en los asuntos públicos o, por el contrario, se sitúan en el ámbito de las conductas típicas de los artículos 498 (delito contra las instituciones del Estado) o 550 (atentado).

La SAN 31/2014, 7/7/2014, Ponente Ramón Sáez, entiende que "hay que "admitir cierto exceso en el ejercicio de las libertades de expresión o manifestación si se quiere dotar de un mínimo de eficacia a la protesta y a la crítica..." Se decanta por la teoría del exceso o abuso del derecho que no acaba por desnaturalizarlo "entre lo protegido y lo punible hay zonas intermedias que pueden ser reguladas por el Derecho público o privado sin necesidad de intervención penal". Para diferenciar el abuso en el ejercicio del derecho de su relevancia penal hay que atender a las circunstancias de los hechos y a la intensidad del exceso (STC 104/2011). Concluye que algunas de las conductas mencionadas, sólo algunas, pudieran parecer coactivas, sin embargo carecían de idoneidad necesaria y entidad suficiente como para ser consideradas típicas. En definitiva, la AN estima que no se daban los elementos típicos del 498 y, en todo caso, las conductas estaban amparadas en el ejercicio legítimo de un derecho (efecto desaliento) que absorbe las conductas de escasa lesividad para, de ese modo, proteger el ejercicio del derecho de manifestación y libertad de expresión[100].

Frente a esta posición, la STS 161/2015, 17/3/2015, (Ponente M. Marchena), considera que no puede alegarse la causa de justificación del 20.7 CP, que la SAN yerra a la hora de solucionar el conflicto por no ser correcta la evaluación de los valores constitucionales en juego. Según el TS la AN pondera la libertad de expresión y el derecho de reunión con el derecho al honor de los representantes públicos cuando realmente debería realizar la comparación entre expresión/ reunión y el derecho de participación de los ciudadanos a través de sus legítimos representantes en el Órgano legislativo (art. 23.1 CE, el derecho a desarrollar y ejercer libremente sus cargos). Interpreta el TS que las conductas analizadas entorpecieron la labor de los representantes y de ese modo el derecho de los ciudadanos a participar en los asuntos públicos, concretamente, el libre ejercicio de las funciones legislativas por los legítimos representantes del pueblo catalán

---

100 Un argumento calificado como "impecable" por MAQUEDA ABREU, M, "La criminalización del espacio público. El imparable ascenso de las "clases peligrosas", *Revista Electrónica de Ciencia Penal y Criminología*, nº 17, 2015, pág. 28.

era también presupuesto del derecho de todos sus ciudadanos a participar en los asuntos públicos. Por estas razones, estima la presencia de un delito contra las Instituciones del Estado (artículo 498) y condena a penas de tres años.

A mi juicio, de la lectura de los hechos se llega a la convicción de que en ningún momento existió la finalidad de limitar la capacidad de decisión de los parlamentarios, de prohibir o impedir su acceso al recinto y sí, por el contrario, de expresar el malestar de la población ante los recortes económicos y sociales, de comunicarles el sentir y la preocupación de un colectivo por esta deriva neoliberal. A la falta el elemento subjetivo del 498 hay que añadir que los hechos evaluados son atípicos al no integrarse en las diferentes conductas de los artículos 498 y 550. En efecto, no concurre fuerza, violencia, intimidación o amenaza en ninguno de los hechos demostrados: levantar una mano y el brazo derecho ante un diputado; acercarse a un vehículo, tocando la carrocería; intento de abrir las puertas del coche y lanzar varios golpes al aire; arrojar un cono de plástico de señalización a la calzada; pintar la espalda de la chaqueta dos trazos negros con un spray, ensuciar el bolso de una diputada; no poder entrar por una determinada puerta, interponerse brazos en cruz ante un diputado. Como acertadamente afirma Perfecto Andrés Ibáñez, en voto particular a la sentencia del TS 161/2015, el seguir, interpelar, corear consignas, manchar la ropa, son conductas que no integran los elementos típicos: fuerza, violencia, amenazas.

Es verdad, que respecto a algunas de las conductas realizadas podría discutirse si concurren o no elementos de carácter intimidatorio. Ahora bien, no se ha llegado a identificar a los responsables de perseguir a un diputado, coger del brazo a una diputada, rociarle con líquido, etc., por lo que de ningún modo puede aplicarse el artículo 498 salvo que el Derecho penal recurra a la vetusta e inconstitucional responsabilidad objetiva.

Respecto a la cuestión de fondo del debate entre AN y TS, hay que comenzar aclarando que la AN resuelve el caso mediante la atipicidad de los comportamientos, no a través de la causa de justificación de ejercicio legítimo de un derecho, como erróneamente piensa el TS al hacer girar el debate en torno a la ponderación entre valores. De otra parte, en cuanto a la comparación realizada por el TS, sin poner en duda la labor de los diputados como representantes públicos de los ciudadanos (art. 23.1 CE) y la necesidad de su protección frente a los que impidan su labor, esta no es la situación que se analiza. Los diputados pudieron realizar específicamente su trabajo sin cortapisas y, además, como el mismo artículo 23.1 establece, pero olvida el TS, los ciudadanos tienen el derecho a participar directamente en los asuntos públicos, y qué mejor forma que hacerlo a través del ejercicio del derecho de reunión. De lo que se desprende que los representantes públicos tienen el deber de atender todas las peticiones que los ciudadanos les transmitan en el uso del ejercicio de sus derechos constitucionales; en el caso que se analiza, se les transfiere el deseo de un colectivo de ciudadanos de que se adopten decisiones que no supongan un recorte de los gastos sociales.

En resumen, las conductas del caso de "Aturem el Parlament, no deixarem que aprovin retallades" (Paremos al/el Parlament, no permitiremos que aprueben recortes), son atípicas, sólo en la hipótesis de que no lo fueran, que se tratara de un exceso grave en el ejercicio del derecho podría plantearse la conjetura de la ponderación entre los derechos de reunión, libertad de expresión, derecho de los ciudadanos a participar directamente en los asuntos públicos, y, como dice el TS, el derecho de los ciudadanos a participar (indirectamente) en los asuntos públicos a través de sus representantes. Entonces habría que decidir si se está ejercitando el derecho constitucional o excediéndose en el mismo, lo que podría dar lugar a la eximente incompleta siempre que se aglutinen los requisitos esenciales de la causa de justificación.

Por otro lado, cuando el exceso es leve entra en juego la tesis del efecto de desaliento[101]. Ahora bien, si las conductas no fueran atípicas coincido con Ramón Sáez en que se ha ejercitado la libertad de expresión y el derecho de reunión conforme a lo establecido en la Ley Orgánica 9/1983, de 15 de julio y, consiguientemente, se han llevado a cabo dentro de los límites fijados por la Constitución. Sólo cuando, que no es el caso, estemos ante supuestos de excesos graves en el ejercicio del derecho, tal extralimitación no se justificaría, aunque siempre puede recurrirse a la eximente incompleta del 20.7 Cp.

101 En ese sentido, la STC 232/2002, de 9 de diciembre.

ORDEN PÚBLICO Y ADELANTAMIENTO DE LA LÍNEA DE DEFENSA PENAL. A PROPÓSITO DE LA REFORMA DE LOS DELITOS DE DESÓRDENES PÚBLICOS

ALBERTO ALONSO RIMO
Profesor titular de Derecho Penal. Universidad de Valencia

1. PLANTEAMIENTO

Pese a lo que se afirma en la Exposición de motivos de la LO 1/2015, los cambios que se producen en el marco de los delitos de desórdenes públicos van mucho más allá de una mera "revisión técnica". De entrada, se parte de unos nuevos tipos básico (art. 557.1) y agravado (art. 557 bis) de vocación abiertamente expansiva. Estas dos figuras delictivas son las que hasta la fecha han concitado más atención de la doctrina y ya han sido objeto de duras y fundadas críticas[102]. Pero la reforma penal de 2015 en

102 Aun cuando el nuevo art. 557.1 excluye de forma clara la sanción de comportamientos no violentos —algo que bajo la regulación anterior no sucedía en relación con todos los supuestos del tipo básico sino que al menos en el caso de *invasión de instalaciones o edificios* la exigencia de violencia o fuerza había de derivarse por vía interpretativa—, sus contornos típicos en general se amplían: bastan ahora actos genéricos de violencia sobre las personas o sobre las cosas —que no necesitan concretarse en lesiones o en daños—, o incluso meras amenazas; se redefine el sujeto activo de manera imprecisa y perturbadora desde el punto de vista del objeto de tutela de estos delitos, de modo que no se requiere ya necesariamente la actuación en grupo sino que también puede cometer la infracción quien actúe "individualmente pero amparado en él"; o asimismo, al suprimirse el elemento subjetivo del tipo que demandaba realizar la conducta "con el fin de atentar contra la paz pública", se neutraliza una salida interpretativa que si bien no resultaba pacífica permitía una comprensión restrictiva del precepto que dejara fuera de la esfera de relevancia penal determinadas manifestaciones de disidencia ciudadana. *Vid.* sobre todo lo anterior, CANCIO MELIÁ, M., "Delitos contra el orden público: atentados, resistencia, desobediencia y desórdenes públicos", en Álvarez García, F. J (dir.), *Informe de la Sección de Derechos Humanos del Ilustre Colegio de Abogados de Madrid sobre los Proyectos de reforma del Código penal, Ley de seguridad privada y LO del Poder Judicial*, Tirant lo Blanch, Valencia, 2014, págs. 158 y ss.; CUERDA ARNAU, M. L., "Desórdenes públicos I (arts. 557.1º y 557 bis)", en González Cussac (dir.), *Comentarios a la Reforma del Código Penal de 2015*, 2ª ed., Tirant lo Blanch, Valencia, 2015, págs. 1303 y ss., y de la misma autora, "Delitos contra el orden público", en González Cussac (coord.), *Derecho penal. Parte especial*, 4ª ed., Tirant lo Blanch, Valencia, 2015, págs. 747 y ss.; GARCÍA RIVAS, N., "Desórdenes públicos", en Quintero Olivares (dir.), *Comentarios a la reforma penal de 2015*, Aranzadi, Pamplona, 2015, págs. 779 y ss.; MAQUEDA ABREU, M.L., "La

este ámbito presenta otros aspectos que resultan altamente censurables tanto desde el punto de vista técnico-legal como de los principios penales. En este sentido, me parecen especialmente preocupantes los nuevos delitos de incitación o de refuerzo de la disposición a cometer desórdenes públicos recogidos en los arts. 557.2 y 559 del Código penal. En ellos se vienen a tipificar formas de provocación y tentativas de complicidad psíquica a las que se asigna la misma penalidad que al autor de los delitos consumados. De este modo, en su afán sin complejos por criminalizar la protesta social, el legislador llega hasta el punto de forzar el adelantamiento de la barrera de intervención penal en el terreno de los desórdenes públicos (todavía) más que en los delitos de terrorismo o de genocidio (!), y queda así patente, de nuevo, su "insaciabilidad punitiva" y la confirmación del modelo de "Derecho penal exagerado y «elefantiásico»" característico de

---

criminalización del espacio público. El imparable ascenso de las «clases peligrosas»", *RECPC*, 17-12 (2015), págs. 48 y ss.; QUINTERO OLIVARES, G., "Estudio preliminar", en *idem*, *Comentarios a la reforma penal de 2015*, Aranzadi, Pamplona, 2015, págs. 66 y 67. Cfr. también, desde la perspectiva del anteproyecto de reforma del Código penal de 2012, DÍEZ RIPOLLÉS, J. L., "Sucintas observaciones sobre algunas decisiones del Anteproyecto de Reforma del Código penal de 2012", en Álvarez García (dir.), *Estudio crítico sobre el anteproyecto de reforma penal de 2012*, Tirant lo Blanch, Valencia, 2013, págs. 62 y 63; BAUCELLS LLADÓS, J., "Desórdenes públicos", en Álvarez García (dir.), *Estudio crítico sobre el anteproyecto de reforma penal de 2012*, Tirant lo Blanch, Valencia, 2013, págs. 975 y ss. En la misma línea se inscribe el nuevo tipo agravado del art. 557 bis. En este caso, además de elevarse el límite máximo de penalidad hasta los 6 años de prisión, se aumenta considerablemente el número de supuestos típicos susceptibles de agravación y se incluyen entre ellos específicamente los desórdenes llevados a cabo en una "reunión o manifestación numerosa o con ocasión de alguna de ellas". La regulación precedente preveía la pena superior en grado (hasta 4 años y 6 meses de prisión) para los desórdenes públicos que se produjeran "con ocasión de la celebración de eventos o espectáculos que congreguen a gran número de personas" o en el interior de los recintos donde se celebraren dichos eventos y a través de comportamientos que provocaren o fueran susceptibles de provocar "avalanchas u otras reacciones en el público que pusieren en situación de peligro a parte o a la totalidad de los asistentes" (art. 557.2 CPA). No deja de ser sintomático que, en contraposición con la inercia extensiva que acusa la reforma (en general, pero particularmente en esta sede), el legislador se incline aquí por restringir el supuesto agravado de desórdenes públicos cometidos en actos multitudinarios —configurado hasta este momento, como hemos visto, en términos muy genéricos—, ciñéndolo ahora exclusivamente a los hechos de estas características llevados a cabo en manifestaciones o reuniones numerosas. Probablemente se hace así para llamar la atención sobre estos casos; es decir, para tratar de asegurar el castigo en concreto, y sobre todo de manera cualificada, de los desórdenes que tengan lugar en este determinado contexto.

los tiempos en que vivimos[103] y al que la reforma en análisis confiere sin duda una notable impulso.

La primera parte de este trabajo se destina a concretar las razones de orden constitucional, dogmático y político-criminal por las que pienso que dichos delitos (arts. 557.2 y 559) debieran ser derogados; y a la vez, y en conexión con lo anterior, a señalar los problemas interpretativos que su aplicación puede generar y a ofrecer propuestas de solución de los mismos en el plano de *lege lata*. Desde esta misma perspectiva de análisis se aborda a continuación el estudio del nuevo tipo de ocupación de oficinas o locales (art. 557 ter) y el de generación de alarmas falsas (art. 561) y se trata de mostrar cómo, también en estos dos casos, y de acuerdo con el espíritu que preside en general las últimas iniciativas legislativas en la materia, asistimos a un proceso de disolución de las garantías y de desnaturalización del concepto democrático de orden público al servicio de intereses que debieran permanecer ajenos a la tutela penal.

2. LA INCITACIÓN O REFUERZO MORAL A COMETER DESÓRDENES PÚBLICOS (ART. 557.2)

El art. 557.1 castiga con pena de 6 meses a 3 años de prisión a "(q)uienes actuando en grupo o individualmente pero amparados en él, alteraren la paz pública ejecutando actos de violencia sobre las personas o sobre las cosas, o amenazando a otros con llevarlos a cabo", y matiza que tales penas "serán impuestas sin perjuicio de las que pudieran corresponder a los actos concretos de violencia o de amenazas que se hubieran llevado a cabo". El art. 557.2 establece a continuación:

> *"Con las mismas penas se castigará a quienes actuaren sobre el grupo o sus individuos incitándoles a realizar las acciones descritas en el apartado anterior o reforzando su disposición a llevarlas a cabo".*

Este párrafo segundo del art. 557 es un claro exponente de la lógica criminalizadora de la disidencia social y de la libre expresión de la crítica política que recorre la reforma penal de 2015 y también la nueva Ley Or-

---

[103] Las dos expresiones entrecomilladas son de VIVES ANTÓN, quien describe en estos términos la deriva represiva que ha tomado la legislación penal española en los últimos años ("La reforma penal de 2015: una valoración genérica", en González Cussac (dir.), *Comentarios a la Reforma del Código penal de 2015*, 2ª ed., Valencia, Tirant lo Blanch, 2015, pág. 32).

gánica de protección de la seguridad ciudadana[104]. Se trata, además, por su deficiente resolución técnica, de un precepto sumamente problemático respecto del cual se perfilan como posibles dos interpretaciones que abocan a consecuencias materiales muy diversas.

De acuerdo con la exégesis que resulta más respetuosa con el principio de legalidad, el art. 557.2 elevaría a categoría de delito conductas preparatorias de los desórdenes públicos. Aun cuando, como es sabido, en estas figuras delictivas no está previsto el castigo genérico de la conspiración,

---

104 Resulta elocuente en este sentido el *Informe del Relator Especial de Naciones Unidas sobre los derechos a la libertad de reunión pacífica y de asociación*, M. KIAI, para quien "los proyectos de ley examinados (Proyecto de Código penal y Anteproyecto de Ley Orgánica de protección de la seguridad ciudadana) apuntan a una vulneración de la propia esencia del derecho de manifestación al penalizar un amplio número de conductas inherentes al propio ejercicio de este derecho fundamental, originando una importante limitación en el ejercicio del mismo. El Relator Especial insta al Gobierno a asumir plenamente su compromiso de garantizar el goce efectivo de este derecho fundamental y a considerar una profunda revisión de ambos proyectos a la luz de las numerosas críticas presentadas por la sociedad civil" (*A/HRC/26/29/Add.1*, United Nations, General Assembly, 10 de junio de 2013, pág. 60); o también las *Observaciones finales sobre el sexto informe periódico de España* aprobadas por el Comité de Derechos Humanos de Naciones Unidas en su 114 período de sesiones (29 a 24 de julio de 2015). En una línea similar se ha pronunciado la doctrina: *vid. supra*, los autores citados en la nota nº 1. Igualmente significativas en esta dirección son la generalidad de las enmiendas presentadas por los Grupos políticos distintos al Popular durante la tramitación parlamentaria del Proyecto de reforma penal. Por lo que se refiere a la nueva Ley de seguridad ciudadana, puede verse una valoración crítica desde el punto de vista del derecho de reunión y manifestación y de la regulación prevista en el anteproyecto en ALONSO RIMO, A., "El nuevo anteproyecto de Ley Orgánica de protección de la seguridad (¿ciudadana?): análisis desde la perspectiva del derecho de reunión y manifestación", *Revista General de Derecho Penal* 21 (2014). *Vid.* asimismo un estudio general del citado anteproyecto en PRECIADO DOMÈNECH, C., "Anteproyecto de Ley de represión ciudadana. Comentarios de urgencia y tablas comparativas", *Jueces para la democracia. Boletín de la comisión penal*, nº 5, 2013 y en MORILLAS CUEVA, L., "Reflexiones críticas sobre el anteproyecto de Ley Orgánica de Seguridad Ciudadana", *Abogacía Española, Consejo General*, http://www.abogacia.es/2014/03/27/reflexiones-criticas-sobre-el-anteproyecto-de-ley-organica-de-seguridad-ciudadana/, última visita: 24 de mayo de 2015). También de interés a este respecto, el *Dictamen 7/2015, de 4 de juny, sobre la Llei orgànica 4/2015, de 30 de març, de protecció de la seguretat ciutadana*, del Consell de Garanties Estatutàries de Catalunya, http://www.parlament.cat/document/actualitat/59030.pdf, y el recurso de inconstitucionalidad presentado contra la citada Ley por los Grupos Parlamentarios Socialista, la Izquierda Plural, UPyD y Mixto, a tenor del cual dicha normativa tiene como consecuencia "no sólo la reducción a la mínima expresión del contenido esencial constitucionalmente declarado del derecho (de reunión), sino que éste «se rodea de alambre espinado», de manera que todo lo que exceda del mismo termina considerándose constitutivo de delito o de infracción administrativa".

la proposición y la provocación para delinquir, la disposición comentada comprendería, en primer lugar, y en la medida en que se habla de *incitar* a una pluralidad de personas (al "grupo" o a sus "individuos"), comportamientos capaces de *hacer surgir* en otros la resolución de cometer un desorden público, asimilables por consiguiente a la provocación (en tanto que tentativa de inducción colectiva o masiva[105]). Debe matizarse, no obstante, que el hecho de que la incitación haya de tener lugar a través de una *actuación* sobre los destinatarios (el tenor literal se refiere a los que "actuaren sobre el grupo o sus individuos") parece exigir aquí el carácter presencial o la inmediación de la conducta con respecto al grupo o sus individuos[106]. Ello dejaría fuera del tipo del art. 557.2, a diferencia de lo que sucede en la provocación genérica del art. 18, las llamadas a delinquir llevadas a cabo a través de mensajes difundidos por medios telemáticos o a distancia; algo, por otra parte, plenamente coherente con lo dispuesto en el art. 559, que castiga asimismo conductas de incitación a los desórdenes públicos pero realizadas a través de la distribución o difusión pública de mensajes o consignas. Como más adelante será precisado, el tipo agravado de desórdenes públicos del art. 557 bis, al que se vincula el ámbito de operatividad del art. 559, también entra en juego en relación con el art. 557.2. La delimitación entre este último y el art. 559, pese a que una primera aproximación a la redacción de ambos preceptos pudiera sugerir lo contrario, no se puede establecer, por tanto, a partir de la idea de que uno y otro contemplan comportamientos preparatorios referidos a delitos distintos: —sólo— a los desórdenes públicos del tipo básico (art. 557.1) en el primer caso, y a los desórdenes públicos agravados (art. 557 bis) en el segundo. Y así las cosas, en efecto, si el art. 557.2 no se interpreta en los apuntados términos que requieren la inmediatez o naturaleza presencial de la conducta, el art. 559 quedaría en la práctica vacío de contenido[107].

Por otro lado, y contrariamente también en este caso a lo que ocurre en la provocación genérica del art. 18, el tenor literal del art. 557.2 no exige que la incitación sea *directa*. Se da entrada así a las llamadas a

---

105 Cfr. SILVA SÁNCHEZ, J.M., "La regulación del *iter criminis* (artículos 16-18)", en *idem, El nuevo Código penal: cinco cuestiones fundamentales*, Bosch, Barcelona, 1997, pág. 156.

106 Cfr., también en esta línea, DÍEZ RIPOLLÉS, destacando que las conductas se refieren en este caso a "actuaciones directas sobre el grupo alborotador" frente al supuesto del art. 559 que requiere que se realicen "a través de mensajes o consignas públicas" ("Sucintas observaciones...", cit., págs. 63 y 64); o GARCÍA RIVAS, vinculando el tipo del art. 557.2 con la modalidad de provocación del art. 18 que exige que la incitación se produzca "ante una concurrencia de personas" ("Desórdenes...", cit., pág. 783).

107 *Vid.* una explicación más detallada de todo lo anterior en *infra*: epígrafe 3.1.

cometer desórdenes públicos encubiertas, o no explícitas, que aproximan este último precepto al terreno de las apologías (bien entendido que me refiero aquí a las apologías *débiles* o en sentido tradicional que quedarían en todo caso por fuera del concepto de apología —homologable a la provocación directa— del art. 18.1.2)[108]. Lo dicho representa, en un ámbito delictivo en el que bajo la regulación anterior no se castigaba ninguna clase de acto preparatorio, un significativo adelantamiento de la barrera de intervención penal, que rebasa, como hemos visto, el límite trazado a este respecto por la definición de provocación del art. 18, y que resulta aún más evidente si se advierte que el art. 557.2 sanciona también a quienes actuaren sobre el grupo o sus individuos, no ya incitando, sino "reforzando su disposición" a llevar a cabo desórdenes públicos.

Desde este último punto de vista, en efecto, encuentran acomodo asimismo aquí supuestos que cabría calificar de *complicidad psíquica intentada* por cuanto integrarían actuaciones de mero apoyo moral no necesitadas de idoneidad para hacer surgir la resolución delictiva sino simplemente para reforzarla (de ahí que quepa hablar de complicidad psíquica)[109], y a las que, además, no haría falta que les siguiera la efectiva realización del desorden público ni siquiera el inicio de su ejecución (tentativa). Este principio de ejecución que, como es sabido, sí que debe concurrir en la complicidad (psíquica o no) y en cualquier forma de participación, en virtud del principio de accesoriedad cuantitativa, aquí en cambio, y siempre desde la perspectiva interpretativa que ahora se desarrolla, no se requiere. En esa medida decía antes que lo que se viene a castigar en estos casos es una suerte de tentativa de complicidad psíquica —efectuada, eso sí, en el ámbito público o proyectada sobre un conjunto de individuos—.

A partir de lo dicho, bastará a los efectos típicos del art. 557.2 con que un sujeto realice un discurso ante un grupo de personas y con que, sin perjuicio de lo que luego pase en relación con la efectiva comisión o no del desorden público, se considere que tal discurso tiene aptitud para reforzar la disposición de aquéllas a cometer el mencionado delito[110]. En

---

108 Aunque, a mi juicio, y en contra de la que es opinión mayoritaria, una adecuada lectura del art. 18 conduce a concluir que no cabe la punición de la apología en sí misma como acto preparatorio genérico. Puede verse el desarrollo de esta tesis en ALONSO RIMO, A., "Apología, enaltecimiento del terrorismo y principios penales", *Revista de Derecho penal y Criminología*, 3.ª Época, nº 4 (2010), págs. 17 y ss.

109 Sobre la delimitación conceptual de esta categoría, *vid.* por todos FUENTES OSORIO, J. L., *La preparación delictiva*, Comares, Granada, 2007, págs. 172 y ss.

110 Pese a que lo normal será que la conducta se lleve a cabo mediante el uso de la palabra, ya sea de manera oral o por escrito, nada impide que la *actuación* sobre el grupo consista en obrar de otra forma (por ejemplo, aplaudiendo en un determinado contex-

este punto es importante destacar que la pena prevista para el autor del discurso reforzador es la misma que la que le correspondería al autor del delito consumado (de 6 meses hasta 3 años de prisión); y que si aquella conducta se realizara en una manifestación o reunión numerosa o con ocasión de las mismas —algo que en el marco de estos delitos será bastante frecuente— habría de entrar en aplicación el tipo agravado (art. 557bis 3) y la pena podría llegar entonces hasta los 6 años de prisión. Todo ello, convienen insistir en este dato, sin que se necesite ningún principio de ejecución de ningún desorden público.

2.1. Desórdenes públicos, desorden dogmático y restricción de libertades

La mera previsión de respuesta penal para esta clase de conductas — tan lejanas de la ofensa al bien jurídico tutelado y que, a la vez, pueden resultar tan cercanas al ejercicio de derechos fundamentales— es una opción legislativa muy desafortunada[111]. Pero ésta sin duda se ve agravada por el hecho de que, de forma añadida, el legislador equipare penológicamente en este contexto el delito consumado con los actos preparatorios (elevados a categoría de delito).

Resulta ciertamente sorprendente que se castigue exactamente con la misma pena la consumación del delito, la provocación al delito —o tentativa de inducción masiva— y la tentativa de complicidad psíquica. Por el contrario, a un sujeto que inicie la ejecución de un desorden público, incurriendo en una tentativa, se le habrá de aplicar, por imperativo del art. 62 CP, una pena inferior en uno o dos grados a la del delito consumado[112].

---

to) siempre que redunde en el exigido refuerzo moral o de la disposición a cometer el desorden público.

111 A este respecto, resulta ilustrativa la opinión de DEL ROSAL BLASCO sobre la punición de las tentativas de complicidad psíquica: "constituye un inadmisible adelantamiento de las barreras defensivas del Derecho penal y una aberración político-criminal que no es propia de un Estado social y democrático de Derecho" (*La provocación para cometer delito en el Derecho español*, Edersa, Madrid, 1986, pág. 181; *vid.* también, págs. 252 y 253).

112 De este modo, pese a que se homologan a efectos de pena la consumación, la provocación y la *pre-provocación* —que es como algunos han denominado ya a los supuestos de reforzamiento no seguido de ejecución (*vid.* las enmiendas nº 766 y 769 presentadas por el Grupo Parlamentario Socialista en el Congreso y CANCIO MELIÁ, M., "Delitos...", cit., págs. 159 y 160) y que estructuralmente cabe asimilar, según decíamos, a una tentativa de complicidad psíquica—, a la fase del *iter criminis* intermedia entre la consumación y la preparación le sigue correspondiendo, en aplicación del régimen general de la tentativa, una penalidad inferior.

Y algo similar sucederá tratándose de los cómplices de un desorden público consumado o intentado, a los que en todo caso se habrá de rebajar la pena en un grado (art. 63), de tal manera que quedarán más levemente sancionados los supuestos de efectiva complicidad —psíquica o no— con un desorden público consumado o intentado que la mera *tentativa* de complicidad psíquica (no acompañada del inicio de ejecución del delito) regulada en el art. 557.2.

De lo hasta ahora apuntado se sigue una evidente contradicción con cualquier lógica atenta a criterios valorativos y de ofensividad, y asimismo una notable quiebra del principio de proporcionalidad en sentido estricto. Además no hay que descartar que la regulación descrita pueda llevar al absurdo político-criminal de que, entre otras situaciones imaginables, al sujeto de nuestro ejemplo anterior que, en el marco de una manifestación o reunión numerosa, emita un discurso idóneo para reforzar moralmente a otros a cometer desórdenes públicos le pudiera resultar más rentable en términos penológicos que se acabe produciendo el desorden público antes que el citado discurso se muestre completamente ineficaz: en el primer caso cabría atribuirle una pena de 6 meses a 1 año menos 1 día en calidad de cómplice de un desorden público (agravado) consumado (art. 63 en relación con arts. 557.1 y 557 bis 3) y en el segundo, en cambio, el castigo a imponer sería de 1 a 6 años de prisión, en tanto que autor del delito del art. 557.2 (en relación con el art. 557 bis 3), que integra, como sabemos, una tentativa de complicidad psíquica (solo que asignándole la misma pena que al autor del delito consumado)[113]. En el supuesto de que al acto

---

113 No creo que quepa plantearse en este contexto la invocación de la regla de alternatividad del art. 8.4 de forma que resulte de aplicación el precepto castigado con mayor pena. Tal principio, como es sabido, rige en defecto del resto de criterios del art. 8, y aquí, de acuerdo con lo que se viene explicando en el texto, estamos ante un supuesto de progresión delictiva, por lo que estimo que se debe concluir en principio que, del mismo modo que sucede cuando entran en concurso las normas que regulan un acto preparatorio o la tentativa y las del correspondiente delito consumado, existe un precepto o preceptos aplicables que, al margen ahora de si es por razones de subsidiariedad o de consunción (*vid.* sobre esta discusión, MIR PUIG, S., *Derecho penal. Parte general*, 10 ª ed., Reppertor, Barcelona, 2015, págs. 684 y 685, nota 57), contemplan de manera más completa el desvalor del hecho —por cuanto representan una intensificación en la afectación al bien jurídico— y que en consecuencia desplazan al art. 557.2 (en relación con el art. 557 bis). Cuestión distinta es que el legislador —muy discutiblemente— haya resuelto atribuir mayor pena a este último supuesto. Pero atender a este criterio (el de la mayor penalidad) de manera preponderante significaría, según creo, preterir la naturaleza jerárquicamente inferior que le viene dada a la regla de alternatividad por expresa disposición legal (art. 8.4) (*vid.*, subrayando el sentido y fundamento del carácter subsidiario de la alternatividad frente al resto de principios del art. 8, OBREGÓN GARCÍA, A., “Los llamados concursos de leyes en

de reforzamiento moral le siguiera sólo el inicio de ejecución del desorden público (tentativa) el beneficio para el apologeta podría ser todavía mayor —y en igual medida aumentaría también el desfase penológico que se denuncia—: cabría considerarlo entonces cómplice de un delito de desórdenes públicos en grado de tentativa y así las cosas la pena podría llegar a rebajarse en principio hasta tres grados; es decir, hasta el límite mínimo de 1 mes y 15 días de prisión (frente al marco de penalidad de 1 a 6 años de prisión que le sería aplicable al mismo sujeto en el caso de que no cupiera conectar causalmente a su actuación ninguna tentativa de desorden público ulterior).

Por otro lado, y de manera añadida a todo lo anterior, se debe subrayar la manifiesta falta de taxatividad que impregna la descripción de la conducta típica, con la consiguiente inseguridad interpretativa que ello puede generar. Algo que si siempre resulta motivo de crítica sin duda debe serlo todavía más cuando, como es el caso, se trata de la criminalización de fases tan tempranas del *iter criminis* y de terrenos tan próximos al ejercicio de derechos fundamentales (libertad de expresión y derecho de reunión y manifestación). Recuérdese que estamos hablando aquí de que el juzgador habrá de entrar a valorar si la actuación de un sujeto —cualquier actuación, porque no se concreta nada más; por ejemplo, la de un mani-

---

relación de alternatividad: sentido y contenido de la regla 4ª del artículo 8º del Código penal", *icade. Revista cuatrimestral de las Facultades de Derecho y Ciencias Económicas y Empresariales*, nº 74, mayo-agosto 2008, págs. 68 y ss.). Cfr., con todo, GARCÍA ALBERO, que aun cuando parte como premisa general de la subsidiariedad del acto preparatorio (también del elevado a categoría de delito) respecto del delito (principal) intentado o consumado advierte de la necesidad de acudir en determinados supuestos a soluciones diversas a partir de la valoración en concreto del hecho realizado (*Non bis in idem material y concurso de leyes penales*, Cedecs, Barcelona, 1995, págs. 343 y ss., y especialmente págs. 352 y ss., rechazando en nota 127 que en un caso parecido al aquí tratado pueda quedar desplazado el precepto que regula con mayor pena una forma de participación anticipada en pro de una complicidad efectiva en el delito consumado). Por otro lado, tampoco parece aceptable aquí la vía del concurso (ideal) de delitos, que cabría esgrimir desde posiciones que pusieran el acento en la consideración de dichos supuestos como delitos de peligro abstracto cuyo desvalor —sobre la base del carácter colectivo o masivo de la incitación característica de la provocación— no resultaría abarcado por el delito (provocado) consumado. Con la brevedad que exige el análisis de la cuestión en este momento, se debe recordar que el art. 18.2.2º establece que "(s)i a la provocación hubiese seguido la perpetración del delito, se castigará como inducción" y que, de manera coherente con ello, tal es el tratamiento (concurso de normas) que se concede con carácter general a estas hipótesis (cfr. a este respecto, GARCÍA ALBERO, destacando que en la resolución de cualquier problema concursal en este ámbito debe pesar la naturaleza excepcional de la punición de los actos preparatorios, *Non bis in idem...*, cit., pág. 354, nota 126).

festante que sujeta una pancarta con un determinado eslogan— es idónea para *reforzar la disposición* del grupo o de sus individuos a realizar el delito[114]. Tal aptitud, como es evidente, resultará mucho más sencillo derivarla en este caso que cuando se trata de la idoneidad para incitar[115]; esto es, para generar en quien no la tenía la intención de delinquir. Más aún, como decía, a la vista de la tan genérica configuración típica de los medios de reforzamiento, que ni siquiera requieren aquí, a diferencia de lo que resulta habitual en los delitos apologéticos, que la conducta pase por enaltecer al delito o a su autor. En realidad, así las cosas y dadas unas determinadas circunstancias, no sería difícil concluir que, por ejemplo, un encendido discurso relativo a la injusticia de los hechos que motivan una protesta concreta (ya sea la subida de tasas universitarias o la implantación del modelo de plan de estudios 3+2), en el que no se hiciera mención explícita a la conducta en que consiste el delito de desórdenes públicos o ni siquiera se aludiera de modo genérico a la violencia, pudiera ser idóneo para *reforzar* la disposición de un grupo de manifestantes que ya hubiera acudido a la concentración predispuesto a cometer un desorden público durante su transcurso. Naturalmente que la afirmación anterior no implica que se acepte esta deriva interpretativa del precepto. Se trata más bien de denunciar los riesgos de que, a la vista de la forma en que aquél está diseñado, este tipo de interpretaciones pueda acabar prosperando.

Sobre la base de lo hasta aquí expuesto, estimo que el art. 557.2 es altamente cuestionable desde una perspectiva constitucional y que por eso debería ser derogado cuanto antes. Mientras ello no suceda, se habrá de promover una interpretación lo más restrictiva posible que trate de salvar la incriminación del mero ejercicio legítimo de la libertad de expresión y de la protesta ciudadana. En este sentido, y por lo que se refiere

---

114 En la misma línea, el Consejo Fiscal observa que dicha referencia legal ("reforzar la disposición a llevarlas a cabo") resulta "excesivamente laxa y genérica" (*Informe del Consejo Fiscal al Anteproyecto de Ley Orgánica por la que se modifica la Ley Orgánica 10/1995, de 24 de noviembre, del Código penal*, Madrid, 20 de diciembre de 2012, pág. 321). En un sentido parecido se pronuncia el Relator especial de Naciones Unidas sobre los derechos a la libertad de reunión pacífica y de asociación, M. KIAI (*Informe...*, cit., pág. 60), y el Comisario para los Derechos Humanos del Consejo de Europa, N. MUIŽNIEKS, *CommDH* (2013) 18, Estrasburgo, 9 de octubre de 2013, págs. 41 y 42; cfr. asimismo CANCIO MELIÁ, M., "Delitos...", cit., pág. 160. Contrariamente, el Consejo de Estado defiende la conveniencia de esta fórmula aduciendo que responde a la "finalidad de introducir cierta gradación entre los diversos casos singulares de provocación para delinquir" (*Dictamen sobre el Anteproyecto de Ley Orgánica por la que se modifica la Ley Orgánica 10/1995, de 23 de noviembre, del Código penal*, Madrid, 27 de junio de 2013).

115 Cfr. SILVA SÁNCHEZ, J. M., "La regulación ...", cit., pág. 156.

ahora en concreto a las conductas de reforzamiento de la disposición a cometer desórdenes públicos, se debe tener en cuenta que, como más arriba se apuntaba, desde una perspectiva estructural estamos aquí ante la tipificación de tentativas de complicidad psíquica; y que, en esa medida, solamente se podrán sancionar actos de refuerzo moral que en el caso de que llegara a completarse la ejecución del desorden público permitirían considerar a los que realizaron aquellos actos (al emisor del discurso en nuestro ejemplo anterior) cómplices del delito de desorden público consumado. Es decir, que al amparo de esta formulación típica tan etérea (reforzar la disposición) no cabe admitir el castigo de conductas que no estén acompañadas de un dolo de participación que alcance a la consumación del desorden público o que, *ex ante*, no comporten un incremento de cierta entidad del riesgo de comisión del delito[116]. De manera adicional, la redacción legal permite exigir en este caso un *efectivo* reforzamiento de la disposición delictiva de —algunos al menos— de los destinatarios de la conducta de refuerzo moral en cuestión (se castiga a "quienes actuaren sobre el grupo o sus individuos (...) *reforzando* su disposición..."). Quedarían así fuera del tipo del art. 557.2 los supuestos que cabe denominar de complicidad psíquica *fracasada*[117]. A este respecto, es conveniente resaltar que el hecho de que no sea necesario que el sujeto reforzado llegue a iniciar la ejecución del delito, y de que, en esa medida, aquel extremo (el efectivo fortalecimiento psíquico) resulte ciertamente difícil de verificar en la práctica no permite obviar el cumplimiento de dicho requisito típico, a efectos de aplicación del precepto, y presumirlo directamente a partir de la mera idoneidad *ex ante* de la conducta para reforzar la resolución de cometer el desorden público. Por lo demás, y sin perjuicio de todo lo anterior, no se puede descartar en absoluto la aplicación en este contexto de la eximente del art. 20.7 CP por cuanto efectivamente habrá casos —en

---

116 En términos más específicos, dicho peligro habrá de apuntar a la restricción (sustancial) de las posibilidades de que los sujetos decididos a cometer el delito desistan de su empeño. Cfr., en referencia a la complicidad psíquica consumada, LÓPEZ PEREGRÍN, M. C., *La complicidad en el delito*, Tirant lo Blanch, Valencia, 1997, págs. 313 y ss.; FUENTES OSORIO, J.L., *La preparación...*, cit., pág. 176; SÁNCHEZ-VERA GÓMEZ-TRELLES, J., "En los límites de la inducción", *InDret* 2/2012, págs. 27 y ss.

117 Cfr. sobre la variedad terminológica utilizada por la doctrina en el contexto de las formas de participación intentada, en particular a propósito del concepto de inducción frustrada, MIRA BENAVENT, J., "¿Ha despenalizado el Código penal de 1995 la inducción frustrada?", *Estudios penales y criminológicos*, V. XXII, 2000, págs. 110 y ss. *Vid.* también LLABRÉS FUSTER, A., "La nueva regulación de la proposición para delinquir (art. 17.2)", en González Cussac (dir.), *Comentarios a la Reforma del Código penal de 2015*, 2ª ed., Tirant lo Blanch, Valencia, 2015, págs. 92 y 93.

mayor o menor medida en función del alcance interpretativo que se le acabe dando al tipo del art. 557.2, lo mismo que en lo que se refiere al art. 559— en los que la conducta típica caerá claramente en el ámbito del ejercicio legítimo de los derechos fundamentales reconocidos en los arts. 20 y 21 de la Constitución[118].

2.2. Propuesta de interpretación garantista (¿y voluntarista?)

Incluso desde la interpretación restrictiva que se acaba de señalar como deseable, la disposición en examen invita a un manifiesto riesgo de expansión punitiva. Esto último, junto con las razones de carácter sistemático y valorativo que han sido puestas de relieve más arriba, justifican a mi juicio que se deba tratar de ensayar una comprensión diversa del art. 557.2. En concreto, y entro a esbozar así la segunda vía interpretativa que anunciaba en las páginas iniciales de este trabajo, creo que a la vista de la equiparación penológica entre los párrafos primero y segundo del precepto (entre la infracción consumada y las infracciones preparatorias) cabría plantearse si lo que en realidad el legislador viene a hacer aquí no es sino tipificar, sólo que con deficiente técnica legislativa, formas de participación (*consumadas*, ¡no meramente intentadas!). Vistas así las cosas, se estarían castigando en el art. 557.2 comportamientos asimilables a la inducción y a la complicidad (psíquica), que exigirían por tanto la ejecución del delito —aquí del desorden público— a cargo del autor. Por su parte, el art. 559 quedaría reservado, en este caso sí, para la sanción de actos preparatorios que implican a otras personas en el proyecto criminal, y concretamente para comportamientos de difusión pública de mensajes o consignas constitutivos de incitación (tentativa de inducción masiva) o reforzamiento de la disposición (tentativa de complicidad psíquica) a cometer desórdenes públicos agravados.

Esta solución exegética permitiría llegar a consecuencias mucho más racionales y acordes al principio de ofensividad, a la naturaleza fragmentaria y subsidiaria del Derecho penal y al principio de proporcionalidad en sentido estricto, y a la vez le otorgaría mayor coherencia sistemática

---

118 Por lo que se refiere al art. 21 CE, tal y como se desprende de su tenor literal, solo podrán formar parte de la esfera de tutela constitucional del derecho las reuniones *pacíficas y sin armas*. Con todo, ya se ha visto cómo, a la luz de la formulación típica de los preceptos en examen y aun cuando tal opción exegética aquí no se admita, podrían llegar a considerarse típicos comportamientos que no llamaran directa ni indirectamente a la violencia, toda vez que, pese a lo anterior, sirvieran para *reforzar la disposición* del grupo o de sus individuos a llevar a cabo actos violentos o, más concretamente, constitutivos de desórdenes públicos.

a la regulación de los desórdenes públicos en general. Por un lado, se desharía la homologación penológica entre delito consumado y actos preparatorios (tipificados como delitos) que resulta de la interpretación más literal del art. 557.2, y quedarían amortiguadas asimismo las disfunciones punitivas que, según hemos visto, añade la aplicación a este contexto de las reglas generales de determinación de la pena en relación con la tentativa y la complicidad. Por otro, se explicaría mucho mejor, con base en razones de injusto, la diferencia de penalidad existente entre el art. 557.2 y el art. 559[119]. Además, y en íntima vinculación con lo anterior, al limitarse el castigo de las figuras preparatorias de los desórdenes públicos al ámbito del art. 559, que como sabemos se ciñe a las conductas referidas a los supuestos agravados del art. 557 bis, la respuesta punitiva resultaría más ajustada o proporcional a la (escasa) gravedad de esta clase de comportamientos, que no hay que olvidar que representan una excepción al criterio general de impunidad de los actos preparatorios al que con carácter general y en atención al principio de prohibición de exceso[120] se adscribe nuestro ordenamiento penal.

Por último, y aunque en un plano de importancia menor, desde esta perspectiva cobraría también más sentido la regulación del tipo agravado del art. 557 bis en relación con el art. 557. 2. Pese a que, de acuerdo con el tenor literal del art. 557 bis, éste alcanza al art. 557 en bloque —y también, por tanto, a su párrafo segundo—, de la otra forma la aplicación a éste último de algunas de las circunstancias del tipo agravado sólo deviene posible de manera forzada. Me refiero, por ejemplo, al "acto de violencia *ejecutado*" al que alude la circunstancia segunda, o a la circunstancia cuarta, que agrava la responsabilidad "cuando se *llevaren a cabo* actos de pillaje". Al margen ahora de otros argumentos que cabría aducir en esta dirección, los dos supuestos indicados es obvio que remiten en principio a actuaciones que han de haber tenido lugar durante el transcurso

---

119 Relevante en todo caso, pero que resulta aún más llamativa si la comparación se establece utilizando como referencia las penas del art. 557.2 en relación con el art. 557 bis, que son las que corresponden a las conductas relativas a los desórdenes agravados y a las que restringe su marco de aplicación el art. 559: hablamos de una pena de 1 a 6 años en el caso del art. 557.2 en relación con el art. 557 bis, y de 3 meses a 1 año en el caso del art. 559.

120 Cfr. VIVES ANTÓN, T.S., en *idem* (coord.), *Comentarios al Código penal de 1995*, V. I, Tirant lo Blanch, Valencia, 1995, pág. 104; o RODRÍGUEZ MOURULLO, conectando la distinción entre actos preparatorios y actos ejecutivos y la regla general de impunidad de los primeros con las exigencias básicas de un Estado social y democrático de Derecho ("Las fases de ejecución del delito", *Revista Jurídica de Cataluña*, V. 79, nº extra 1, 1980, pág. 6).

del desorden efectivamente producido y no tienen sentido en referencia a conductas meramente preparatorias como las que, de acuerdo con la tesis interpretativa del art. 557.2 desarrollada en primer término, quedarían abarcadas por este precepto.

Ahora bien, sentado lo anterior, no se puede ocultar que esta segunda interpretación del art. 557.2 tampoco está exenta de reparos: resulta algo forzada desde el prisma del principio de legalidad y en esa medida cabría tacharla de voluntarista; o asimismo podría suscitar alguna duda, y aunque esto sería menos relevante, desde el punto de vista del principio de vigencia: la utilidad del art. 557.2 frente al régimen general de las formas de participación previsto en el Libro I del Código penal se limitaría principalmente a elevar la penalidad de las complicidades (psíquicas) en estos delitos al mismo nivel que el autor material, el inductor y el cooperador necesario. Naturalmente que esto último supondría también una discordancia con las reglas generales de punición de las formas de intervención en el hecho delictivo pero sin duda menos grave y más sencilla de justificar en términos de proporcionalidad que el absoluto desbarajuste al que desde esta perspectiva conduce la primera interpretación.

3. DELITO DE DIFUSIÓN PÚBLICA DE MENSAJES INCITADORES O REFORZADORES DE LA DECISIÓN DE COMETER DESÓRDENES PÚBLICOS AGRAVADOS (ART. 559)

El art. 559, tras la reforma de la LO 1/2015, castiga con pena de multa de 3 a 12 meses o de prisión de 3 meses a 1 año "(l)a distribución o difusión pública, a través de cualquier medio, de mensajes o consignas que inciten a la comisión de alguno de los delitos de alteración del orden público del art. 557 bis del Código penal, o que sirvan para reforzar la decisión de llevarlos a cabo".

Estamos, también aquí, del mismo modo en que se acaba de comprobar que se deriva de la interpretación más viable del art. 557.2, ante la tipificación de actos preparatorios elevados a categoría de delito. En concreto, de comportamientos de *incitación* a la comisión de desórdenes públicos (agravados), asimilables a la provocación y que integrarían, por tanto, tentativas de inducción colectiva; y, en segundo lugar, de actuaciones de mero *reforzamiento* de la resolución delictiva de otras personas que estructuralmente se corresponderían con una tentativa de complidad psíquica[121]. Lo anterior implica que en ninguno de los dos casos es necesario principio de ejecución del delito: se castiga la mera distribución o difusión pública de mensajes con aptitud para hacer surgir en otro la resolución delictiva o simplemente para reforzar esa decisión ya tomada de cometer un desorden público de los que se recogen en el art. 557 bis.; sin que, como decía, se requiera que a la emisión del mensaje o consigna le siga la efectiva ejecución del desorden público o ni siquiera el inicio de su realización. Esto último, naturalmente, no es obstáculo para que, como también veíamos que sucede en el caso del art. 557.2, sea exigible a efectos de tipicidad que la incitación o la acción de refuerzo moral representen un incremento relevante del riesgo de producción del desorden público, así como que estén presididas por un dolo que alcance al aspecto incitador o reforzador del comportamiento y a la consumación del desorden público por parte de los sujetos a los que se incita o se refuerza.

3.1. Ámbito de aplicación. Su delimitación frente al delito del art. 557.2

La manifiesta proximidad de las conductas previstas en el art. 559 con las que se regulan en el art. 557.2 —a la luz de la interpretación de este precepto que, de acuerdo con lo expuesto anteriormente, es más probable que prospere— obliga a tratar de delimitar los respectivos ámbitos de operatividad de ambas disposiciones.

La diferencia que a primera vista podría resultar más evidente vendría dada por el hecho de que el art. 559 contempla exclusivamente los supuestos de incitación o de reforzamiento moral a cometer desórdenes públicos agravados del art. 557 bis. Sobre esta base, es cierto que quedará fuera de su órbita típica la difusión pública de consignas o mensajes en los que el desorden público al que se incita o que se refuerza no aparezca vinculado específicamente a algunas de las circunstancias que se enumeran en el citado art. 557 bis. Es decir, se habrá de llamar a realizar un desorden público en el que, por ejemplo, se porten armas u otros instrumentos peligrosos (art. 557 bis 1), o se lleven a cabo "actos de pillaje" (art. 557 bis 3). Ello demandará, además de que el dolo incitador o reforzador abarque concretamente alguna de dichas circunstancias, que el mensaje o la consigna incluya asimismo alguna alusión a éstas. Con todo, debe señalarse en primer lugar que este carácter restrictivo del marco típico del art. 559 resultará en la práctica, en buena medida, sólo aparente: la circunstancia tercera del

[121] *Vid.* a este respecto *supra*: epígrafe 2.

art. 557 bis acoge en el tipo agravado a todos los hechos que “se lleven a cabo en una manifestación o reunión numerosa, o con ocasión de alguna de ellas”, de modo que bastará para que entre en juego el art. 559 con que el mensaje o la consigna se emita en dicho contexto (con ocasión de una manifestación o reunión numerosa), algo que parece bastante probable que suceda a menudo en este tipo de conductas. Pero sobre todo, desde el punto de vista de la tarea que ahora interesa de demarcar los tipos del art. 557.2 y del art. 559, no se ha de perder de vista que, como ya se ha destacado más arriba, el tipo agravado del art. 557 bis también resulta aplicable al art. 557.2, habida cuenta de que el primero se remite genéricamente a “los hechos descritos en el artículo anterior”; es decir, al art. 557 en sus párrafos primero y segundo. Esto implica que los desórdenes públicos agravados, que constituyen el ámbito en relación con el cual adquieren vigencia las conductas del art. 559, entran también en el radio de acción del art. 557.2 (así sucede claramente —y sin perjuicio de las dudas que en los términos apuntados antes se pueden plantear a propósito de algunas de las otras circunstancias del art. 557 bis— en las llamadas a delinquir realizadas durante o con ocasión de la celebración de manifestaciones o reuniones numerosas a las que se refiere la circunstancia tercera, que es, según lo dicho, la que está llamada obtener mayor relevancia aplicativa en este terreno). La frontera típica entre el art. 557.2 y el art. 559 no puede trazarse, por tanto, a partir de la idea de que las acciones de incitación o de refuerzo psíquico estarían referidas en un caso a los desórdenes públicos del tipo básico y en el otro a los del tipo agravado, dado que, como se viene diciendo, el primero de los preceptos —en relación con el art. 557 bis— engloba comportamientos asociados a las dos clases de desórdenes públicos (básicos y agravados)[122].

En este orden de cosas, interesa también referirse al requisito típico del art. 559 relativo a que la incitación o refuerzo moral del desorden público tenga lugar a través de “la distribución o difusión pública” de mensajes o consignas. Es verdad que el art. 557.2 no requiere la concurrencia de dicha dinámica comisiva, que parece remitir a una propagación masiva, en sintonía con la referencia a “la imprenta, la radiodifusión o cualquier otro medio de eficacia semejante, que facilite la publicidad” contenida en

---

122 De otra opinión, DÍEZ RIPOLLÉS, J. L., “Sucintas observaciones...”, cit., págs. 63 y 64; GARCÍA RIVAS, N., “Desórdenes...”, cit., pág. 785; o asimismo el Consejo General del Poder Judicial (*Informe al Anteproyecto de Ley Orgánica por el la que se modifica la Ley Orgánica 10/1995, de 23 de noviembre, del Código penal*, Madrid, 16 de enero de 2013, pág. 259) y el Consejo de Estado (*Dictamen sobre el Anteproyecto...*, cit.).

la definición de provocación del art. 18.1 CP. Y que a partir de ahí cabría plantearse si, a diferencia de lo que sucede en el caso del art. 559, encontrarían acomodo en el tipo del art. 557.2 incitaciones o actos de refuerzo que, teniendo en todo caso como destinatarios al "grupo o sus individuos" —por tanto, a un conjunto de personas de carácter indeterminado—, no implicaran el grado de proyección (masiva) que resulta inherente a la "distribución o difusión pública"[123]. No obstante, aceptar tal matización, que en cualquier caso abarcaría en la práctica un margen muy poco significativo de supuestos, no serviría tampoco para otorgar una esfera de aplicación privativa al art. 559. Pues, obviamente, el hecho de que éste último excluya las incitaciones no masivas no impide que en la genérica descripción típica del art. 557.2 —recuérdese que habla de actuar sobre el grupo o sus individuos incitando o reforzando— sí que quepan, además de aquellas otras, también las llamadas a delinquir con difusión pública que le son propias al delito del art. 559. Es decir, así las cosas seguiría existiendo un solapamiento entre ambos preceptos, que estarían dispuestos de manera concéntrica: el art. 557.2 comprendería todos los supuestos del art. 559 y algunos más —por ejemplo, las acciones de incitación o de refuerzo moral de desórdenes públicos del tipo básico o las realizadas sobre el grupo o sus individuos pero no en términos que pudieran considerarse distribución o difusión pública de mensajes o consignas—.

La delimitación entre el art. 557.2 y el art. 559 se debe establecer principalmente a partir de la necesidad de que las actuaciones de incitación o de reforzamiento moral que integran el primero de los preceptos se lleven a cabo directamente sobre el grupo o sus individuos, bien entendido que cuando se habla aquí de dicho carácter directo se alude a la *inmediación* de la conducta con respecto a sus destinatarios; esto es, para evitar cualquier equívoco, a la necesidad de que la llamada a cometer el desorden público se realice en este caso de manera *presencial* y no a través de medios telemáticos. Esta exigencia, en el sentido en que se precisaba más arriba, se apoya en el propio tenor literal del precepto, que se refiere a "quienes actuaren sobre el grupo o sus individuos", pero cabe derivarla asimismo de una interpretación sistemática de esta disposición y del art. 559. De otra forma, como se ha comprobado en líneas anteriores, los ámbitos de aplicación de ambos preceptos quedarían superpuestos (las hipótesis que cayeran en el marco del art. 559 lo harían siempre también en el del art. 557.2 en relación con el art. 557 bis) y, en ese caso, el art. 559 restaría

---

123 Si, por ejemplo, el grupo sobre el que se actúa, aun siendo indeterminado, no fuera lo suficientemente numeroso.

vacío de contenido dado que resultaría siempre de preferente aplicación el art. 557.2 por razones de alternatividad (art. 8.4 CP). Lo anterior, además, sin perjuicio de que, desde una perspectiva interpretativa que aceptara el solapamiento típico de ambos preceptos, resolver el apuntado concurso de normas en un sentido distinto —esto es, dotando de un espacio propio al art. 559— y a la vista de que éste castiga exclusivamente supuestos referidos a los desórdenes del tipo agravado del art. 557 bis, llevaría a que la difusión pública de incitaciones a cometer desórdenes públicos agravados recibiera una pena menor (la del art. 559) que esa misma clase de conductas cuando se refirieran a los desórdenes del tipo básico —pues en este caso sólo podría entrar en aplicación el art. 557.2—. A este mismo resultado conduce la interpretación —insisto: contraria al tenor literal del art. 557 bis— que entiende que el art. 557 bis no resulta aplicable al art. 557.2, y que, por tanto, este último precepto abarca únicamente las acciones de incitación o de refuerzo moral relativas a los desórdenes públicos del tipo básico. Desde este prisma, en efecto, las mismas conductas de incitación resultarían más gravemente penadas cuando estuvieran referidas a los desórdenes públicos básicos que cuando lo fueran a los desórdenes públicos agravados, lo que carece de sentido desde parámetros valorativos y de proporcionalidad[124].

Con arreglo a lo hasta aquí expuesto, se ha de concluir que quedarán fuera del tipo del art. 557, y dentro del art. 559, las hipótesis de distribución o difusión pública de mensajes o consignas llevadas a cabo por medios no presenciales o sin que concurra la señalada inmediación de

124 A fin de salvar —de *lege ferenda*— la antinomia a la que conduce dicha exégesis, y que asimismo pone de relieve el Consejo General del Poder Judicial en su *Informe al Anteproyecto*... (cit., pág. 259), el Consejo de Estado sugiere revisar las penas de ambos preceptos, de forma que las del art. 559 se conviertan en superiores. Tal propuesta, por lo que se me alcanza, podría concretarse de dos formas. En primer lugar, rebajando drásticamente la sanción del art. 557.2 —cuyo límite máximo habría de pasar entonces de 3 años a ser inferior a 1 año—. Ello haría que la respuesta penal a este tipo de supuestos fuera desde luego mucho más ajustada a su gravedad, si bien, de nuevo, salvo que se enmendara asimismo el tenor literal del art. 557 bis, no evitaría que el juego de este último precepto en relación con el art. 557.2 siguiera dejando la penalidad de un gran número de casos —todos aquellos al menos que tuvieran lugar con ocasión de una manifestación o reunión numerosa— muy por arriba de la del art. 559 y, por tanto, la incoherencia valorativa persistiría. La opción alternativa para dar cumplimiento a la propuesta del Consejo de Estado implicaría elevar la pena del art. 559 por encima de la del art. 557.2 (en relación con el art. 557 bis) —esto es, por encima de 6 años de prisión—, lo que conduciría a resultados (todavía más) inaceptables desde una perspectiva sistemática y valorativa: se castigaría —no ya igual sino— más al provocador (o al pre-provocador) que al autor del delito consumado de desórdenes públicos.

la conducta con respecto al grupo o sus individuos; por ejemplo, y de manera muy particular, las que tengan lugar a través de internet o de medios telemáticos en general[125]. En cambio, propagar un mensaje durante el transcurso de una manifestación a través de un megáfono o mostrando una pancarta o repartiendo octavillas, o por supuesto emitir en ese mismo contexto un discurso dirigido a una multitud, entraría ya en el tipo del art. 557.2 (en todos los ejemplos propuestos, en relación con el art. 557 bis.3, por tratarse de una manifestación o reunión numerosa), por más que tales comportamientos sean asimismo susceptibles de encajar en el concepto de "distribución o difusión pública, a través de cualquier medio" al que alude el art. 559. Dicho de otra forma: aunque en el segundo grupo de supuestos indicado ambos preceptos resultarían en principio aplicables (concurso de normas), el art. 557.2 desplazaría al art. 559; el primer grupo de supuestos, por el contrario, y de acuerdo siempre con la interpretación propuesta, caería solamente en el marco típico del art. 559.

3.2. Valoración crítica

Conviene llamar la atención sobre la diferente gravedad de las sanciones previstas en las dos figuras delictivas que se analizan y, a partir de ahí, sobre el notable salto de penalidad que, de acuerdo con el planteamiento expuesto, se sigue entre los actos de incitación o refuerzo moral presenciales, de un lado, y los realizados a través de vías de difusión telemáticas o a distancia, de otro: si tales comportamientos están referidos a los desórdenes públicos agravados del art. 557 bis la pena sería en el primer caso (conducta presencial) de 1 a 6 años de prisión (art. 557.bis en relación con el art. 557.2) y en el segundo (conducta no presencial) de multa de 3 a 12 meses o de prisión de 3 meses a 1 año (art. 559); tratándose de llamadas a cometer desórdenes públicos del tipo básico (art. 557.1), las actuaciones llevadas a cabo con inmediación sobre el grupo o sus individuos recibirían una sanción de 6 meses a 3 años (art. 557.2), mientras que en el supuesto contrario —incitación o refuerzo psíquico a distancia— resultarían atípicas.

Las razones de este tratamiento tan dispar podrían buscarse en la mayor peligrosidad —en términos de potencial eficacia suasoria— que cabría derivar del *modus* (presencial, con inmediación) en que se efectúa la incitación o se presta el apoyo moral para cometer el desorden público. Debe tenerse en cuenta, no obstante, y en primer lugar, la relativización

---

125 Obviamente, me refiero aquí a conductas de distribución o difusión pública que quepa conectar a alguno de los supuestos agravados del art. 557 bis.

que permite introducir a este respecto el hecho de que estemos hablando en todo caso de actuaciones que no se proyectan sobre personas concretas sino que están dirigidas a un grupo o a sus individuos (sujeto indeterminado). Partiendo de esta base, y en segundo lugar, se ha de reparar en que las conductas que caen en la esfera del art. 559, y las que resultan por tanto más levemente penadas, son la que alcanzarán normalmente en la práctica a un mayor número de destinatarios. Y ello ya no porque tal precepto se refiera específicamente a comportamientos de difusión o distribución pública —pues éstos, como ya se ha apuntado, también encajan en el art. 557.2— sino porque, conforme a la tormentosa delimitación del art. 557.2 y del art. 559 a la que hemos visto que aboca la nueva regulación, las incitaciones o actos de refuerzo psíquico que acabarán cobrando relevancia de facto en el marco de éste último serán las que se lleven a cabo a través de medios de difusión telemática o a distancia, y a los que si algo define, en la era de internet y de las nuevas tecnologías, es que implican una acusada expansión de la red de potenciales receptores. Vistas así las cosas, podría decirse incluso que la regulación de estos comportamientos incitadores y de refuerzo moral de los desórdenes públicos se opone en cierto modo a la principal argumentación que tradicionalmente ha servido para justificar el castigo de la provocación y que conecta precisamente con el hecho de que aquélla se caracterice por dirigirse a la multitud —arrojándose la idea sobre ella "como semilla a voleo" en la célebre frase de ANTÓN ONECA[126]— y con la consiguiente amplificación del riesgo que comporta la implicación de otras personas en el proyecto criminal, en particular aquí por la pérdida de control sobre los hechos delictivos ulteriores[127]. De hecho, la primera definición legal de provocación que se recoge en nuestro Código penal —y que se remonta al Texto punitivo de 1870[128]— se refería exclusivamente a las provocaciones realizadas "por medio de la imprenta, el grabado u otro medio mecánico de publicación", apuntando por tanto, fundamentalmente, a supuestos de incitación a distancia.

Por último, y en íntima conexión con lo anterior, este resultado interpretativo al que —a mi juicio, y por las razones desarrolladas en páginas

---

126 *Derecho penal*, 2ª ed., anotada y puesta al día por J. J. Hernández Guijarro y L. Beneytez Merino, Akal, Madrid, 1986, pág. 439.

127 Cfr. RODRÍGUEZ MOURULLO, G., "La punición de los actos preparatorios", *Anuario de Derecho penal y Ciencias penales*, T. XXI, Fasc. II, mayo-agosto 1968, págs. 292 y ss.; ORTS BERENGUER, E., "Consideraciones sobre la fase interna y los actos preparatorios del delito", *Cuadernos de Política Criminal*, nº 18, 1982, pág. 491.

128 *Vid.* DEL ROSAL BLASCO, B., *La provocación...*, cit., págs. 61 y ss. y MIRA BENAVENT, J., "¿Ha despenalizado...", cit., págs. 105 y 106 (nota 2).

anteriores— conduce de forma inevitable la actual configuración de los arts. 557.2 y 559 tampoco se compadece bien con la lógica que preside el régimen general de los actos preparatorios punibles consignado en la parte general del Código penal actualmente vigente. El art. 18 CP, en efecto, al declarar que la provocación existe cuando se incita "por medio de la imprenta, la radiodifusión o cualquier otro medio de eficacia semejante, que facilite la publicidad, o ante una concurrencia de personas", no parece poner el acento en la naturaleza presencial o no de la incitación —en la definición legal transcrita se acogen claramente en pie de igualdad ambas modalidades— sino más bien en el carácter plural, o incluso masivo, de los destinatarios sobre los que aquélla se proyecta.

En un plano ya más general, el hecho de que la penalidad del art. 559 sea menor no impide que las críticas apuntadas a propósito del art. 557.2 sigan cobrando aquí en gran parte vigencia: estamos ante un excesivo adelantamiento de la barrera de intervención penal, particularmente por lo que se refiere a los comportamientos de reforzamiento moral a cometer desórdenes públicos; en una zona limítrofe, además, con el ejercicio de derechos fundamentales (libertad de expresión y derecho de reunión y manifestación), con el consiguiente riesgo de desaliento cuando no directamente de invasión de su legítimo ámbito de ejercicio de acuerdo con parámetros constitucionales; todo lo cual, en fin, se ve agravado por una llamativa falta de taxatividad en la formulación de las conductas típicas que —en los términos ya señalados con ocasión del art. 557.2— allana el camino a posibles excesos interpretativos.

Pese a todo ello, la Exposición de Motivos de la LO 1/2015 declara —en términos que a mi juicio rozan el cinismo— que con el nuevo tipo penal del art. 559 se evita "la sanción general de la mera realización de comentarios que puedan incitar de un modo más o menos indirecto a los desórdenes públicos, y solamente se sancionan los actos de incitación a desórdenes especialmente graves cuya delimitación no plantea dificultades". Como hemos comprobado, si algo plantea dificultades, a la luz del tenor literal de preceptos como el 557.2 y el 559, es precisamente la delimitación de su ámbito de tipicidad, sobre todo si tal delimitación se quiere hacer salvando la vulneración del derecho fundamental a la libre expresión de la crítica política. Tanto es así que, como ya apunté en otra ocasión, no me parece exagerado afirmar que tales disposiciones recuerdan a la Ley 45/1959 de orden público, cuyo artículo 2 proclamaba como actos contrarios al orden público, entre otros, "todos aquellos por los cuales se propague, recomiende o provoque la subversión o se haga la apología de la violencia o de cualquier otro medio para llegar a ella", o simplemente "excitar al incumplimiento de las normas relativas al orden público"; con el (importante) matiz de que con tal definición de la citada ley franquista se delimitaban infracciones administrativas y que en la LO 1/2015 hablamos de conductas que, como es obvio, son objeto de sanción penal[129]. En la misma línea, cabe recordar que el antiguo art. 248 del CP de 1944/1973, que tipificaba —en términos, por cierto, menos ambiguos y extensos que las figuras de los vigentes arts. 557.2 y 559— dar "gritos provocativos de rebelión o sedición en cualquier reunión o asociación o en lugar público" u ostentar "en los mismos sitios lemas o banderas que provocaren directamente a la alteración del orden público", tenía prevista pena de arresto mayor (de 1 mes y 1 día a 6 meses). El carácter retrógrado de la presente reforma se pone asimismo de manifiesto al constatar cómo hace desaparecer una por una las principales "mejores técnicas y politicocriminales" que, frente a la anterior regulación, la doctrina había atribuido a la configuración de los delitos de desórdenes públicos del Código penal de 1995 (la eliminación de términos demasiado vagos, la confirmación de que los actos preparatorios resultaban impunes en este terreno delictivo, la eliminación de tipos "que evocaban claramente tiempos autoritarios, en que la represión contra las revueltas estudiantiles y académicas era una prioridad", la suavización de algunas penas...)[130]. Como sentencia CUERDA ARNAU, estamos ante un concepto de orden público que "se inspira en la vieja relación Estado autoritario-súbdito y eso explica que acabe por sancionarse, penal o administrativamente, cualquier acto de rebeldía"[131].

---

129 Cfr. ALONSO RIMO, A., "Escraches, derecho de reunión y criminalización de la protesta social", *Teoría & Derecho*, 2013, nº 14, pág. 155. Destaca asimismo el paralelismo de la nueva regulación de los desórdenes públicos con la legislación franquista, GARCÍA RIVAS, N., "Desórdenes...", cit., págs. 779 y 780.

130 DÍAZ Y GARCÍA CONLLEDO, M., "Desórdenes públicos", en Luzón Peña (dir.), *Enciclopedia Penal Básica*, Granada, 2002, pág. 587.

131 "Nos queda la palabra: contra la nueva orientación político-criminal en materia de orden público", en Vives Antón y otros (dirs.), *Crímenes y castigos. Miradas al Derecho penal a través del arte y la cultura*, Tirant lo Blanch, Valencia, 2014, pág. 222. Cabría hablar también, en este sentido, de una *vuelta* a la denominada "política penal del orden público", una de cuyas principales manifestaciones se ha concretado en la persecución del "disenso político" (por más que tal objetivo se enmascare "apelando a la lucha contra la «delincuencia», en general") (GÓMEZ BENÍTEZ, J.M., "Crítica de la política penal del orden público", *Cuadernos de Política Criminal*, 16, 1982, págs. 51 y ss., y, particularmente, págs. 52, 81 y 91). En este contexto se apela también, de forma más reciente, al concepto de "*burorrepresión*" (*vid.* sobre ello, OLIVER OLMO, P. (coord.), *Burorrepresión. Sanción administrativa y control social*, Bomarzo, Albacete, 2013, págs. 7 y ss.), o asimismo se denuncia que los movimientos sociales se hayan erigido en la nueva "clase peligrosa" a abatir de manera indiscriminada por

Así las cosas, mantener la interpretación restrictiva del art. 557.2 a la que más arriba se aludía[132], en el sentido de entender que allí se tipifican formas (consumadas) de inducción y de complicidad psíquica, permitiría otorgar también al art. 559 una dimensión mucho más equilibrada: los comportamientos preparatorios de los desórdenes públicos adquirirían solo relevancia penal desde el prisma de este último precepto y en la medida en que se trataran de incitaciones o de actos de refuerzo psíquico realizados a través de la difusión pública —por cualquier medio: presencial o telemático, sin distinción— de mensajes o consignas, siempre que estuvieran referidos a desórdenes públicos del tipo agravado del art. 557 bis, y recibiendo en cualquier caso una pena inferior (!) a la que les correspondería a los autores del desorden público consumado. Con todo, ya vimos que desde la perspectiva del principio de legalidad esta comprensión del art. 557.2 no resulta sencilla.

3.3. ¿Tentativa de complicidad psíquica en cadena? Consideraciones de *lege ferenda*

Para acabar con el examen de este delito, quisiera llamar la atención sobre una (más) de las sorprendentes consecuencias a las que puede llevar una interpretación más o menos apegada al texto de la nueva regulación: la remisión del art. 559 a los supuestos típicos del art. 557 bis y la que éste hace, a su vez, y de manera genérica, al art. 557 (lo que incluye sus dos párrafos) no permite descartar el castigo de quien (A) difundiera públicamente un mensaje a través de internet que sirviera para reforzar la decisión de otros (B) de, a su vez, reforzar la disposición de terceros (C) para que éstos —finalmente— realicen un desorden público con ocasión de una manifestación o reunión numerosa (art. 559 en relación con los arts. 557 bis 3 y 557.2). Es decir, estaríamos hablando aquí del castigo de una *tentativa de tentativa* de complicidad psíquica (o de una *tentativa de complicidad psíquica en cadena*)[133]; algo ciertamente delirante, que ilustra bien

---

parte de los poderes públicos (MAQUEDA ABREU, M.L., "La criminalización...", cit., págs. 13 y ss., y págs. 46 y ss.). De interés también a este respecto, PORTILLA CONTRERAS, G., *El Derecho penal entre el cosmopolitismo universalista y el relativismo posmodernista*, Tirant lo Blanch, Valencia, 2007, págs. 32 y ss. y 49 y ss.

132 *Vid. supra*: epígrafe 2.2.

133 En rigor, y pese a que palmarias razones de (falta de) ofensividad desaconsejan esta opción interpretativa, tampoco el art. 557.2 excluye terminantemente el castigo de esta figura, lo mismo que el de la provocación en cadena; pues como ya se ha destacado más arriba su tenor literal no requiere el carácter directo de la incitación, a diferencia de lo que sucede en la provocación del art. 18, en cuyo contexto, como es sabido, tal

la combinación de incompetencia técnica y de "alevosía criminalizadora" de las libertades que informa la reforma en este punto y que, sin perjuicio de la obligación del intérprete de tratar de buscar "salidas" en clave (algo más) garantista, refuerza la convicción de que esta nueva versión de los arts. 557.2 y 559 debería derogarse lo más pronto posible.

Esta línea de pensamiento la comparten, por lo demás, el Consejo General Poder Judicial[134], el Consejo Fiscal[135], el Comisario para los Derechos Humanos del Consejo de Europa[136], el relator especial sobre los derechos a la libertad de reunión pacífica y de asociación de Naciones Unidas[137] y se refleja también gráficamente en el hecho de que la totalidad de las enmiendas —con la excepción de las del Grupo Popular— presentadas a lo largo de la tramitación parlamentaria del Proyecto de reforma del Código penal en relación con estos preceptos solicitaran su supresión. No se entiende, salvo desde una lógica orientada a la criminalización de la mera protesta ciudadana, que se deban introducir en este terreno delictivo formas de reforzamiento de la disposición delictiva que van más allá de los límites derivados de las reglas generales de punición de los actos preparatorios de los arts. 17 y 18 CP. Y en este sentido todavía resulta más llamativo —y al mismo tiempo ilustrativo— que *los desórdenes públicos reciban desde este punto de vista un tratamiento penal más severo que los propios delitos de terrorismo*. El art. 579, en la versión vigente tras la reforma que introduce la —nada sospechosa de indulgente, por cierto— Ley Orgánica 2/2015, de 30 de marzo, de reforma penal en materia de delitos de terrorismo, castiga en efecto —frente a la equiparación penológica que ya hemos visto que se establece en el terreno de los desórdenes públicos entre conductas preparatorias y delito consumado— con una pena *inferior en uno o dos grados* a la prevista para el delito de que se trate al que "por cualquier medio, difunda públicamente mensajes o consignas que tengan como finalidad o que, por su contenido, sean idóneos para incitar a otros a la comisión a alguno de los delitos de este capítulo" (relativo a las organizaciones y grupos terroristas y a los delitos de terrorismo)[138].

---

requisito se utiliza como soporte legal para rechazar la punición de la provocación de la provocación (*vid.*, por ejemplo, GÓMEZ RIVERO, C., "Regulación de las formas de participación intentada y de la autoría y participación", *La Ley*, nº 1, 1996, pág. 1625).

134 *Informe al Anteproyecto*..., cit., pág. 258.

135 *Informe al Anteproyecto*..., cit., pág. 321.

136 N. MUIŽNIEKS, *Informe*..., cit., págs. 41 y 42.

137 M. KIAI, *Informe*..., cit., págs. 59 y 60.

138 A su vez, el párrafo segundo del mismo precepto prevé idéntica pena (esto es, la inferior en uno o dos grados a la del delito de referencia) para el que "públicamente o ante

Y algo similar cabe decir respecto del enaltecimiento del genocidio, por citar el otro ámbito delictivo más significativo en el que se han tipificado en nuestra historia penal reciente apologías débiles o supuestos de mero refuerzo moral equiparables, en los términos en que se ha explicado, a los previstos en los arts. 557.2 y 559[139]. Todo lo cual, como antes decía, quizás se explica —aunque no por ello se justifica— a la vista de los datos que reflejan el notable aumento de la protesta ciudadana que ha tenido lugar en los últimos tiempos[140].

Si el legislador considera político-criminalmente adecuado castigar fases anteriores al inicio de ejecución en estos delitos sería preferible desde luego, como ya ha destacado la doctrina[141], que se remitiera al régimen general de punición de los actos preparatorios.

Por último, con base en lo hasta aquí expuesto creo que es posible sostener que los nuevos delitos de los arts. 557.2 y 559 son una prueba evidente de que resulta fundada la tradicional crítica que asocia el castigo de las conductas de preparación delictiva al riesgo de deslizamiento hacia un Derecho penal de autor y, a partir de ahí, al riesgo de degeneración en la persecución ideológica y política[142].

---

una concurrencia de personas, incite a otros a la comisión de algunos de los delitos de este capítulo, así como a quien solicite a otra persona que los cometa", y el art. 578, por su parte, asigna una pena de prisión de 1 a 3 años y de multa de 12 a 18 meses a los comportamientos de enaltecimiento o justificación públicas del terrorismo.

139 Pues aunque aquí la pena, tras la reforma de la LO 1/2015, es de prisión de 1 a 4 años y de multa de 6 a 12 meses (art. 510.1.c), sigue resultando en cualquier caso, y como es lógico, mucho menor a la que se atribuye al autor del delito de genocidio y del resto de infracciones que se incluyen ahora también en el marco del citado art. 510.1c).

140 Atendiendo a la información ofrecida por los sucesivos *Anuarios estadísticos* del Ministerio del Interior se observa una espectacular progresión: 4.527 "manifestaciones comunicadas" en 2007, 8.760 en 2008, 18.568 en 2009, 21.941 en 2010, 21.297 en 2011, 44.233 en 2012, 43.170 en 2013 y 36.679 en 2014 (http://www.interior.gob.es/documents/642317/1204854/Anuario-Estadistico-2014.pdf/4c7f4a33-0b68-49ec-9abd-df470992f43b, última visita: 29 de julio de 2015).

141 DÍEZ RIPOLLÉS, J. L., "Sucintas observaciones...", cit., pág. 66.

142 *Vid.* RODRÍGUEZ MOURULLO, G., "La punición...", cit., págs. 288 y ss. Y asimismo, recordando cómo la evolución histórica de la legislación a este respecto muestra de manera gráfica la dependencia entre la regulación de los actos preparatorios y la situación política vigente en cada momento, ORTS BERENGUER, E., "Consideraciones...", cit., págs. 491 y ss. Cfr. también MUÑAGORRI LAGUIA, I., "Punición o despenalización de la proposición para delinquir", *Anuario de Derecho penal y Ciencias penales*, T. 42, Fasc. 3, 1989, págs. 1004 y 1005.

4. DESÓRDENES ¿PÚBLICOS?: EL DELITO DE OCUPACIÓN DE OFICINAS O LOCALES (ART. 557 TER)

Ya se ha subrayado que el legislador de 2015 no se muestra para nada indiferente al incremento de la protesta social habido en tiempos recientes y que se ha empleado de manera decidida en asegurar su represión, tanto por vía penal como por vía administrativa. También en el caso del nuevo delito del art. 557 ter salta a la vista que de lo que se trata es, sobre todo, de criminalizar acciones de expresión de disidencia ciudadana que han cobrado protagonismo de forma reciente, aunque para ello se hayan de violentar, de nuevo, principios penales esenciales y dilatar, hasta desvirtuarlo, el concepto de orden público entendido en sentido democrático y como objeto de tutela penal.

La conducta típica se cifra en invadir u ocupar determinados espacios físicos ocasionando una perturbación relevante de la paz pública y de su actividad normal. El tipo no exige ninguna clase de violencia (sobre las personas o sobre las cosas) o de intimidación[143] y si la referida "perturbación relevante de la paz pública" va acompañada de manera clara de tales elementos lo normal será que resulte aplicable la figura de desórdenes públicos del art. 557.1. Así las cosas, es de prever que en el marco típico del art. 557 ter caigan generalmente comportamientos de ocupación que, en los términos en que se acaba de precisar, cabe denominar pacíficos[144].

Igual que sucede ahora en el tipo básico de desórdenes públicos (art. 557.1), sujetos activos pueden ser aquí los que actúan "en grupo o individualmente pero amparados en él". Los riesgos que desde el punto de vista interpretativo entraña esta fórmula ya han sido puestos de manifiesto por la doctrina[145]; lo mismo que las dudas sobre el hecho de que una actuación individual, por más que se ampare en la presencia de otras personas,

---

143 La propia Exposición de Motivos de la LO 1/2015 alude, en referencia a esta nueva figura delictiva, a la tipificación de supuestos de entrada en locales y establecimientos "cuando no se hubieran llegado a producir actos de violencia o amenazas".

144 Con todo, debe tenerse en cuenta que el hecho de que el art. 557 ter no requiera como requisito típico (esto es, necesariamente) la presencia de violencia o intimidación no impide que aquél pueda acoger también, en detrimento del art. 557.1, hipótesis de alteración de la paz pública —llevadas a cabo mediante la ocupación de espacios— en las que la violencia o la intimidación concurran de manera leve.

145 *Vid*. DÍEZ RIPOLLÉS, J.L., "Sucintas observaciones...", cit., pág. 63; CUERDA ARNAU, M.L., "Desórdenes públicos..., cit., pág. 1305; GARCÍA RIVAS, N., "Desórdenes...", cit., pág. 781; MAQUEDA ABREU, M.L., "La criminalización...", cit., págs. 48 y 49.

pueda reunir con carácter general suficiente contenido de injusto[146], bien entendido que estamos hablando —en principio— de un delito contra el orden público[147]. Por otra parte, los verbos típicos —invadir y ocupar— parecen demandar cierta permanencia en el tiempo de la conducta. Algo que de todas formas será necesario normalmente para que concurra la "perturbación relevante" de la paz pública y de la "actividad normal" del espacio ocupado que también requiere el tipo.

El lugar susceptible de invasión u ocupación se configura de manera muy amplia: se habla del "domicilio de una persona jurídica pública o privada, un despacho, oficina, establecimiento o local"; añadiéndose a continuación la expresión "aunque se encuentre abierto al público". Esto último, a mi parecer, implica que también se incluyen aquí los supuestos de invasión de locales cerrados al público o bien abiertos pero fuera de su horario de apertura (piénsese, por ejemplo, en los antiguos trabajadores de una fábrica que han sido despedidos y que deciden protestar por ello invadiendo su sede con gritos y pancartas). Contrariamente, algún autor ha entendido que el precepto abarca sólo los casos de entrada en un local abierto al público en sus horas de apertura[148]. Esta solución interpretativa facilitaría mucho las cosas desde la óptica del principio de ofensividad (en punto a la exclusión de conductas difícilmente lesivas del orden público, respecto de las cuales, no obstante, podría plantearse su encaje formal en el tipo), así como a efectos de fijar la frontera típica entre esta figura delictiva y el allanamiento de domicilio de persona jurídica o establecimiento abierto al público del art. 203.1 y de salvar con ello los problemas concursales que de otra forma se suscitan. Pero, tal y como yo lo veo, semejante lectura del precepto choca de lleno con el principio de legalidad. El tenor literal del art. 557 ter no sólo no exige en ningún momento tal requisito, refiriéndose genéricamente al domicilio de personas jurídicas públicas

---

146 BAUCELLS LLADÓS, J., "Desórdenes...", cit., pág. 976. *Vid.* también el *Informe del Relator especial de Naciones Unidas sobre los derechos a la libertad de reunión pacífica y de asociación*, cit., pág. 60.

147 Sin perjuicio de la consideración apuntada desde el plano valorativo, y a la luz de alguna de las interpretaciones que admite la ambigua expresión legal objeto de análisis (*vid.* GARCÍA RIVAS, N., "Desórdenes...", cit., pág. 781), también cabe preguntarse cómo sería posible, en términos estrictamente fácticos, que un solo individuo —insisto, por mucho que se apoye en un grupo de personas (¿que se quedan fuera del inmueble?)— pueda *invadir* u *ocupar* un local.

148 BAUCELLS LLADÓS, J., "Desórdenes...", cit., pág. 979. Cfr., también en esta línea, el *Informe del Consejo Fiscal al anteproyecto...*, cit., pág. 323.

o privadas, despacho, establecimiento, oficina o local[149]; sino que, como antes indicaba —*y éste es el principal inconveniente al respecto*—, al establecer que la conducta será ilícita "aunque" —es decir: incluso cuando— el local se encuentre abierto al público, refleja a las claras que ello no es necesario[150].

Por todo lo anterior, a mi juicio debe ser la citada exigencia de "perturbación relevante de la paz pública" la que se erija en clave interpretativa del precepto; así, por lo que importa a la delimitación del delito frente a otras conductas típicas adyacentes, pero sobre todo a fin de evitar el castigo de la mera discrepancia ciudadana, de comportamientos inocuos o no merecedores de reproche —al menos— penal. En la versión del texto del anteproyecto bastaba a estos efectos con "la perturbación relevante de su actividad normal" (del establecimiento, local, etc.). La redacción definitiva eleva, pues, el umbral de lesividad del tipo al requerir, además, una perturbación relevante de la paz pública (que cuando concurra traerá consigo normalmente el extremo anterior; esto es, una afectación importante al normal funcionamiento del local). Obsérvese, no obstante, la ambigüedad que rezuman tanto la mención a que la perturbación sea "relevante" como el propio concepto de "paz pública". Este requisito típico, según decía, debería servir para restringir el ámbito de lo punible, desde luego por razones de ofensividad pero también para dejar margen de vigencia al ilícito equivalente de carácter administrativo —que es el marco natural

---

149 Algo similar sucede, por cierto, con la infracción análoga que introduce paralelamente la nueva Ley de protección de la seguridad ciudadana, en donde se habla de "(l)a ocupación de cualquier inmueble, vivienda o edificio ajenos" (art. 37.7 LOPSC), también en este caso sin ningún tipo de matiz o restricción al respecto.

150 Puede ser que con tal referencia el legislador pretendiera simplemente subrayar que el hecho de que el comportamiento invasivo o de ocupación tenga lugar en un local "abierto al público", durante el margen de tiempo en que el acceso es libre para cualquier persona, no constituye óbice para la punición de la conducta. Ahora bien, fuera ésa o no la voluntad del legislador (la tramitación parlamentaria del precepto no aporta elementos de juicio concluyentes sobre este particular), lo cierto es que lo que se acaba plasmando en la Ley, o, si se quiere, el sentido objetivo del texto legal, creo que no permite concluir, con arreglo a lo ya explicado, que el marco típico de la disposición analizada se deba contraer a los casos de invasión u ocupación de locales abiertos al público dentro de sus horarios de apertura. Cuestión distinta sería si el tenor literal del precepto hubiera prescindido de la repetida expresión legal ("aunque se encuentre abierto al público"), limitándose a aludir a los domicilios de personas jurídicas, despachos, establecimientos, oficinas, etc., en cuyo caso sí cabría llegar a aquel resultado exegético por vía de interpretación teleológica y sistemática; o bien, en la opción preferible desde el punto de vista del mandato de taxatividad, que se hubiera precisado explícitamente la necesidad de que la acción típica se llevara a cabo en una oficina o local abiertos al público en sus horas de apertura.

al que corresponde la sanción de esta clase de conductas—: en el sentido ya señalado más arriba, la reformada Ley Orgánica de protección de la seguridad ciudadana introduce una nueva infracción (leve) consistente en "la ocupación de cualquier inmueble, vivienda o edificio ajenos, o la permanencia en ellos, en ambos casos contra la voluntad de su propietario, arrendatario o titular de otro derecho sobre el mismo, cuando no sean constitutivas de infracción penal" (art. 37.7 LOPSC). Lo cierto es, sin embargo, que la eficacia limitadora del repetido requisito típico, a la vista de los términos en que está formulado, puede quedar absolutamente relativizada. A propósito de esto último, no se debe olvidar que en este contexto el *orden público* y la *paz pública*, y al margen ahora de los matices diferenciales que se intentan establecer entre ambos conceptos, tienen un inevitable componente colectivo-social que se suele vincular con la seguridad en la calle o la tranquilidad en las manifestaciones colectivas de la vida ciudadana[151] o también con el uso de los espacios públicos[152]. Desde este prisma, y sin que ello implique desconocer que la invasión de determinados lugares privados en función de las circunstancias puede tener una grave repercusión en el plano de la vida colectiva[153], resulta cuestionable y disfuncional que el art. 557 ter contemple, por ejemplo, la ocupación de domicilios de personas jurídicas privadas en general, con independencia

---

[151] *Vid.* MUÑOZ CONDE, F., *Derecho penal. Parte especial*, 19ª ed., Tirant lo Blanch, Valencia, 2013, pág. 805; DÍAZ Y GARCÍA CONLLEDO, M., "Desórdenes...", cit., págs. 586 y 587; GARCÍA ALBERO, R., "De los desórdenes públicos", en Quintero Olivares (dir.), *Comentarios al Código penal español*, T. II, Aranzadi, Pamplona, 2011, pág. 1637; GÓMEZ TOMILLO, M., "De los desórdenes públicos", en *idem* (dir.), *Comentarios al Código penal*, 2 ª ed., Lex nova, Valladolid, 2011, págs. 1889 y 1990; JORGE BARREIRO, A., "De los desórdenes públicos", en Rodríguez Mourullo (dir.), *Comentarios al Código penal*, Civitas, Madrid, 1997, pág. 1355; LASCURAÍN SÁNCHEZ, J.A., "Delitos contra el orden público", en Rodríguez Mourullo (dir.), *Comentarios al Código penal*, Civitas, Madrid, 1997, pág. 1338; QUERALT JIMÉNEZ, J. J., *Derecho penal español. Parte especial*, 6ª ed., Atelier, Barcelona, 2010, págs. 1209 y 1210; TORRES FERNÁNDEZ, M. E., *Los delitos de desórdenes públicos en el Código penal español*, Marcial Pons, Madrid, 2001, págs. 65 y ss.; VIVES ANTÓN, T.S./ CARBONELL MATEU, J.C., en Vives Antón/Orts Berenguer/Carbonell Mateu/González Cussac/Martínez-Buján, *Derecho penal. Parte especial*, 3ª ed., Tirant lo Blanch, Valencia, 2010, Lección XLII.3. Cfr. también, DÍAZ MAROTO Y VILLAREJO, J., "Faltas contra el orden público", en Molina Fernández (coord.), *Memento Práctico Penal 2015*, Ediciones Francis Lefebvre, Madrid, 2014, pág. 1916.

[152] PAREDES CASTAÑÓN, J. M., "El orden público como bien jurídico autónomo (y legítimo)", en Luzón Peña (dir.), *Derecho penal del Estado social y democrático de Derecho: Libro homenaje a Santiago Mir Puig*, La Ley, Madrid, 2010, págs. 948 y ss.

[153] Cfr., haciéndose eco de la doctrina del Tribunal Supremo en este sentido, LLOBET ANGLÍ, M., "Desórdenes públicos", en Molina Fernández (coord.), *Memento Práctico Penal 2015*, Ediciones Francis Lefebvre, Madrid, 2014, pág. 1737.

de si se trata o no de un lugar abierto al público o de si, en el caso de que sí que lo sea, la conducta se realiza o no fuera de su horario de apertura. Como he explicado antes, creo que desde una interpretación respetuosa con el principio de legalidad no se puede concluir que el precepto limite su alcance a los establecimientos o locales abiertos al público en sus horas normales de apertura. De ahí la importancia de alentar una comprensión restrictiva del delito a partir de la referencia típica a la "perturbación grave de la paz pública" y de, sobre esa base, exigir en todo caso —también cuando la actuación se proyecte sobre espacios físicos cerrados al público, o sobre establecimientos o locales públicos o privados abiertos al público pero fuera de sus horarios de apertura—, que la conducta adquiera la reseñada trascendencia colectiva[154]. De otro modo, no se ve cómo dichos comportamientos podrían conectarse (sin desnaturalizarlo) al objeto de tutela de estos delitos[155].

Por cierto que, abundando en este planteamiento y siempre desde la perspectiva del bien jurídico orden público —a cuya protección se debe en teoría la existencia de este grupo de delitos—, resulta asimismo llamativo que se castiguen las perturbaciones relevantes de la paz social que se puedan derivar de conductas no violentas ni intimidatorias llevadas a cabo en los espacios físicos a que se refiere el art. 557 ter —que serán normalmente cerrados— y que, por el contrario, esa misma perturbación (relevante) de la paz pública si se sigue de una conducta también pacífica pero realizada en un espacio abierto no merezca ningún reproche penal con carácter general, y salvo en lo que respecta a los supuestos que puedan caer en el ámbito del art. 558 (por ejemplo, los que tengan lugar en un espacio abierto "con motivo de la celebración de espectáculos deportivos o culturales"). Desde el mencionado punto de vista, en el caso del art. 558 —precisamente por la naturaleza pública del establecimiento o del contexto, o por las

154 Con ello, según creo, habrán de acabar quedando fuera de la órbita típica del art. 557 ter la gran mayoría de los supuestos de invasión u ocupación de espacios cerrados al público o abiertos pero fuera de sus horas normales de apertura.

155 En la línea de lo afirmado en el texto, se había resaltado ya por parte de la doctrina la inadecuada ubicación sistemática en el título de las "Faltas contra el orden público" de la antigua falta de permanencia en domicilio de persona jurídica fuera de sus horas de apertura (art. 635 CP en su redacción anterior), convertida ahora en delito leve (art. 203.2). *Vid.* a este respecto, atribuyendo este hecho al tradicional carácter residual de dicha rúbrica, en la que se incluían "todas las infracciones menores que no halla(ba)n acomodo en otros títulos", DÍAZ MAROTO Y VILLAREJO, J., "Faltas...", cit., pág. 1915. *Vid.* también, llamando la atención sobre la incidencia "absolutamente nimia o intrascendente" que la conducta tipificada en el art. 557 ter en general puede tener sobre la paz pública, GARCÍA RIVAS, N., "Desórdenes...", cit., pág. 786.

posibilidades de proyección sobre una colectividad de personas que caracteriza a todas las situaciones típicas o lugares que allí se contemplan (acto público, establecimiento público, centro docente, etc.)— es más fácil justificar que conductas no violentas o intimidatorias pero perturbadoras del orden público resulten punibles con independencia de si acaecen en lugar cerrado o abierto. Ahora bien, aquellas peculiaridades, como se ha tenido ocasión de comprobar, no concurren en los supuestos que contempla el art. 557 ter. Al margen en este momento de que personalmente creo que las dos hipótesis que se plantean a continuación deberían quedar libres de respuesta punitiva: ¿por qué sí castigar la alteración de la "paz pública" que pueda generar la invasión pacífica de un banco y no en cambio ese mismo comportamiento de ocupación pacífica cometido en un espacio abierto —por ejemplo, en una calle transitada por coches— siendo que en este caso podría derivarse también —y en realidad, por lo antes dicho, aquí de manera mucho más verosímil— una semejante perturbación de la "paz pública"?[156] Desde la óptica del orden público —insisto—, y no de otros bienes que sí que se pueden ver más fácilmente comprometidos en un espacio cerrado —como la intimidad domiciliaria o la libertad de obrar o ambulatoria— pero que obviamente no se ocupa de tutelar este precepto, tal divergente tratamiento sería difícil de explicar si no fuera porque conocemos las "razones" concretas que han motivado la tipificación de estas conductas: sofocar ciertas acciones de protesta ciudadana que han adquirido notoriedad en los últimos tiempos, particularmente las ocupaciones pacíficas de oficinas bancarias[157].

---

156 Este último supuesto podría sancionarse, en su caso, vía art. 37.7 (inciso 2º) LOPSC, que tipifica como infracción leve "la ocupación de la vía pública con infracción de lo dispuesto por la Ley o contra la decisión adoptada en aplicación de aquella por la autoridad competente".

157 Es ilustrativa en esta línea la enmienda nº 185 del Grupo Parlamentario la Izquierda plural en el Congreso: "Puesto en el contexto actual, el proyectado artículo 557 ter pone de manifiesto un indisimulado intento por penalizar con mayor severidad determinadas conductas por medio de las cuales se están movilizando y haciendo visibles en los últimos meses ciertos colectivos sociales perjudicados por las malas prácticas del sector bancario en nuestro país, que manifiestan su protesta y sus reivindicaciones mediante encierros y entradas colectivas en los patios de operaciones de las entidades crediticias privadas y que, ciertamente, incomodan e inquietan a las empresas del sector bancario implicadas y puede que también a los poderes públicos que probablemente se sientan en buena medida interpelados". En sentido parecido, las enmiendas nº 61 del Grupo Parlamentario Mixto en el Congreso y la nº 768 del Grupo Parlamentario Socialista en el Congreso. Cfr. también DÍEZ RIPOLLÉS, J. L., "Sucintas observaciones...", cit., pág. 64, para quien el precepto se orienta a criminalizar los piquetes informativos de huelga.

Pues bien, dejando ahora de lado este orden de consideraciones, se debe destacar que, incluso partiendo de los parámetros interpretativos restrictivos del art. 557 ter que se han apuntado como deseables, la incriminación de esta clase de conductas resulta criticable desde la perspectiva del derecho de reunión y manifestación[158]. Es preciso insistir aquí una vez más, y por evidente que sea, en la importancia del papel que debe jugar en un sistema democrático el citado derecho fundamental. Éste es, como ha explicado reiteradamente nuestro Tribunal Constitucional, una "manifestación colectiva de la libertad de expresión" y "cauce del principio democrático participativo" y de ahí que sus límites se hayan de interpretar con carácter general de forma restrictiva y a la luz del principio *favor libertatis*[159]. Todo lo anterior, pese a que obliga al legislador de un Estado democrático a no utilizar la intervención punitiva como factor de desaliento del ejercicio de derechos fundamentales[160], no ha constituido obstáculo para que la disposición que se comenta tipifique acciones de ocupación no violentas ni intimidatorias, claramente colindantes con el ejercicio del derecho fundamental de reunión y manifestación, y para que, pese a ello, se les asigne una sanción que puede ser de prisión de hasta 6 meses y que fácilmente cabrá que llegue hasta 1 año, toda vez que su párrafo segundo prevé la aplicación de la pena superior en grado cuando, entre otros supuestos, "los hechos se lleven a cabo en una manifestación o reunión numerosa, o con ocasión de alguna de ellas".

Desde estas premisas, será todavía mucho más cuestionable, lógicamente, una interpretación del art. 557 ter que no se atenga a los criterios restrictivos más arriba precisados (y en particular, que no dote de un con-

---

158 La enmienda nº 272 del Grupo Parlamentario Vasco en el Congreso habla de "limitación desproporcionada" del ejercicio legítimo del derecho de reunión, y, en un tono más elevado, la enmienda nº 61 del Grupo Parlamentario Mixto en el Congreso declara, a propósito del precepto en examen, que "(c)riminalizar la protesta pacífica y el ejercicio de la libertad de expresión es inconstitucional, antidemocrático y más propio del régimen franquista".

159 *Vid.*, entre otras muchas, las SSTC 195/2003, de 27 de octubre, o 193/2011, de 12 de diciembre. En la misma dirección se ha pronunciado igualmente en numerosas ocasiones el TEDH (*vid.*, por ejemplo, las SSTEDH caso Ashughyan c. Armenia, de 17 de julio de 2008, o caso Barraco c. Francia, de 5 de marzo de 2009). Asimismo, sobre el contenido esencial y el ámbito de ejercicio del derecho, *vid.* MARTÍNEZ GARAY, L./MIRA BENAVENT, J., *Audiencia Nacional y prohibición penal de reuniones y manifestaciones*, Tirant lo Blanch, Valencia, 2011, págs. 44 y ss.

160 *Vid.*, CUERDA ARNAU, M.L., "Libertad de expresión y crítica política a la luz de la jurisprudencia del Tribunal Europeo de Derechos Humanos", *Teoría y Derecho*, 2013, nº 13, págs. 224 y ss., y RODRÍGUEZ MONTAÑÉS, T., *Libertad de expresión, discurso extremo y delito*, Tirant lo Blanch, Valencia, 2012, págs. 61 y ss.

tenido material relevante al requisito típico de "perturbación relevante de la paz pública"), pues en tal caso sólo quedará el castigo de bienes ya tutelados por tipos delictivos distintos (como la intimidad domiciliaria del delito de allanamiento de domicilio de personas jurídicas, o la libertad de obrar de las coacciones) o bien la simple criminalización de la protesta ciudadana y de comportamientos molestos que a lo sumo, y por las razones apuntadas, deberían sancionarse por vía del ya citado art. 37.7 de la LOPSC[161].

5. PÚBLICOS ¿DESÓRDENES?: EL DELITO DE GENERACIÓN DE ALARMAS FALSAS (ART. 561)

A diferencia de lo que sucede en los arts. 557.2, 557 ter y 559, no estamos aquí ante una figura delictiva de nueva creación. Con todo, el art. 561 sí que sufre con la reforma una profunda remodelación que, como veremos, orienta la infracción hacia terrenos extraños al concepto de orden público y que redunda en cualquier caso en una ampliación del margen de tipicidad del precepto.

En primer lugar, la nueva formulación típica, del mismo modo que acontece en el tipo básico de desórdenes públicos del art. 557.1[162], prescinde del elemento subjetivo del injusto consistente en el ánimo de atentar contra la paz pública. Por otro lado, describe de manera más genérica —huyendo del casuismo de la redacción anterior— las conductas de generación de alarma falsa: ya no se habla de afirmar falsamente "la existencia de aparatos explosivos u otros que puedan causar el mismo efecto, o de sustancias químicas, biológicas o tóxicas que puedan causar daño a la salud" sino que el núcleo de la conducta típica consiste ahora en afirmar falsamente o simular, ya sea "una situación de peligro para la comunidad" (referencia que acoge desde luego todos los supuestos de la redacción anterior y muchos otros de menor gravedad) o bien la producción de un siniestro a consecuencia del cual resulte necesario prestar auxilio a otro.

---

161 Sobre la delimitación típica del art. 557 ter con respecto al art. 557.1 y al art. 558, así como frente a los delitos de usurpación de inmuebles del art. 245.2 o el de allanamiento de domicilio de personas jurídicas y establecimientos abiertos al público del art. 203.1, vid. ALONSO RIMO, A., "Los nuevos delitos de ¿desórdenes? ¿públicos? Especial referencia a los tipos de incitación o de refuerzo de la disposición a delinquir", en *Estudios penales y Criminológicos*, V. XXXV (2015), págs. 399 y ss.

162 *Vid.* sobre ello, críticamente, DÍEZ RIPOLLÉS, J. L., "Sucintas observaciones...", cit., pág. 63; CUERDA ARNAU, M. L., "Desórdenes...", cit., págs. 1304 y 1305; GARCÍA RIVAS, N., "Desórdenes...", cit., pág. 782.

Por último, se añade la exigencia típica de que con el comportamiento anterior se provoque "la movilización de los servicios de policía, asistencia o salvamento".

Ésta última es, a mi juicio, la modificación más importante y perturbadora que introduce el nuevo art. 561. Pues si a la presencia de este requisito típico le sumamos la ya apuntada desaparición del elemento subjetivo del injusto y de la alusión que la anterior redacción contenía a "la alarma o alteración del orden efectivamente producida"[163] y también, en fin, el hecho de que, contrariamente a lo que ocurre en los arts. 557.1 y 557 ter, se evite aquí cualquier mención a la necesidad de alteración o causación de una perturbación relevante de la paz pública, se podría llegar de manera razonable a la conclusión de que el legislador ha querido incriminar la simple movilización injustificada de servicios de emergencia sin requerir ninguna clase de efectiva repercusión en el orden público[164]. Por cierto que, pese al llamativo casuismo que caracteriza el régimen de infracciones de la nueva Ley Orgánica de protección de la seguridad ciudadana, no se prevé en ella ningún ilícito asimilable a esta figura. A lo sumo, por lo que se me alcanza, sería posible insertar estos comportamientos, y desde luego no en todos los casos —¡pues aquí sí que se necesita la efectiva causación de un desorden!— en la infracción consistente en "causar desórdenes graves en las vías, espacios o establecimientos públicos" (art. 36.3 LOPSC)[165]. Este dato podría servir también como argumento —aunque

---

163 Que cabía considerar "como mínimo criterios para determinar la pena aplicable y tal vez elementos necesarios para la consumación del tipo" (DÍAZ Y GARCÍA CONLLEDO, M., "Desórdenes..., cit., págs. 595 y 596).

164 Cfr., llamando la atención sobre este cambio de naturaleza del delito del art. 561 desde la perspectiva del anteproyecto, DÍEZ RIPOLLÉS, J. L., "Sucintas observaciones...", cit., pág. 65; advirtiendo del riesgo de que se deriven este tipo de interpretaciones, BAUCELLS LLADÓS, J., "Desórdenes...", cit., pág. 983; o, igualmente en sentido crítico, GARCÍA RIVAS, N., "Desórdenes...", cit., págs. 786 y 787.

165 Salvo que la actuación descrita en el tipo del art. 561 se llevara a cabo en un contexto muy concreto en el que por ejemplo hubiera tenido lugar previamente un accidente de grandes proporciones y en el que la generación de la falsa alarma movilizadora de los servicios de asistencia se pudiera entender que ha impedido u obstaculizado "el funcionamiento de los servicios de emergencia, provocando o incrementando un riesgo para la vida o integridad de las personas o de daños en los bienes, o agravando las consecuencias del suceso que motive la actuación de aquéllos", en cuyo caso cabría acudir a la infracción del art. 36.5 LOPSC. Que la conducta prevista en este último precepto se sancione por vía administrativa pese a ser a todas luces de mucha mayor gravedad que la que se contempla en el art. 561 CP no hace sino confirmar las dudas de que, en la línea de lo que se sostiene en el texto, quepa justificar el castigo penal de los hechos tipificados en la nueva versión de este delito.

relativo o en todo caso menor— para reforzar la sospecha de que la indicada más arriba es efectivamente la pretensión del legislador.

No se puede ocultar que, en rigor, la mera afirmación falsa o simulación de una situación de peligro para la comunidad (insisto: de cualquier peligro —suficiente como para movilizar los servicios de policía, etc.— y no ya de un peligro relacionado con la existencia de aparatos explosivos, sustancias químicas, etc.) o de la producción de un siniestro (término que igualmente admite una gama de supuestos de muy diversa gravedad), aunque resulte apta para movilizar los servicios públicos que se citan en el precepto y de hecho lo consiga, no garantiza necesariamente por sí misma ni siquiera que la conducta sea objetivamente idónea para alterar el orden público (peligrosidad *ex ante*). Al menos si, más allá ahora de las dificultades de concreción que con carácter general presenta dicho bien jurídico, entendemos éste —aquí como punto de referencia valorativo de la mencionada peligrosidad— en términos que le doten de un mínimo contenido material que pueda justificar la intervención penal. Y si se acepta lo anterior, se habrá de convenir entonces también que la realización del comportamiento formalmente descrito en el tipo (generación de una alarma falsa + movilización de servicios públicos) menos aún conllevará en todo caso una *efectiva* alteración del orden o la paz pública. Piénsese, por ejemplo, en una llamada anónima realizada al teléfono de emergencias informando falsamente de que ha tenido lugar un accidente de circulación en el que hay algún herido y que a consecuencia de ello acude una ambulancia al lugar del supuesto hecho. Esta conducta, pese a que en términos generales difícilmente podrá afirmarse que pone en peligro, y mucho menos lesiona, el orden público, de acuerdo con una interpretación estrictamente literal del precepto encajaría en éste sin problemas; lo mismo que la consistente en comunicar un aviso similar de alarma mendaz pero verosímil que ni siquiera llegara a provocar finalmente dicha movilización de algún servicio de emergencia y que podría llegar a castigarse, desde esta tesis exegética, como una tentativa del delito del art. 561 (también aquí sin ninguna clase de peligro para el bien jurídico orden público).

Ya en su anterior versión la ubicación de la infracción en examen había suscitado alguna crítica sobre la base de la dudosa conexión del delito con el orden público[166]. Desde la posición interpretativa del nuevo tipo que se está analizando —y que apuntaría a la tutela del mero perjuicio (patrimonial) causado por la movilización injustificada de los servi-

---

166 Cfr., por ejemplo, PAREDES CASTAÑÓN, J. M., "El orden público...", cit., págs. 980 y 981.

cios públicos— aquellas críticas devienen mucho más evidentes[167]. Pero al margen ahora de consideraciones sistemáticas, la cuestión realmente importante es si una interpretación semejante del precepto cubriría los estándares mínimos que impone el principio de prohibición de exceso, y en particular sus exigencias de fragmentariedad, subsidiariedad y proporcionalidad en sentido estricto. A este respecto se ha de tener presente que la penalidad prevista para las conductas a las que nos estamos refiriendo, aunque es verdad que contempla la alternativa de multa, permite llegar hasta 1 año de prisión (más —el doble— que el máximo de la sanción que admite el delito del art. 557 ter, en donde como hemos visto el tipo sí que demanda expresamente que se ocasione una "perturbación relevante de la paz pública").

La respuesta al interrogante formulado, desde los parámetros del Derecho penal de un Estado democrático de Derecho, solo puede ser negativa. *Se ha de evitar, pues, una interpretación literal del precepto* como la que se ha esbozado más arriba. Ello supone que para aplicar el art. 561 se habrá de exigir que la conducta de generación de una falsa alarma de la que se siga la movilización infundada de los servicios de emergencia resulte —al menos— peligrosa para el orden público. Esto último, como se ha explicado antes, y siempre que hablemos realmente de peligro *para el orden público* y no de la afectación a otros extremos (relacionados con la movilización de los referidos servicios de salvamento, etc.), no es algo que sea predicable de suyo de cualquier comportamiento que cumpla formalmente con las características del tipo del art. 561. Desde una exégesis más garantista del precepto, que aquí se prefiere, cabría elevar más el nivel de ofensividad de la conducta y requerir una efectiva alteración de la paz pública —que se concretara, por ejemplo, en la creación de una grave situación de caos entre una colectividad de ciudadanos—. En cualquiera de los dos casos, todo ello habrá de ser abarcado por el dolo, directo o eventual, del autor.

---

167 Cfr. DÍEZ RIPOLLÉS, J. L., "Sucintas observaciones...", cit., pág. 65, observando en tono crítico que, así concebida, dicha figura delictiva debería llevarse al ámbito de los delitos de daños.

LA REFORMA PENAL DE 2015 EN MATERIA DE TERRORISMO: EL OCASO DE LOS PRINCIPIOS LIMITADORES DEL *IUS PUNIENDI*

ANTONIO FERNÁNDEZ HERNÁNDEZ
Contratado Doctor. Derecho Penal. Universitat Jaume I

1. INTRODUCCIÓN

Una de las características que puede destacarse del terrorismo —si bien no la única— es la gravedad de sus resultados. De ahí que éste sea uno de los fenómenos a los que el legislador presta especial atención. Si a ello le añadimos que esta forma de delincuencia no puede considerarse precisamente novedosa entre nosotros[168], la consecuencia inmediata es la existencia en nuestro haber de un considerable número de normas punitivas que han ido sucediéndose en el tiempo, generándose a lo largo de los años una experiencia que no debería ser obviada por el legislador pues, si bien es cierto que las normas deben evolucionar adaptándose a la realidad a la que deben ser aplicadas, no lo es menos que, a la hora de elaborarlas, deberían tenerse en cuenta los errores cometidos en el pasado para no volver a incurrir en ellos. Sólo así, mediante una evolución legislativa adaptativa y correctiva puede mejorarse el conjunto de normas que regulan las sociedades, incrementándose con ello la garantía de la convivencia pacífica de los ciudadanos, fin ulterior que el ordenamiento jurídico está llamado a desempeñar y que, en última instancia, lo legitima.

Lo anterior viene a colación porque el pasado 2 de febrero de 2015 el Partido Popular y el Partido Socialista Español suscribieron el "Acuerdo para afianzar la unidad en defensa de las libertades y en la lucha contra el terrorismo". Un nuevo Pacto "de Estado"[169], que ha dado como resultado una ulterior reforma del Código Penal —a través de la Ley Orgánica

---

168 No en vano el primer Código Penal que lo regula como tal es el de 1944. LAMARCA PÉREZ, C., *Tratamiento jurídico del terrorismo*, Centro de Publicaciones del Ministerio de Justicia, Madrid, 1985, pág. 132.

169 Hasta el momento, se han firmado, a nivel nacional —pues existen otros de ámbito regional—: el Pacto de Madrid, el 5 de noviembre de 1987; el Pacto de Ajuria Enea, el 12 de enero de 1998; y el Acuerdo por las libertades y contra el terrorismo, el 8 de enero de 2000. Al respecto vid., FERNÁNDEZ HERNÁNDEZ, A., *Ley de Partidos Políticos y Derecho Penal. Una nueva perspectiva en la lucha contra el terrorismo*, Tirant lo Blanch, Valencia, 2008, págs. 127 a 130.

2/2015, de 30 de marzo[170]— que, aprobada a través del trámite de urgencia[171], ha sido proyectada de forma paralela a la reforma operada por la Ley Orgánica 1/2015, de 30 de marzo[172]. Los cambios introducidos por la Ley Orgánica 2/2015 son de una innegable entidad. Tanto, que viéndola pareciera que sin ella nos encontráramos indefensos ante el terrorismo yihadista. Como si la regulación de los delitos de terrorismo existente hasta su promulgación se refiriera a una realidad diametralmente diversa, o con otras palabras, como si no sirviera para nada. En consecuencia, surgen de esta reforma varios interrogantes, tales como: ¿Cuál es el motivo al que obedece esta reforma? ¿Realmente la misma es necesaria? ¿Acaso la normativa existente hasta el momento era ineficaz? Y de serlo ¿tanto como para justificar una reforma como la operada? ¿Tan distinto es el terrorismo yihadista de nuestro terrorismo interno que la normativa existente no resulta aplicable al mismo? Y en caso de que la respuesta a este último interrogante sea negativa ¿Cuál puede ser, pues, la lógica —si es que la hay— a la que la misma responde? Y lo que es más importante ¿Va a servir esta reforma para poner fin al terrorismo yihadista?

El primero de los interrogantes planteados parece resuelto por el propio legislador, quien, en el preámbulo de la referida Ley Orgánica alude a las obligaciones internacionalmente contraídas por España —justificación que en absoluto resulta novedosa[173]— en esta ocasión como consecuencia

---

170 *Ley Orgáncia 2/2015, de 30 de marzo, por la que se modifica la Ley Orgánica 10/1995, de 23 de noviembre, del Código Penal, en materia de delitos de terrorismo.* BOE núm. 77, de 31 de marzo de 2015.

171 Tanto, que según establecía la Disposición final segunda del texto que fue remitido por el Congreso de los Diputados al Senado se preveía su entrada en vigor al día siguiente de su publicación en el BOE. En la Cámara alta fue modificado dicho texto, siendo finalmente en la Disposición final tercera donde pasa a fijarse la entrada en vigor de la Ley Orgánica el día 1 de julio de 2015, haciéndola coincidir con la de la Ley Orgánica 1/2015.

172 *Ley Orgánica 1/2015, de 30 de marzo, por la que se modifica la Ley Orgánica 10/1995, de 23 de noviembre, del Código Penal.* BOE núm. 77, de 31 de marzo de 2015.

173 Sin embargo, la justificación a la que obedece la reforma llevada a cabo es puesta de manifiesto por el Sr. Castillo Calvín, quien defendió la postura del Grupo parlamentario Popular en el debate y votación de enmiendas o veto del Senado que tuvo lugar en el Congreso de los diputados el 26 de marzo de 2015 (Diario de Sesiones del Congreso de los Diputados, núm. 269, 2015, pág. 87). Decía el referido diputado "Por eso, señorías, me gustaría comenzar recordándoles que mientras hablamos, mientras tramitamos esta proposición de ley el yihadismo sigue asesinando. Mientras seguimos discutiendo sobre si el incremento de las penas o la introducción de dos nuevos tipos penales supone perder cuotas de libertad o limitan derechos humanos, los terroristas siguen matando. Mientras algunos se empeñan en criticar la celeridad con la que se

de la Resolución del Consejo de Seguridad de Naciones Unidas 2178, aprobada el 24 de septiembre de 2014, en cuyo punto sexto se pide a los Estados que sus ordenamientos jurídicos prevean, como delitos graves, las conductas reseñadas en el mismo[174]. Junto a esta obligación de cumplimiento de obligaciones contraídas en el ámbito internacional se alude en el referido Preámbulo a las concretas características que individualizan el terrorismo de carácter yihadista. Características que deben encontrar debido reflejo en nuestra regulación a fin de garantizar su efectividad. Nuestro legislador cumple con este mandato sobradamente, por cuanto introduce la tipificación de todas esas conductas, incluso cuando ello no era necesario porque ya encontraban reflejo en nuestro Código Penal. Pero no sólo se hace eso, sino que se aprovecha esta justificación para introducir un incremento generalizado de las penas a imponer, bajo la consideración —se presume— de que las que ya estaban previstas no son eficaces, pues los terroristas siguen matando —en todo el mundo—.

Así, a la hora de analizar la presente reforma operada en materia de delitos de terrorismo no puede perderse de vista la lógica político crimi-

---

aborda esta reforma, el yihadismo continúa sembrando el terror, y este debería ser el debate, un debate sobre el fondo y no sobre las formas, porque no estamos ante una cuestión de procedimientos, sino de voluntades, de si se quiere o no se quiere, y para esto no hace falta darle más vueltas". Discurso que no supone sino la aceptación de la premisa de que el fin justifica los medios y de que quien no está conmigo —partidarios de la reforma— está contra mí —del lado de los terroristas—. Estos son los términos en los que trata de fijarse el debate parlamentario y, por extensión, el tratamiento del terrorismo en general. Sin duda, tal argumentación constituye la mejor explicación posible al contenido de la reforma

174 Concretamente:

"a) A sus nacionales que viajen o intenten viajar a un Estado distinto de sus Estados de residencia o nacionalidad, y demás personas que viajen o intenten viajar desde sus territoritorios a un Estado distinto de sus Estados de residencia o nacionalidad, con el propósito de cometer, planificar o preparar actos terroristas o participar en ellos, o proporcionar o recibir adiestramietno con fines de terrorismo.

b) La provisión o recaudación intencionales de fondos, por cualquier medio, directa o indirectamente, por sus nacionales o en sus territorios con intención de que dichos fondos se utilicen, o con conocimiento de que dichos fondos se utilizarán, para financiar los viajes de personas a un Estado distinto de sus Estados de residencia o nacionalidad con el propósito de cometer, planificar o preparar actos terroristas o participar en ellos, o proporcionar o recibir adiestramiento con fines de terrorismo; y

c) La organización u otro tipo de facilitación deliberadas, incluidos actos de reclutamiento, por sus nacionales o en sus territorios, de los viajes de personas a un Estado distinto de sus Estados de residencia o nacionalidad con el propósito de cometer, planificar o preparar actos terroristas o participar en ellos, o proporcionar o recibir adiestramiento con fines de terrorismo;"

Disponible en http://www.un.org/es/comun/docs/?symbol=S/RES/2178(2014).

nal que la orienta, la cual puede servir para dotar de cierto sentido —sin perjuicio de que sea discutible y, por supuesto, discutida— a los cambios operados.

El terrorismo internacional de carácter yihadista se caracteriza, entre otras, por su naturaleza suicida o inmoladora. Su carácter religioso conlleva que quienes lo perpetran partan de una mentalidad que les individualiza frente a otras manifestaciones del fenómeno terrorista, consistente en que no les importa morir en la ejecución del atentado que llevan a cabo. Esta circunstancia introduce un parámetro que obliga a replantearse si los mecanismos legales empleados hasta el momento pueden considerarse útiles, o si, por el contrario, deben resultar modificados. La cuestión es, pues, ¿qué puede hacerse frente a alguien que está dispuesto a morir? ¿Puede alguna pena desempeñar sus funciones de prevención especial y general respecto de tales sujetos? Evidentemente no. La pregunta que surge inmediatamente es ¿puede un Derecho penal liberal y garantista actuar en tales supuestos sin perder su esencia?

Aunque no todos los delitos terroristas llevados a cabo por los yihadistas son suicidas, tales supuestos se dan, y la cuestión a responder es cómo actuar. De ahí el cambio de paradigma en el tratamiento punitivo de esta clase de delitos, que desde el 2010, ha pasado a centrarse, no tanto en la represión —que en absoluto se ha dejado de lado— como en la prevención. En efecto, si la persona a la que se debe castigar por llevar a cabo el hecho delictivo muere durante su realización, dirimir la respuesta penal a un momento posterior a la ejecución del delito —de lesión— carece de sentido. Lo oportuno es, pues, anticipar la barrera de protección a momentos anteriores a la perpetración del hecho, no sólo para proteger los bienes jurídicos que resultarían afectados en el caso de que el acto se ejecutara —lo que ya no es posible cuando la lesión ha tenido lugar— sino para posibilitar el castigo de quienes tratan de ejecutarlo, con todo lo que ello conlleva en orden a la prevención general[175]. Como decimos, aunque este cambio de paradigma ya se produjo en 2010, en esta ocasión se profundiza más en esta línea político criminal. El problema a resolver ahora es si esa nueva anticipación de la barrera de protección punitiva es acorde a los derechos fundamentales y libertades públicas constitucionalmente instituidos o si, por el contrario, se han superado ya los límites que definen

---

[175] A nadie se le escapa que no es el mismo mensaje el que llega al resto de quienes estén dispuestos a cometer actividades terroristas la muerte del quien lo ejecuta que su sometimiento a un proceso penal y la imposición de una pena.

nuestro sistema punitivo como uno propio de un sistema democrático, convirtiéndolo en otra cosa.

Si lo anterior es correcto, la cuestión que se deriva directamente es la de, para el caso en que en efecto se haya conseguido prevenir la comisión de un acto terrorista, qué puede hacerse con quienes resultan condenados por ello. Y aquí se parte, de nuevo, de una premisa consistente en que, dado que el terrorismo constituye el paradigma de la delincuencia por convicción —y de entre las distintas modalidades de terrorismo, el yihadista es el más destacado— quienes son condenados por esta clase de delitos no pueden ser resocializados, lo que implica tanto como decir que, tan pronto como recobren su libertad van a volver a intentar llevar a cabo actos terroristas. La solución adoptada por nuestro legislador en estos casos es clara: la inocuización del sujeto. De ahí la previsión de la prisión permanente revisable —por el momento para los supuestos más graves, esto es, cuando hay un resultado de muerte— y el incremento generalizado de las penas privativas de libertad previstas[176], en general, para estos delitos. Se parte de la lógica consistente en que cuanto más tiempo estén en un centro penitenciario, menos posibilidades de reincidencia hay. Y además, cuando salgan, se procede a su expulsión del territorio nacional[177], con lo que el riesgo que todavía puedan conllevar es trasladado a otro lugar[178]. Y, para los casos en que la expulsión no sea posible —por ejemplo, por ser nacionales— se prevé la aplicación de la medida de seguridad de libertad vigilada, lo que posibilita su control una vez hayan cumplido la pena impuesta. Todo ello sin perjuicio, por supuesto, de la finalidad preventivo general positiva a la que también responde esta decisión político criminal. El Derecho penal del odio está servido[179]. Y todo ello sin que hasta el momento se haya contrastado la efectividad de las penas que con cada reforma se han ido agravando.

Ya estamos pues, en condiciones de responder algunas de las preguntas que nos planteábamos al comienzo de estas páginas. El objetivo de la presente reforma es, además de incrementar las consecuencias previstas

---

176 Y de cualquier otra naturaleza, sin cambios que impliquen la exigencia de una mayor gravedad en el contenido de injusto.

177 En cuyo caso no queda claro cómo va a resultar imponible la medida de libertad vigilada, cuyo cumplimiento comienza una vez que finaliza el de la pena privativa de libertad.

178 No entraremos aquí en los problemas que en la práctica hacen, en ocasiones, inviable la expulsión del condenado del territorio nacional.

179 Como acertadamente lo califica CUERDA ARNAU, M. L., "Delitos contra el orden público", en GONZÁLEZ CUSSAC, J.L. (Coord.), *Derecho Penal. Parte Especial* (4ª edic), Tirant lo Blanch, Valencia, 2015, pág. 762.

en la gran mayoría de los delitos de terrorismo —como veremos seguidamente— convertir en típicas las conductas propias de los "combatientes terroristas retornados"[180] y de los lobos o actores solitarios, así como para introducir determinados usos que las organizaciones y grupos terroristas vienen haciendo de Internet —concretamente en lo que a la "captación, adiestramiento y adoctrinamiento en el odio" se refiere—. En consecuencia, diversas son las modificaciones introducidas. Ahora bien ¿Era necesaria la reforma? Ciertamente, no en la forma en que se ha hecho, pues la introducción de la tipificación de determinadas conductas no justifica, en absoluto, los cambios operados, que afectan a todo el Capítulo. Tampoco el hecho de que ahora las conductas que la Audiencia Nacional debe enjuiciar sean principalmente las propias del terrorismo yihadista y no del terrorismo interno justifica esta reforma, pues hasta el momento los órganos jurisdiccionales han hallado debido acomodo a las mismas en nuestro Código Penal. Ahora se tipifican conductas que con anterioridad carecían de relevancia penal —como, por ejemplo, el adiestramiento pasivo (artículo 575), la colaboración con organización o grupo terrorista (artículo 577.3), o la ampliación de los actos preparatorios punibles contenidos en el artículo 579—. La cuestión es si tales conductas resultan merecedoras de reproche penal y, para el caso de que la respuesta a este interrogante sea afirmativa, si lo son del que se les hace.

2. NOTAS QUE CARACTERIZAN LA REFORMA DE 2015

Las premisas de las que, a nuestro juicio, parte el legislador explican pues, las notas que caracterizan la reforma operada, que son —entre otras—: un adelantamiento de la barrera punitiva todavía mayor del que hasta el momento venía empleándose; un incremento generalizado de las consecuencias jurídicas; una mayor afectación a derechos fundamentales y libertades públicas, así como la desatención a los principios limitadores de la potestad punitiva estatal; todo ello acompañado de una modificación del concepto de delito de terrorismo en unas condiciones que podrían dar lugar a una aplicación inapropiada del arsenal jurídico existente para este fenómeno[181].

---

180 Tal y como los denomina el Preámbulo de la Ley Orgánica.

181 No debe olvidarse que los efectos más inmediatos en materia de terrorismo no son de naturaleza sustantivo penal, sino procesal, con lo que ello implica en recortes de garantías constitucionales.

2.1. El cambio de paradigma: de la sanción a la prevención

Nuestro legislador no ha limitado su labor a la punición de los delitos de terrorismo, sino que siempre ha procurado, en la medida de lo posible, evitar su comisión. Labor preventiva que ve en esta reforma su máximo exponente, a través del recurso a la tipificación de delitos de expresión y de delitos de peligro abstracto[182]. Categorías dogmáticas en las que, obvio es decirlo, puede integrarse un mismo tipo penal.

La apología, entendida como forma de provocación directa a delinquir fue la figura inicial en el primer grupo. A ella le siguieron el enaltecimiento y la justificación del terrorismo[183]. Delito de opinión que castiga la solidaridad moral con las acciones terroristas[184] y cuya compatibilidad con la libertad de expresión, en tanto que incitaciones indirectas a la comisión de delitos[185], resulta dudosa. La Ley Orgánica 5/2010, de 22 de junio, dio un paso más introduciendo en el segundo párrafo del art. 579.1 CP lo que se ha denominado el "delito de propaganda"[186], en el que se tipifica "la distribución o difusión pública por cualquier medio de mensajes o consignas dirigidas a provocar, alentar o favorecer la perpetración de cualquiera de los delitos previstos en este capítulo, generando o incrementando el riesgo de su efectiva comisión", tipificándose así la "adhesión ideológica"[187]. El legislador de 2015, da una vuelta de tuerca más tipificando en el nuevo artículo 579 conductas que, como acertadamente señala CUERDA ARNAU, constituyen "llamadas génericas a delinquir"[188]. Además, se incluyen en el artículo 578 —en el que ahora se contiene la tipificación del enaltecimientoy justificación pública de los delitos de terrorismo y de la humillación de las víctimas— dos subtipos agravados para los supuestos en los que la conducta se lleve a cabo mediante "la difusión de servicios o contenidos accesibles al público a través de medios de comunicación, internet, o por medio de servicios de comunicaciones electrónicas o mediante el uso de tecnología de la información" y "cuando los hechos [...] resulten idóneos

---

182 Así los califica CANO PAÑOS, M.A., "La reforma de los delitos de terrorismo", en MORILLAS CUEVA, L. (Dtor.), *Estudios sobre el Código Penal Reformado*, Dykinson, Madrid, 2015, pág. 908.

183 Introducido en el art. 578 CP por la Ley Orgánica 7/2000, de 22 de diciembre.

184 En palabras de LLOBET ANGLÍ, M., *Derecho Penal del terrorismo. Límites de su punición en un Estado democrático*, La Ley, Madrid, 2010, pág. 442.

185 LLOBET ANGLÍ, M., *Op. Cit.*, pág. 457.

186 Tal y como lo define CANCIO MELIÁ, M., "Delitos de terrorismo", en ÁLVAREZ GARCÍA, F.J., y GONZÁLEZ CUSSAC, J.L. (Dtores.), *Comentarios a la Reforma Penal de 2010*, Tirant lo Blanch, Valencia, 2010, pág. 530.

187 *Íbidem.*

188 CUERDA ARNAU, M. L., *Op. Cit.*, pág. 779.

para alterar gravemente la paz pública o crear un grave sentimiento de inseguridad o temor a la sociedad o parte de ella", configurándolo como un delito de clima.

Relacionados con los delitos de expresión pueden mencionarse también las conductas de adoctrinamiento, adiestramiento o formación que el legislador de 2010 tipificó expresamente en el art. 576.3 CP como modalidades específicas de colaboración con una organización o grupo terrorista, respecto de las cuales se ha criticado su naturaleza innecesaria —por redundante— y, en lo que al adoctrinamiento concretamente se refiere, las dificultades existentes para distinguirla de la mera libertad de expresión[189]. Conductas a las que el legislador añade ahora el adoctrinamiento y adiestramiento pasivos, esto es, el autoadoctrinamiento y autoadiestramiento, delitos de peligro abstracto donde los haya. Se castigan así, cnductas que hasta el momento no habían tenido acogida en nuestro texto punitivo, constituyendo uno de los preceptos más conflictivos de esta reforma[190].

Con este precepto pretende posibilitarse la actuación penal en relación a los fenómenos que se ponen en estos días de manifiesto en los medios de comunicación, relativos a las personas que viajan a determinados lugares con la intención de formarse para una posterior comisión de actos terroristas —incluyéndose los casos de células durmientes—, así como los casos de autorradicalización a través de Internet, dándose con

---

189 CANCIO MELIÁ, M., *Op, cit.*, pág. 528.

190 Así, el precepto consta de tres apartados, a cual de ellos más problemático.
El apartado primero castiga con una pena de prisión de 2 a 5 años a quien "con finalidad de capacitarse para llevar a cabo cualquiera de los delitos tipificados en este capítulo reciba adoctrinamiento o adiestramiento militar o de combate, o en técnicas de desarrollo de armas químicas o biológicas, de elaboración o preparación de sustancias o aparatos explosivos, inflamables, incendiarios o asfixiantes, o específicamente destinados a facilitar la comisión de alguna de tales infracciones".
El apartado segundo castiga a quien con los mismos fines realice tales actividades por sí mismo, esto es, se autoadoctrine o se autoadiestre. Conducta que se presume concurrente cuando "con tal finalidad, [se] acceda de manera habitual a uno o varios sitios de Internet o de un servicio de comunicaciones electrónicas cuyos contenidos estén dirigidos o resulten idóneos para incitar a la incorporación a una organización o grupo terrorista, o a colaborar con cualquiera de ellos o en sus fines". Así como cuando con la misma finalidad se "adquiera o tenga en su poder documentos que estén dirigidos o, por su contenido, resulten idóneos para incitar a la incorporación a una organización o grupo terrorista o a colaborar con cualquiera de ellos o en sus fines".
Por último, el apartado 3 castiga a "quien, para ese mismo fin, o para colaborar con una organización o grupo terrorista, o para cometer cualquiera de los delitos comprendidos en este Capítulo, se traslade o establezca en un territorio extranjero controlado por un grupo u organización terrorista".

ello cobertura a los usos pasivos que las organizaciones terroristas hacen de Internet. Este, sin duda, es el tipo que pone de manifiesto de forma paradigmática la línea político criminal de prevención que ha adoptado el legislador de 2015. El problema es que se anticipa tanto la línea de intervención penal que resulta muy complicado probar la puesta en peligro de bien jurídico alguno, por cuanto debe tenerse en cuenta el momento en que se está castigando: cuando se visitan determinados sitios web o se posee documentación o información que puede llegar a ser usada para cometer atentados terroristas, así como el desplazarse a lugares ocupados por tales organizaciones o grupos. La afectación de este tipo a la libertad de información y de circulación de ciudadanos es palmaria, habida cuenta de la presunción que se establece, haciéndose recaer sobre el acusado el deber de probar que las conductas no fueron realizadas con la finalidad que les atribuye relevancia jurídico penal. La presunción de inocencia queda aquí claramente vulnerada, por cuanto a la acusación le es suficiente con demostrar la conducta externa, debiendo ser el acusado quien deba demostrar la ausencia del elemento subjetivo.

No sólo eso ¿qué bien jurídico se lesiona por el mero hecho de visitar determinadas páginas web, aunque sea de manera habitual? ¿Cómo se va a demostrar la finalidad que supuestamente atribuye desvalor jurídico penal a esta conducta? Mediante la forma de vida que esté llevando a cabo el sujeto, pues eso será lo que otorgue los indicios que permitan inferir la finalidad terrorista. Lo cual no es sino Derecho penal de autor, contrario al principio del hecho. Además ¿Dónde queda la libertad de información?

Todo ello por no hablar de los problemas de taxatividad que contiene el tipo, por cuanto ¿Qué se entiende por acceso habitual? ¿A partir de qué vez comienza a serlo? ¿3 como en el maltrato, o más? y de ser más ¿cuántas? Y el mero acceso ¿qué conlleva? ¿Es necesario haber accedido al contenido, en el sentido de haberlo recibido, o basta con el mero hecho de entrar en el sitio web y salir? Y no sólo eso. No se puede adquirir o tener en tu poder ningún documento idóneo para incitar la futura comisión de delitos de terrorismo porque ello resulta peligroso y se convierte por sí solo en una conducta susceptible de ser penada con prisión de 2 a 5 años. Ciertamente, este precepto recuerda a sistemas políticos no precisamente democráticos.

Todo ello por no hablar de los problemas de prueba que vendrán derivados del hecho de que el trasladarse a determinados lugares con la finalidad de formarse, dado que estamos tratando el fenómeno del terrorismo yihadista, va referido a viajes al extranjero. ¿Con base a qué pruebas va a determinarse que un concreto lugar cumple los elementos del tipo, esto es, se trata de un lugar donde una persona puede ir a formarse con fines terroristas? Supuestamente en atención a informes de inteligencia que serán facilitados por los servicios de inteligencia nacionales o extranjeros —dado que a nadie se le escapa que la policía judicial no va a poder acudir a los mismos a desarrollar su función de recopilación de pruebas—. Esto supondrá incrementar el problema derivado del empleo de pruebas de inteligencia en procesos judiciales, su carácter secreto y las dificultades que ello genera en relación, por ejemplo, al derecho de defensa y de igualdad de partes.

Si lo dicho hasta el momento es correcto, la compatibilidad de la reforma operada con la libertad de expresión, la libertad de pensamiento e incluso el derecho a la presunción de inocencia pueden ser seriamente puestas en duda.

2.2. La inocuización del terrorista: ¿Qué queda del principio de proporcionalidad?

Las penas previstas para los delitos de terrorismo ya eran de las más graves que podían encontrarse en el Código Penal. Gravedad intrínseca que, unida a las especialidades previstas en materia de las reglas aplicables para la determinación de la pena, de libertad condicional y de las medidas de seguridad, hacía que pudiera afirmarse la existencia de un sistema punitivo propio, ciertamente excepcional, para esta clase de delitos. Pues bien, parece que al legislador de 2015 no le parecía bastante con lo que ya estaba previsto. Ninguna otra explicación se nos ocurre al generalizado incremento de penas producido en relación a: los delitos contra la vida[191], integridad física, libertad ambulatoria (273 bis 1), delitos contra el orden público, sedición, rebelión (art. 573 bis 4); el depósito de armas o municiones (art. 574); la financiación del terrorismo (art. 576); la colaboración con organizaciones, grupos o elementos terroristas —en determinados supuestos— (art. 577) y los delitos de expresión (art. 578)[192].

Pero éste no ha sido el único mecanismo a través del cual se han agravado las consecuencias punitivas derivadas de la comisión de un delito de terrorimo. Como es sabido, los delitos de pertenencia a organización y grupo terroristas persiguen —o cuanto menos permiten— posibilitar la imposición de una condena a los miembros de tales estructuras cuando

---

191 Para los que ahora se prevé la pena de prisión permanente revisable.

192 En relación a las penas accesorias, el art. 579 bis no ha incrementado su duración, pero ha añadido una nueva consistente en la "inhabilitación especial para profesión u oficio educativos, en los ámbitos docente, deportivo y de tiempo libre".

no resulta posible probar la participación del sujeto en un acto terrorista concreto. Esta conducta, que originariamente estaba prevista en el artículo 516, pasó, con la reforma del 2010, a ubicarse en el artículo 571, en el que, además, se ofrecía un concepto de organización y de grupo terrorista. La reforma de 2015 separa en dos preceptos el concepto de la conducta. Así, ahora, el artículo 571 contiene la definición de organización y grupo terrorista y el artículo 572 prevé y castiga las conductas de promover, constituir, organizar y dirigir, así como las de participar activamente o formar parte de ellas. Ninguna otra diferencia ha supuesto la reforma en estos concretos aspectos, por cuanto incluso la pena prevista es la misma. Dicho esto, debe tenerse en cuenta que el artículo 571 no deja de ser una norma incompleta cuya interpretación depende de la que se dé a los artículos 573 a 580 —en los que se tipifican los delitos de terrorismo—, con lo que, aunque la fórmula típica empleada por el legislador del 2015 es casi idéntica a la introducida por el legislador del 2010, el contenido de la misma, sin embargo, varía, en tanto en cuanto los delitos de terrorismo también lo hacen.

Lo que sí ha cambiado es la desaparición de las referencias a la organización o grupo terrorista a la hora de tipificar los delitos de terrorismo, en los que ahora no se alude a las mismas como elemento constitutivo, con lo que a partir de la entrada en vigor de la reforma, todos y cada uno[193] de los delitos de terrorismo pueden ser cometidos por cualquier persona, con independencia de que ostente o no algún vínculo con aquellos entes colectivos. Tal decisión implica, no tanto una novedosa tipificación del terrorismo individual —que, como se ha dicho, ya estaba prevista en el Código Penal— sino la ampliación del concepto de terrorismo individual, por cuanto ahora abarca la totalidad de las conductas consideradas como delito de terrorismo y no sólo —como venía ocurriendo hasta el momento— la contenida en el artículo 577. Esto conlleva además, un efecto penológico importante, por cuanto en aquellos supuestos en los que quien ejecute alguno de los delitos de terrorismo contenidos en la Sección Segunda del Capítulo lo haga vinculado a una organización o grupo terroristas responderá por ambas conductas —la de promoción, constitución, organización o dirección; o bien la de participación activa o el formar parte de las mismas; y el concreto delito de terrorismo cometido— en concurso real. Por tanto, la vía a través de la cual se agravan con esta reforma las consecuencias punitivas previstas para los delitos de terrorismo es doble: al incremento punitivo generalizado en los preceptos que contienen

---

193 Salvo alguna excepción, como el contenido en el artículo 573 bis 4.

delitos de terrorismo se añade ahora la pena prevista por la pertenencia o dirección[194] a los entes colectivos que tengan por objeto o finalidad, precisamente, la comisión —no necesariamente plural— de alguno de ellos. Sabido es que con la formulación típica empleada hasta la actual reforma, el hecho de que el delito de terrorismo se hiciera depender de la vinculación a la organización o grupo terrorista permitía castigar únicamente por el delito de terrorismo cometido, quedando el otro subsumido en la conducta. Los efectos penológicos de este cambio serán considerables, habida cuenta de que las penas previstas en el artículo 572 siguen siendo de 8 a 14 años de prisión e inhabilitación especial para empleo o cargo público por tiempo de 8 a 15 años en el primer grupo de conductas, y de prisión de 6 a 12 años e inhabilitación especial para empleo o cargo público de 6 a 14 años para la mera pertenencia o participación activa.

Pues bien, por si todo lo anterior no fuera suficiente, todavía hay que añadir las nuevas disposiciones que se han establecido en el Libro I de nuestro texto punitivo, de entre las que pueden destacarse los cambios operados en materia de progresión al tercer grado, para lo cual se requiere, a tenor del artículo 78 bis, el cumplimiento de un tiempo mínimo de 24 o 30 años, dependiendo de la pena prevista para los delitos cometidos, así como en materia de consecuencias accesorias (arts. 127 a 129 bis CP)[195].

Especial mención merece el régimen de sustitución de las penas privativas de libertad impuestas a "un ciudadano extranjero"[196] que no es necesario que resida irregularmente en nuestro país, el cual ha sido modificado estableciéndose la obligatoriedad de sustitución de toda o parte de la pena impuesta, quedando exceptuada dicha disposición genérica cuando, "a la vista de las circunstancias del hecho y las personales del autor, en particular su arraigo en España, la expulsión resulte desproporcionada" y para los casos en el que el extranjero sea ciudadano de la Unión Europea. Sola-

---

194 Si se permite la generalización de las concretas conductas tipificadas en el artículo 572 CP.

195 Según establece el artículo 129 bis, también en los casos de terrorismo —entre otros—, "cuando las circunstancias del hecho, antecedentes, valoración de la personalidad, o de otra información disponible pueda valorarse que existe un peligro relevante de reiteración delictiva", el juez o tribunal "podrá acordar la toma de muestras biológicas de su persona y la realización de análisis para la obtención de identificadores de ADN e inscripción de los mismos en la base de datos policial". En fenómenos delictivos como el terrorista, debería justificarse en qué medida —más allá de la mera idea de la posibilidad de reiteración delictiva— la recolección de tales muestras pudiera servir para el esclarecimiento de posteriores delitos, evitándose con ello la automatización, y en consecuencia, sin posible justificación, con la consiguiente vulneración del derecho a la intimidad personal en la adopción de tales medidas.

196 Artículo 89 CP.

mente podrá procederse a la expulsión de este último "cuando represente una amenaza grave para el orden público o la seguridad pública en atención a la naturaleza, circunstancias y gravedad del delito cometido, sus antecedentes y circunstancias personales". Finalmente, cuando se hubiera residido en España durante los 10 años anteriores procederá la expulsión cuando además "hubiera sido condenado por uno o más delitos de terrorismo u otros delitos cometidos en el seno de un grupo u organización criminal". La única interpretación que se nos ocurre al respecto es que el hecho de residir en España durante los 10 años anteriores —no queda claro si a la comisión del delito o a la condena por el mismo— excluye el régimen general de expulsión, salvo que se trate de delitos cometidos en el seno de organizaciones y grupos criminales, entre las que se encuentran las terroristas[197], en cuyo caso, procederá la misma.

La prisión permanente revisable es incluida en el artículo 35 como una de las penas privativas de libertad imponible, entre otros supuestos que no vienen al caso, a los delitos de terrorismo que ocasionen resultado muerte. Para poder proceder a su suspensión, cuando se tratase de delitos de terrorismo y referentes a organizaciones y grupos terroristas se exige, además del cumplimiento de los requisitos genéricos, "que el penado muestre signos inequívocos de haber abandonado los fines y los medios de la actividad terrorista y haya colaborado activamente con las autoridades, bien para impedir la producción de otros delitos por parte de la organización o grupo terrorista, bien para atenuar los efectos de su delito, bien para la identificación, captura y procesamiento de responsables de delitos terroristas, para obtener pruebas o para impedir la actuación o el desarrollo de las organizaciones o asociaciones a las que haya pertenecido o con las que haya colaborado, lo que podrá acreditarse mediante una declaración expresa de repudio de sus actividades delictivas y de abandono de la violencia y una petición expresa de perdón a las víctimas de su delito, así como por los informes técnicos que acrediten que el preso está realmente desvinculado de la organización terrorista y del entorno y actividades de asociaciones y colectivos ilegales que la rodean y su colaboración con las autoridades". Es decir, se continúa con el sistema exasperado introducido en su momento en el que, además de un nivel de colaboración que no siempre será posible ofrecer, comporta la manifestación de la derrota moral —impropia del sistema punitivo— del terrorista.

---

197 Así como en el caso de que la condena sea "por uno o más delitos contra la vida, libertad, integridad física y libertad e indemnidad sexuales castigados con pena máxima de prisión de más de cinco años y se aprecie fundadamente un riesgo grave de que pueda cometer delito de la misma naturaleza" —letra a) del apartado 4 del artículo 89—.

Tan obvia es la excesiva gravedad de las consecuencias previstas que ni tan siguiera al legislador se le han escapado. De ahí que se haya introducido, en el art. 579 bis 4, la potestad de imponer "la pena inferior en uno o dos grados a la señalada en este Capítulo para el delito de que se trate, cuando el hecho sea objetivamente de menor gravedad, atendidos el medio empleado o el resultado producido"[198].

Resumiendo, el incremento de penas, las reglas concursales y de determinación de las penas imponibles y los cambios operados en el régimen de acceso a la libertad condicional, hacen que el principio de proporcionalidad se vea seriamente comprometido. Lógica consecuencia, por otro lado, de la pretensión de inocuización perseguida con esta reforma.

2.3. El nuevo concepto de terrorismo

Como no podía ser de otro modo, nuestro texto punitivo no define qué entiende por terrorismo. Lo cual es lógico, por cuanto ese no es el papel que está llamado a cumplir un Código Penal. Lo que hace en realidad, es definir qué concretos comportamientos considera delitos de terrorismo para, a continuación, atribuir dicho carácter a las organizaciones o grupos "que tengan por finalidad o por objeto la comisión de alguno" de ellos[199].

Aunque la doctrina mayoritaria considera que el legislador hacía girar la delimitación de los delitos de terrorismo sobre dos elementos esencia-

---

198 Cláusula, por cierto, con la que tal vez pueda salvarse la constitucionalidad del actual artículo 577, al permitir la subsanación de un defecto que el tipo penal de colaboración venía arrastrando desde su previsión en el Código Penal de 1973. En otro lugar —*Ley de partidos políticos y Derecho Penal. Una nueva perspectiva en la lucha contra el terrorismo*, Tirant lo Blanch, Valencia, 2008, pág. 208— defendí la inconstitucionalidad del delito de colaboración con organización y grupo terrorismo —entonces contenida en el artículo 576 CP— por considerar que el mismo seguía sin contener previsión alguna que permitiera al órgano jurisdiccional encargado de su aplicación el atemperamiento de la pena a imponer a conductas de muy diferente entidad, motivo por el cual el TC consideró, en su Sentencia núm. 136/1999, de 20 de julio *(Tol 81189)*, inconstitucional el artículo 174 bis a) del Código Penal de 1973. Parece que ahora con la aplicación del 579 bis 4 podría evitarse un defecto que, pese a ser plenamente conocido, no ha sido enmendado.

199 Con anterioridad a la reforma del 2015, el art. 571.3 CP atribuía tal carácter a las organizaciones o grupos que, reuniendo las características propias de los mismos, tuvieran "por finalidad o por objeto subvertir el orden constitucional o alterar gravemente la paz pública mediante la perpetración de cualquiera de los delitos previstos en la sección siguiente". Limitación que en realidad era ilusoria por cuanto el artículo 574 permitía considerar como terrorista la comisión de cualquier ilícito penal, siempre que se llevara a cabo con las referidas finalidades.

les: el estructural y el subjetivo[200], de forma tal que la mayor relevancia correspondía a la existencia de una organización o grupo[201] cuya finalidad fuera subvertir el orden constitucional o alterar gravemente la paz pública, somos partidarios[202] de que la tipificación del terrorismo individual en el artículo 577 conllevaba que, en realidad, el delito de terrorismo se sustentara sobre el elemento subjetivo, consistente en la finalidad de "subvertir el orden constitucional o alterar gravemente la paz pública", por ser el único elemento que se exigía en todo caso para poder atribuir a un ilícito penal la naturaleza de terrorista.

La reforma de 2015, según se afirma en su Preámbulo, pretende dar respuesta al terrorismo individual. Esto supone afirmar implícitamente que el artículo 577, en el que precisamente tenían cabida los actos de terrorismo individual, no se considera suficiente para los supuestos de los "lobos solitarios". Como consecuencia, la configuración de los tipos de terrorismo varía y ahora se omite cualquier tipo de referencia a la existencia de una organización o grupo terrorista a la hora de tipificarlos.

Si el terrorismo puede configurarse —de forma muy general y con todas las matizaciones que corresponden— como el uso de violencia con determinados fines como medio para lograr un ulterior objetivo de carácter político, el legislador debe plantearse —y resolver— varias cuestiones a la hora de decidir qué considera terrorismo: ¿Quién puede cometer delitos de terrorismo? ¿Qué concretas conductas pueden ser configuradas como tal? ¿Qué concretas finalidades deben perseguirse? ¿Tiene alguna relevancia la finalidad política ulteriormente referida?[203] Qué se considere terro-

---

200 GEPC, *Una alternativa a la actual política criminal sobre terrorismo*, 2008, págs. 24 y ss.

201 La justificación de esta técnica legislativa viene dada en el Preámbulo de la Ley Orgánica, según el cual "la experiencia de la lucha contra el terrorismo en España nos ha permitido contar con una legislación penal eficaz en la respuesta al terrorismo protagonizado por bandas armadas como ETA o el GRAPO, esto es, grupos terroristas cohesionados alrededor de uno o varios líderes, con estructura orgánica clara, reparto de roles dentro de la organización y relaciones de jerarquía definidas y asumidas por los integrantes del grupo terrorista". En realidad, la necesidad de la estructura organizada únicamente era imprescindible para considerar terrorismo, a tenor de lo establecido en el artículo 574, cualquier ilícito penal que no se encontrara expresamente contenido en la Sección Segunda del Capítulo VII del Título XXI —arts. 572 a 580, excepción hecha del art. 577, para el que tampoco era precisa la existencia de la organización o grupo terrorista— del Código Penal.

202 GONZÁLEZ CUSSAC, J.L., y FERNÁNDEZ HERNÁNDEZ, A., "Sobre el concepto jurídico-penal de terrorismo", en *Teoría y Derecho. Revista de Pensamiento Jurídico*, núm. 3, 2008, concretamente, pág. 51.

203 En relación a los distintos elementos que han sido empleados a la hora de tipificar el delito de terrorismo *vid.* GONZÁLEZ CUSSAC, J.L., y FERNÁNDEZ HERNÁNDEZ, A., *Op. Cit.*, págs. 43 a 50.

rismo dependerá, en consecuencia, de cómo se conjuguen tales elementos. No obstante, no todos ellos revisten la misma relevancia a la hora de definir la conducta, hasta el punto de que incluso alguno de ellos ni siquiera es relevante a efectos jurídico penales. Así, la finalidad política ulterior, dado que incluso puede ser lícita —porque lo ilícito son los medios empleados para conseguir el fin y no el fin en sí mismo[204]— es irrelevante. Motivo por el cual no se contiene referencia alguna en los tipos penales analizados[205]. El sujeto activo ha pasado a un segundo plano, porque determinados casos han puesto de manifiesto que cualquiera puede cometer un delito de terrorismo, con independencia de que exista detrás o no un grupo más o menos organizado[206]. Si se tiene en cuenta además, que las conductas que son tipificadas como terrorismo constituyen —la gran mayoría de ellas— ya por sí mismas infracciones penales[207], lo ciertamente relevante a la hora de definir el delito de terrorismo es la finalidad instrumental con que se lleva a cabo.

¿Qué hace pues el legislador del 2015? Resta relevancia al elemento estructural —que ahora, de hecho, no es exigido— restringe el elenco de conductas típicas comunes que pueden convertirse en delito de terrorismo —ampliando, por cierto, el listado de conductas que no encuentran acomodo en ningún otro lugar del Código Penal— y amplía el listado de las finalidades que deben ser perseguidas.

Como hemos señalado, hasta el momento los elementos subjetivos que definían los delitos de terrorismo eran dos: la subversión del orden constitucional y la alteración grave de la paz pública. El legislador de 2015 amplía —porque mantiene los ya referidos— dicho catálogo añadiendo, en el apartado 1° del artículo 573 las finalidades consistentes en: "suprimir o desestabilizar gravemente el funcionamiento de las instituciones políticas o de las estructuras económicas o sociales del Estado, u obligar a los poderes públicos a realizar un acto o abstenerse de hacerlo; desestabilizar

204 No obstante, esta afirmación debe ser matizada porque sí existen finalidades ilícitas, como pudiera ser el pretender un estado en el que existiera pureza racial.

205 Sin perjuicio de lo que después se dirá en relación a la inclusión de la rebelión como delito terrorista.

206 Como ya dijimos en su momento, que resulte más difícil no implica que no sea posible, lo que debería conllevar la inclusión de tales supuestos en los tipos penales creados al efecto.

207 Con excepciones, pues también es cierto que determinados preceptos tipifican conductas que, de no ser recogidas expresamente, no tendrían relevancia penal, como por ejemplo, las conductas constitutivas de colaboración con organización terrorista, o ahora, la nuevas conductas de poseer determinado material con las finalidades exigidas.

gravemente el funcionamiento de una organización internacional; provocar un estado de terror en la población o en una parte de ella". Elenco de finalidades que es enumerado con carácter alternativo, con lo que es suficiente que se persiga cualquiera de ellas para que el concreto acto pueda ser considerado terrorismo.

Estas finalidades son pues, las que permiten castigar como terrorismo determinadas conductas ¿Cuáles? Hasta esta reforma es cierto que los artículos 571 a 573 iban referidos a determinadas conductas delictivas. Sin embargo, el 574 ampliaba la consideración de terrorismo a cualquier otra infracción que fuera cometida perteneciendo, actuando al servicio o colaborando con organizaciones o grupos terroristas y con las finalidades de subvertir el orden constitucional o alterar gravemente la paz pública. Con lo que, en realidad, cualquier conducta constitutiva de delito o falta podía ser calificada como delito de terrorismo siempre que revistiera los elementos estructural y subjetivo. La reforma limita el elenco de delitos que pueden convertirse en delitos de terrorismo, y hace desaparecer la cláusula general, con lo ahora únicamente pueden ser castigados como delitos de terrorismo: "cualquier delito grave" —con lo que no entran en la definición los delitos menos graves ni los delitos leves— que atente contra los siguientes bienes jurídicos: la vida, la integridad física, la libertad, la integridad moral, la libertad e indemnidad sexuales, el patrimonio, los recursos naturales o el medio ambiente, la salud pública, de riesgo catastrófico, incendio, contra la Corona, de atentado, tenencia, tráfico y depósito de armas, municiones y explosivos y, finalmente, el apoderamiento de aeronaves, buques u otros medios de transporte colectivo o mercancías —artículo 573.1—.

Son también delitos de terrorismo, según el artículo 573.2, "los delitos informáticos tipificados en los artículos 197 bis, 197 ter y 264 a 264 quater", cuando —al igual que los anteriores— se lleven a cabo con alguna de las finalidades anteriormente referidas. Así como "el resto de los delitos tipificados en este Capítulo"[208]. Especial mención merece la atribución del

[208] Estos últimos son: "desórdenes públicos, rebelión y sedición cuando son llevados a cabo por organización o grupo terroristas, o individualmente pero amparados por ellos " —art. 573.4—; el depósito de armas o municiones, la tenencia o el depósito de sustancias o aparatos explosivos, inflamables, incendiarios o asfixiantes, o de sus componentes, su fabricación, tráfico, transporte o suministro de cualquier forma y la mera colocación o empleo de tales sustancias o de los medios o artificios adecuados, así como el desarrollo de armas químicas o biológicas o el apoderamiento, posesión, transporte o el facilitar a otro, o manipular materiales nucleares, elementos radiactivos o materiales o equipos productores de radiaciones ionizantes —art. 574—; recibir adoctrinamiento o adiestramiento militar o de combate con el propósito de cometer

carácter de delito de terrorismo a la apología, pues no puede olvidarse que la apología del terrorismo, hasta ahora, aunque se encontrara tipificada dentro del Capítulo relativo a los delitos de terrorismo, no era considerada un delito de terrorismo, con todo lo que ello implica[209].

Criticar ahora el listado de conductas seleccionadas para poder configurarse como un delito de terrorismo, cuando con el sistema empleado hasta el momento, todas ellas quedaban incluidas a consecuencia de la cláusula residual del artículo 574, puede resultar un tanto peculiar. Sin embargo, ello no obsta para que, si se consideraba que incluir todas las infracciones penales —pues el artículo 574 hablaba de cualquier otra infracción aludiendo posteriormente a la pena señalada para el delito o falta ejecutados— siempre que concurrieran las finalidades exigidas y la existencia de una organización o grupo terrorista era excesivo y, por tanto, procedía la limitación de las mismas, se exija una cierta coherencia en las infracciones seleccionadas. Así, no acaba de verse cómo un delito contra la libertad o la indemnidad sexual puede llegar a ser cometido para conseguir cualquiera de las finalidades a las que ahora alude al tipo[210]. Tampoco puede compartirse el hecho de que se incluya el apoderamiento de aeronaves, buques u otros medios de transportes colectivo o de mercancías, que más bien recuerda a las fórmulas empleadas en los textos elaborados a nivel internacional[211] y que encuentran acomodo en cualquiera de las otras conductas ya tipificadas en nuestro Código Penal —pues tales casos bien pudieran constituir un atentado contra la libertad de quienes se

---

delitos de terrorismo —art. 575—; la financiación del terrorismo —art. 576—; la colaboración con organización, grupo o elemento terroristas —art. 577—; el enaltecimiento o justificación del terrorismo o de quienes lo cometen, así como el desacreditar, menospreciar o humillar a las víctimas del terrorismo —art. 578—; y la difusión pública de mensajes o consignas que tengan por finalidad o que sean idóneos para incitar a otros a la comisión de alguno de los delitos de terrorismo —art. 579—.

209 Por ejemplo, a nivel de atribución de competencia a nuestros juzgados y tribunales a la hora de enjuiciar comportamientos llevados a cabo fuera del territorio nacional. Al respecto *vid.* ATS de 23 de mayo de 2002 *(Tol 212176)*, Caso Otegi.

210 Salvo por el hecho de que recientemente se han conocido casos de secuestros de mujeres para convertirlas en objetos sexuales por parte de la organización Boko Haram. "Una secuestrada por Boko Haram: Me convirtieron en una máquina sexual. Ahora estoy embarazada", en El Mundo.es. Disponible en http://www.elmundo.es/internacional/2015/05/05/55485e42e2704eab568b456c.html
Naranjo, J., "Nigeria liberta a 293 mujeres y niñas secuestradas por Boko Haram", en El País.es. Disponible en http://internacional.elpais.com/internacional/2015/04/28/actualidad/1430255215_706009.html

211 Y que, por tanto, deben emplear fórmulas lo suficientemente amplias como para que puedan ser aceptadas por los respectivos Estados parte y adaptadas a sus respectivas normativas internas.

encuentren en ellos y, para el caso de que se encontraran vacíos, contra el patrimonio de sus legítimos titulares—[212].

Ya había sido advertido que la inclusión, como finalidad definidora del delito de terrorismo, de la alteración grave de la paz pública podía provocar dificultades de delimitación con otras figuras típicas, o dicho de otra forma, posibilitaba el castigo, como delitos de terrorismo, de fenómenos que en realidad no lo son, concretamente con determinados supuestos de criminalidad organizada, y ahora además, tras la reforma operada por la Ley Orgánica 1/2015 en materia de delitos de desórdenes públicos, incluso determinados colectivos que no necesariamente revistan carácter ilícito, como por ejemplo las plataformas anti desahucios[213]. El único modo de dificultar esta confusión, mejor, la ampliación de la aplicación de los delitos de terrorismo a fenómenos que no lo son, pasa por una interpretación estricta del tipo, según la cual, para posibilitar su aplicación se requiere que sea esa la finalidad perseguida y no el efecto logrado[214].

Con todo, la pregunta a responder es ¿En qué mejora la presente definición la que había en el Código Penal? Para responder a esta pregunta debe partirse de la premisa consistente en el hecho de que hasta el momento no ha habido ningún caso de terrorismo internacional en nuestro país que no haya podido ser juzgado como delito de terrorismo por no resultarle aplicable alguno de los tipos contenidos en los preceptos 571 a 580 del Código Penal. En consecuencia, puede afirmarse que la ampliación de finalidades no era necesaria para dar cobertura a los actos de terrorismo internacional. Quienes lo ejecutan persiguen subvertir el orden constitucional o alterar gravemente la paz pública, con lo que podría afirmarse que la ampliación de las finalidades consiste más en una traslación a nuestro texto punitivo de fórmulas internacionales, que una necesidad de superar defectos técnicos de nuestro Código Penal. El problema es que como nuestro legislador ha añadido las finalidades establecidas a nivel internacional a las que se exigían en nuestro país, en realidad ha fijado un concepto más amplio que el que se pretendía a nivel internacional,

---

212 De hecho, a la hora de fijar la pena a imponer en tales supuestos deberá acudirse a las concretas conductas que atenten contra el bien jurídico lesionado, pues el apoderamiento de aeronaves, buques u otros medios de transporte público o mercancías no está tipificado como tal en nuestro Código Penal.

213 En el mismo sentido CANO PAÑOS, M.A., *Op. Cit.*, pág. 924.

214 En determinados supuestos las actuaciones de organizaciones criminales pueden provocar una alteración grave de la paz pública. Sin embargo, resulta más discutible que esa sea la finalidad que persiguen, por cuanto la búsqueda de notoriedad constituye un mecanismo de actuación más propio de los terroristas que de quienes tienen por objeto la comisión de ilícitos.

con otras palabras, una vez más, bajo la justificación de las obligaciones internacionales se ha ido más allá de lo que éstas realmente implicaban.

Otra de las finalidades es la de "suprimir o desestabilizar gravemente el funcionamiento de las instituciones políticas o de las estructuras económicas o sociales del Estado". "Suprimir" implica destruir el funcionamiento. "Desestabilizar" por su parte, significa, según el diccionario de la RAE, "alterar o perturbar la estabilidad", siendo "estable", también según la RAE, aquello "que se mantiene sin peligro de cambiar, caer o desaparecer". En atención a todo ello, por desestabilizar gravemente debe entenderse una alteración grave en el funcionamiento, claro está, sin llegar a provocar una alteración grave de la paz pública, porque en ese caso, esta finalidad ya daría cobertura a la concreta conducta. Ello implica que se reduce el nivel de afectación social que se exige. Qué se entienda por "instituciones políticas" y "estructuras económicas o sociales del Estado", que constituyen términos jurídicos indeterminados, es algo que la Audiencia Nacional y el Tribunal Supremo tendrán que ir definiendo. La taxatividad exigida por el principio de legalidad queda aquí gravemente comprometida. Por "institución política" deberá entenderse todo organismo reconocido en el ordenamiento jurídico, con funciones de gestión. Quedarían abarcados cuanto menos, por el término, la Casa Real, el Parlamento Nacional y los autonómicos, Diputaciones, Ayuntamientos, Delegaciones de Gobierno Civil. Mayor dificultad de delimitación revisten los conceptos "estructuras económicas o sociales", por cuanto "estructura" significa "distribución y orden", con lo que ahora constituye una finalidad terrorista también el destruir o alterar la distribución y el orden económico o social, aunque no se pretenda una finalidad política.

La tercera de las finalidades escogidas es la de "Obligar a los poderes públicos a realizar un acto o a abstenerse de hacerlo". Se incluye aquí la fórmula contenida en el delito de coacciones, implicando por tanto, un ataque a la libertad de decisión de los poderes públicos. Finalidad, por cierto, que ya estaba implícita en las previstas hasta el momento, por cuanto el terrorismo implica una estrategia de actuación, consistente en el empleo de violencia con finalidad política, para conseguir algo que quien está en condiciones de concederlo no quiere hacerlo —pues de lo contrario no sería necesario el uso de la violencia—. ¿Acaso alguien puede sostener que el asesinato de Miguel Ángel Blanco a manos de ETA —cuya justificación fue la negativa del Gobierno a acercar los presos de ETA al País Vasco— no fue un acto de terrorismo?

Tampoco, en nuestra opinión, era necesario incluir la finalidad consistente en "desestabilizar gravemente el funcionamiento de una organización internacional", por cuanto los atentados dirigidos contra sus sedes o sus trabajadores que se encuentren en nuestro país ya estaba incluido en la alteración grave de la paz pública.

Por último, "provocar un estado de terror en la población o en una parte de ella" constituye un elemento propio de ciencia política que sirve para distinguir el terrorismo de otros fenómenos violentos. Pero trasladarlo al ámbito jurídico conlleva indudables problemas, tanto de delimitación, como de prueba. ¿Qué vamos a considerar terror? ¿Cómo se va a probar la existencia de ese estado de ánimo? Y suponiendo que finalmente todo ello fuera superado ¿Qué entendemos por población? ¿La de todo el Estado, sólo la de una Comunidad Autónoma, o la de una ciudad, tal vez la de un municipio, puede que la de un barrio, porque no la de una calle donde haya tenido lugar una acto de terrorismo? ¿Y qué parte de esa población comenzará a ser relevante a efectos de dotar de carácter terrorista a un determinado comportamiento? Pero no sólo eso, no debe olvidarse que esta es una finalidad que debe ser perseguida por la organización, grupo o el elemento terrorista, con lo que no es necesario que se genere el efecto —lo que facilita la condena— sino únicamente que se persiga lograrlo —lo que dificulta la probanza de la finalidad—. ¿Qué comportamientos se van a considerar aptos para poder afirmar que esa era la finalidad perseguida por quién o quiénes los perpetraron? Porque no puede olvidarse que el artículo 571 califica como terrorista a la organización o grupo "que tengan por finalidad o por objeto la comisión de alguno de los delitos tipificados en la sección siguiente", no la que efectivamente lo consiga. En fin, como puede apreciarse, todo un tributo a la obligación de taxatividad derivada del principio de legalidad.

Pero no son esos los únicos problemas que se derivan de la nueva definición de los delitos de terrorismo, y así, a modo meramente enunciativo debe destacarse aquí que es el propio legislador quien no se ajusta al concepto de terrorismo que el mismo proporciona. Así, según el 573.1, "se considerarán delito de terrorismo la comisión de cualquier delito grave contra...". En consecuencia, y dado que no se dice cualquier delito, debe entenderse que sólo los graves podrán considerarse terrorismo. Y, a tenor del artículo 13.1 "delitos graves las infracciones que la ley castiga con penas graves"[215]. Sin embargo, cuando en el artículo 573 bis procede a fijar las penas imponibles alude a delitos concretos que no pueden ser tildados de graves —como por ejemplo las lesiones imprudentes al feto del artículo

---

215 Y según el artículo 33.1 los son, entre otras que ahora no interesan "la prisión superior a cinco años o las inhabilitaciones especiales por tiempo superior a cinco años".

158—. En consecuencia debería eliminarse la referencia a la gravedad, o ajustar el resto del articulado a tal disposición. También deben señalarse errores técnicos, como por ejemplo, cuando se califica —art. 573.2— como delito de terrorismo los delitos informáticos contenidos, entre otros, en el art. 264 quater, en el que no se tipifica delito informático alguno, sino la atribución de responsabilidad penal a las personas jurídicas por la comisión de los delitos contenidos en los arts. 264, 264 bis y 264 ter.

3. A MODO DE CONCLUSIÓN

Así es la reforma del 2015 en materia de terrorismo: apresurada, innecesaria, paradigma del derecho penal del autor y vulneradora de principios limitadores del *ius puniendi* en cualquier estado democrático de derecho, tales como: el principio de proporcionalidad, el de legalidad y el de lesividad, así como de derechos fundamentales y libertades públicas, tales como la libertad de expresión, la libertad de pensamiento o la presunción de inocencia. Todo ello, a mayor abundamiento sin que se haya solucionado ninguno de los problemas que la regulación anterior presentaba. Y lo malo es que, dada la forma en que el legislador toma decisiones en esta materia —sin aprender de los errores pasados—, lo que ahora tenemos todavía puede ir a peor.

DERECHO DE MANIFESTACIÓN Y DESÓRDENES PÚBLICOS

GONZALO QUINTERO OLIVARES
Catedrático de Derecho penal. Universitat Rovira Virgili

1. LO JUSTO Y LA EXIMENTE DE EJERCICIO DEL DERECHO

De acuerdo con una extendida opinión, la concurrencia de un derecho en quien actúa realizando aparentemente un tipo de delito, determina la justificación de la conducta. Sin que este sea el lugar para entrar en viejas disputas dogmáticas sobre lo atípico y lo justificado, bueno es recordar que frente a los defensores de la idea de que la justificación produce la atipicidad de la conducta (en nombre de la doctrina de los elementos negativos del tipo), otros se opusieron diciendo, con sobrada razón, que la realización de un acto "típico", esto es, seleccionado por el legislador como intolerable y esencialmente injusto, es un suceso que en ningún caso es neutralizable hasta el punto de hacerlo desaparecer, como si nunca hubiera tenido lugar y perteneciera al mundo de lo ajeno al derecho penal.

La conocida crítica de Welzel en rechazo a la tesis de que una causa de justificación es un elemento negativo de la tipicidad, y, por lo tanto, la muerte de un hombre en legítima defensa tiene la misma significación que la muerte de una mosca, resume, de un modo algo exagerado —para comprobar la realidad de la legítima defensa será preciso un proceso penal, y por la muerte de una mosca nada sucede— una idea que en todo caso debe tenerse presente en su aparente simplicidad y es que, bajo ningún argumento, se puede identificar lo justificado con lo que no es antijurídico. Lo primero, la justificación, es un hecho excepcional; lo segundo, la ausencia de injusticia, es una condición esencial del acto.

Ya a estas alturas, el eventual lector de estas páginas se estará preguntando tal vez por la relación que existe entre el título que las encabeza y lo que acabo de indicar. Pensará que esa digresión dogmática no tiene nada que ver con la cuestión del derecho de manifestación y los delitos de desórdenes públicos, pero no es así. Todo lo contrario: muchos planteamientos sobre el orden público y su perturbación yerran metodológicamente por desconocer o despreciar la diferencia entre lo justo y lo justificado.

Es cierto que en el derecho penal existe una causa de justificación que es el ejercicio legítimo del derecho (art. 20-7º CP). De entrada llama la atención —aunque podemos tomarlo simplemente como una licencia literaria jurídica que procede de la tradición legislativa— el que se hable de ejercicio "legítimo" del derecho, cual si se pudiera diferenciar de ejercicio "ilegítimo" del derecho, concepto que cuesta traducir, aunque es posible interpretarlo como justificación parcial. Por ejemplo: quien tiene derecho a cobrar lo que le deben, no lo tiene hasta el punto de poder cobrar por la fuerza, pues eso será delictivo al ser injusto el uso de vías de hecho.

Partiendo de esa pequeña pero importante advertencia, podemos reconsiderar la extendida opinión de que la eximente de ejercicio legítimo del derecho constituye la matriz de todas las causas de justificación, las cuales podrían resumirse en ella ya que expresa la esencia de todas.

Frente a esa idea bueno es recordar que otros ordenamientos jurídico-penales, que desde luego regulan expresamente la legítima defensa y el estado de necesidad, por ejemplo, no contienen una circunstancia eximente genérica del ejercicio del derecho, y no por ello, como es lógico, el ejercicio del derecho dejará de producir efectos de exclusión del injusto o de justificación. Quizá sea que los legisladores de otros países entendieron que el requisito de la antijuridicidad faltaba directamente en tales casos y que, por lo tanto, no era necesario incorporar una manifestación legal que pareciera entrañar la necesidad de comprobarlo cada vez que se hiciera por el intérprete un proceso de subsunción de un hecho en la Ley penal.

¿Acaso el legislador español no ha sido de ese parecer? Si la respuesta fuera afirmativa tendríamos que convenir que, en nuestra tradición penal, todo lo que el legislador ha incluido en la ley penal es, por su propia naturaleza, injusto, y solo excepcionalmente se puede justificar en algún caso. Pero esa no puede ser la explicación, porque por ese camino se llega a la absurda conclusión de que la detención de un delincuente *in fraganti* es un hecho típico de detención ilegal "excepcionalmente justificado", en lugar de un acto normal de afirmación del derecho y, por lo tanto, atípico

La explicación de la función "comprensible" de esa eximente es otra. La mención al ejercicio del derecho en la 7ª circunstancia del artículo 20 CP no debe interpretarse como un modo de proporcionar base legal a la necesidad de concurrencia de la antijuridicidad, ya que en el mejor de los casos eso sólo alcanzaría a la llamada antijuridicidad *formal*, puesto que la "material" (efectiva lesión o puesta en peligro del bien jurídico) debe comprobarse en el examen de cada situación, y esa dimensión del problema de la antijuridicidad en modo alguno encuentra su fundamento legal en este precepto, que constituye una *regla destinada a la solución de problemas concretos que pueden surgir en el ejercicio de determinados derechos*, ejercicio que evidentemente chocará con *otro derecho tutelado* en el correspondiente tipo penal.

Indudablemente son innumerables las conductas que son ajustadas a derecho o simplemente irrelevantes. Solamente algunas de estas conductas ajustadas a derecho podrán tropezar con los derechos o intereses de otros o de la comunidad; y, a su vez, de estas últimas sólo algunas llevarán ese choque hasta el extremo de suponer la realización de un acto típico-penal contra otro bien jurídico.

Esto podrá suceder ante todo por la manera en que se ejercite el derecho, y así se delinquirá en ciertos casos cuando se recurra a las *vías de hecho:* tal sucede en delitos como las coacciones (art. 172 CP), que no necesariamente presuponen que el autor carezca de un derecho "de fondo" en relación con el objetivo que se propone, y lo mismo puede decirse del delito de empleo de vías de hecho (art. 455 CP); otro tanto ocurre con otros derechos que aun existiendo no pueden ser ejercidos por la fuerza, como es el caso del llamado en un tiempo débito sexual entre cónyuges, que, al margen de que se acepte o no ese concepto, no permite al marido forzar a su mujer.

En todos estos supuestos estamos fuera del ámbito de la eximente simplemente porque el "ejercicio" no es legítimo, expresión que por lo tanto significa que el titular se ha apartado de la vía que el propio derecho prevé para el ejercicio. En el caso del débito sexual, citado como ejemplo, se dirá que no hay ninguna vía "jurídica" para alcanzar su ejercicio; cierto, pues ningún Juez puede "ordenar" a los cónyuges que mantengan relación sexual, resultando ridículo sólo imaginarlo; pero ese incumplimiento del débito faculta a cada cónyuge para instar la separación matrimonial, y no existe otra alternativa que el derecho pueda respetar.

Por consiguiente, la circunstancia eximente de ejercicio legítimo del derecho circunscribe su campo de actuación a aquellas situaciones en las que, con el respaldo de un derecho legalmente reconocido, *se ejercita de manera también legal* dicho derecho.

2. LOS DERECHOS FUNDAMENTALES Y EL EJERCICIO DEL DERECHO

Puede reconocerse que no es fácil —y a la evolución de la jurisprudencia constitucional me remito— la acomodación del derecho penal a los mandatos constitucionales. Concretamente, con cierta frecuencia, se han suscitado dos clases de conflictos:

a) Choques en el ejercicio de derechos fundamentales, como son el derecho a dar y recibir información veraz y a difundir libremente ideas y opiniones (art. 20 CE), y el derecho también fundamental al honor, la dignidad personal y familiar y la propia imagen (art. 18 CE). El terreno en que se ha planteado la disputa es conocido: las tipicidades de delitos contra la intimidad o contra el honor.

Sin entrar ahora en los criterios para la ponderación de los intereses enfrentados, pues esos también pueden ser opinables, la esencia de todos ellos es que comparecen dos derechos fundamentales, y, bajo determinadas condiciones, habrá de preponderar solo uno u otro de ellos. En esos casos habrá que admitir que no estamos ante supuestos de ejercicio del derecho, puesto que en realidad ni siquiera deben ser "actos típicos" para el Derecho Penal, y si lo son es porque en realidad han traspasado el ámbito del ejercicio constitucionalmente amparado invadiendo el ámbito de otro derecho fundamental.

b) Otro conflicto es el que se puede generar entre el ejercicio de los llamados *derechos sociales constitucionales* y la intervención penal en algunos ámbitos comunes a los de ese ejercicio. Por ejemplo, por tomar el ejemplo más conocido, el derecho a la vivienda no llega a legitimar al movimiento okupa. La conclusión que se deriva es clara: los derechos sociales constitucionales reciben esa denominación en la ciencia constitucionalista, pero no son en realidad derechos *públicos subjetivos*, y, por lo tanto, ni chocan con otros derechos ni pueden integrarse sin más en la eximente de ejercicio legítimo.

c) Como del todo diferentes han de ser tenidos los *conflictos entre el ejercicio de derechos fundamentales reconocidos por la Constitución y la configuración de determinados tipos penales*. La diferencia es muy visible: mientras que en los primeros casos el derecho fundamental ejercido topa con el derecho fundamental de otra persona, en estos otros casos el choque no es con otro derecho fundamental, sino con intereses comunes del Estado que también gozan de reconocimiento constitucional. La libertad de conciencia, por ejemplo, no alcanza a la objeción a las armas, y, con ella, a la negativa al pago de impuestos si con ellos se ha financiar a las fuerzas armadas.

d) Del mismo modo, se dirá, y aquí ya entramos en el tema central de estas páginas, el ejercicio de los derechos fundamentales de reunión y manifestación no puede ser tan ilimitado como para hacer perecer o laminar los derechos de otras personas al ejercicio de sus propios derechos y libertades constitucionales (conflicto del primer grupo) o, y ahí surge el problema más espinoso, doblegar las competencias del Estado (o de la

Administración, si se prefiere) en la tutela (que es diferente del "control") del espacio público.

Pero antes de pasar al análisis de esta última cuestión conviene dejar clara una idea que, a fuer de simple, se olvida: *en ningún caso el ejercicio de un derecho constitucional puede ser "típico" en el sentido penal.* A lo sumo podrá rozar con hechos recogidos en tipos penales, pero nada más. Por lo tanto, lo que puede haber en un tipo penal nunca se puede corresponder con el ejercicio de las libertades públicas fundamentales, y eso significa que el planteamiento de una "manifestación delictiva o no delictiva" nunca puede depender de que concurra la causa de justificación de ejercicio legítimo del derecho.

Esta idea, tal vez abstracta para algunos, aunque en modo alguno lo es, no debe olvidarse cuando analicemos las condiciones de configuración de un delito de desórdenes públicos, bajo el que subyace siempre la idea de manifestación *ilegal,* y que, además, en nuestro derecho penal, ha empeorado substancialmente a partir del malhadada Reforma del Código penal operada por la Ley O. de 30 de marzo de 2015.

3. EL ESPACIO PÚBLICO COMO ÁGORA

Al tratar de un tema como el derecho de manifestación, y desde la obviedad de que ese derecho se ejerce en calles y plazas, creo que se impone hacer algunas reflexiones sobre qué cosa es o significa el espacio público o urbano para los ciudadanos de una sociedad constituida, en teoría al menos, como Estado de Derecho.

Sobre lo que es el espacio público confluyen ideas vulgares y jurídicas, tal vez no muy alejadas, pero no coincidentes. Basta pensar que, además de los juristas, en relación con lo que es el espacio público concurren opiniones de urbanistas, sociólogos, antropólogos, economistas. Jurídicamente no es dable ver "definiciones directas" de lo que es el espacio público, pero en cambio es común que éste sea el objeto sobre el que incide muchas regulaciones sectoriales, especialmente Ordenanzas municipales (del tipo de las **"Ordenanza sobre el uso de las vías y los espacios públicos", habituales en todas las ciudades españolas)**. Pero eso no basta para concretar lo que hay que tomar por espacio público, que, para empezar, se confunde a veces con "local o lugar público", incurriendo en una desviación.

Una primera idea, y cierta, es que el espacio público es aquel que nos pertenece a todos por igual, y que todos tenemos derecho a disfrutar. Se diferencia así de los espacios privados o de los que aun siendo originariamente de todos, y por lo tanto, dominio público, su utilización está sometida a controles y restricciones fijados por la Administración.

En lo que interesa al tema que tratamos me limito al espacio público urbano y a las vías de comunicación. En las poblaciones existen espacios que están a disposición de todos, como son las calles, plazas, jardines, parques, etc. De *dominio público* también son, claro está, los espacios ocupados por servicios públicos (p.e., el edificio del Ayuntamiento, las Escuelas públicas, y en general los equipamientos colectivos) Pero esa condición de dominio público no quiere decir que sean espacios públicos. Ello no obstante, como más adelante se verá, cuando interviene el derecho penal contra ciertos desórdenes públicos, el "lugar" en que se puede cometer el delito incluye la invasión de instalaciones o edificios, sin precisar siquiera si han de ser públicos; es claro que no se trata de espacios públicos, pero esos edificios comparten tipicidad en orden a la tutela penal.

El espacio público está, como dije antes, a disposición de todos, a pesar de que la Administración puede ceder su uso y hacerlo privativo (las licencias de instalación de terrazas de bares, por ejemplo) tema que puede dar lugar a excesos de los que no me voy a ocupar aquí. El espacio público es el que todos podemos disfrutar y que sirve, además, para actividades colectivas, desde manifestaciones festivas a las netamente políticas o sociales, pasando por ferias y mercados, y llegando a la circulación de vehículos de motor, o a la prohibición de ésta. Tantas posibilidades de uso, como es lógico, exigen que la Administración *intervenga y regule.*

Llegamos así a un primer y pequeño punto: el espacio público no es ni puede ser un ámbito de actividades "desregulado", sino *necesariamente intervenido por el derecho,* lo cual no tiene que ser visto como restricción de los derechos de todos y cada uno de nosotros, sino como consecuencia de la necesidad de garantizar el mejor uso evitando conflictos.

Las funciones del espacio público son esenciales sociológicamente, y desde antiguo se ha escrito sobre la función de la "plaza" del pueblo como centro de la vida colectiva y lugar natural de la actividad social. Como señala Navascués[216] la Plaza Mayor española pueda registrarse, de modo genérico, entre aquellas soluciones de análogo alcance formal que incluirían el ágora griega (Mileto, Priene) y el foro romano (Pompeya, Timgad), en el mundo clásico. A lo largo de la historia de Europa se generan diferentes concepciones sobre lo que es la plaza pero siempre desde el

---

216 P. Navascués Palacio, "*La plaza mayor en España*", Papeles de Arquitectura Española nª 5, Avila, Fundación Santa Teresa, 2002, pág. 4

convencimiento de que una plaza mayor y representativa formaba parte ineludible de la ciudad ideal.

En plano ideal lo deseable es que el espacio público sea un espacio de libertad compartido, en el que quepa el desarrollo de lo colectivo y de lo personal. En nuestro tiempo puede verificarse, como antes solamente sucedía en las pequeñas poblaciones, el sentimiento de pertenencia del espacio público, como patrimonio de los ciudadanos, con dimensiones culturales e históricas pero también como espacio de relación humana donde expresar sentimientos y deseos.

Desde esa consideración es comprensible que para muchos el espacio público ha de tenerse como parte del patrimonio histórico en el sentido del artículo 46 de la Constitución, y que se estudie su protección y uso desde esa concepción[217], o que se considere al espacio público como un elemento integrante del medio ambiente en sentido amplio, lo cual ha fomentado la Administración española al proponer como definición del medio ambiente esta "*...El medio ambiente es el compendio de valores naturales, sociales y culturales, existentes en un lugar y un momento determinado, que influyen en la vida material y psicológica del hombre...*"[218], y coherentemente muchas ordenanzas de urbanismo exigen el respeto a las perspectivas urbanas entendidas como patrimonio de los ciudadanos.

4. LA REGULACIÓN DEL USO DEL ESPACIO PÚBLICO

La importancia está, pues, fuera de duda. Pero inevitablemente la orientación de destino que tiene el espacio público, por su propia naturaleza, he de generar la necesidad de la ordenación de su uso, precisamente para que pueda continuar siendo público.

La primera limitación, y más fácil de entender, es que en ocasiones no es posible el uso del espacio público de modo simultáneo para diferentes actividades o actividades similares pero llevadas a cabo por grupos diferentes. Se trata solo, ciertamente, de una limitación creada por la capacidad física del espacio, pero que abrirá dos consecuencias no tan fácilmente admitidas: la advertencia previa al uso y la necesidad de establecer una prioridad. No hay que razonar excesivamente para admitir que en una mismo lugar y hora difícilmente pueden concurrir actividades

---

217 De interés los diferentes estudios contenidos en VVAA, "*Espacio público, ciudad y conjuntos históricos*", coord. A. García y A. Conti, Edición de la Consejería de Cultura de la Junta de Andalucía, 2008.

218 Cfr. Ministerio de Medio Ambiente, Módulo de Sensibilización Ambiental, Guía Didáctica. 2001

lúdicas, políticas, sindicales y deportivas, además del ordinario derecho de los ciudadanos a deambular libremente.

La condición de espacio público pugna con usos privativos, y por esa razón, sin discutir que todos tienen acceso al espacio público, tendrán que regularse los usos privativos sectoriales, sean transitorios (por ejemplo, un mercado semanal) o permanentes (por ejemplo, la terraza de un bar). Cuestión distinta es la de las *prohibiciones de uso del espacio público,* las cuales, sin negar el derecho de todos a acceder al mismo, pueden prohibir determinadas actividades[219]: ejercer la prostitución[220], ofrecer venta callejera, acampar, tocar instrumentos musicales a ciertas horas. Cada una de esas prohibiciones tiene su propio debate y no entraré en ello, pues me alejaría demasiado. Pero basta recordar la polémica sobre el *top-manta,* o las famosas acampadas de semanas de duración en Madrid y en Barcelona, presentadas como ejercicio del derecho de reunión y manifestación, y repudiadas por otros como casos de privatización política del uso del espacio público, que no podían incluirse en la condición de ejercicio normal del derecho de reunión y manifestación, mientas que otros sostienen que se trata de "nuevas maneras" de ejercer ese derecho[221]

Con los ejemplos apuntados basta para comprender que el espacio público tiene una dimensión social, cultural y política, y ha de estar, por bien de todos, regulado en su uso, y esa regulación pertenece al derecho administrativo.

---

219 Las limitaciones o prohibiciones para el uso del espacio público por vehículos de motor, que precisamente se establecen para contribuir a la seguridad y comodidad de viandantes no deben incluirse en la relación de prohibiciones

220 La prohibición de ejercicio de la prostitución se ha decidido en diferentes ciudades españolas, unas por razones de decoro urbano y otras como contribución de la Administración local a la prohibición de la prostitución, tema en el que no voy a entrar pues, en ese segundo caso, pasa por reconocer a la Administración local una competencia significativa en relación con lo que debe tratarse como problema de Estado (sobre el tema, R. Gracia Retortillo, "*Convivencia ciudadana, prostitución y potestad sancionadora municipal. El caso de Barcelona*", QDL, Fundación Democracia y Gobierno Local, junio 2008, pág. 99 y ss. G. Quintero, "*Antinomias y contradicciones en la intervención penal en la prostitución libre*", en "Prostitución: ¿hacia la legalización?", Publicaciones de la Universitat de Lleida, coord. C. Villacampa, Valencia, Tirant lo Blanch 2012, pág. 155 y ss.)

221 Sobre el tema, y aceptando que se trata de ejercicio del derecho de manifestación, vid.: M. A. Presno Linera, "*Nuevas formas de ejercicio del derecho de reunión: de las manifestaciones y acampadas del 15-M a los escraches* ", en "Derechos y espacio público", VVAA, Cátedra de amparo de derechos y libertades, P. Requejo (coord.), Universidad de Oviedo, Gijón, 2003, pág. 61 y ss.

5. EL ESPACIO PÚBLICO Y EL DERECHO DE MANIFESTACIÓN

Partiendo de la indudable realidad de que existe un derecho al uso del espacio público entraremos en los supuestos en los que la intervención del derecho penal está determinada por abusos en el derecho al uso del espacio público que no se resuelven adecuadamente con la sanción administrativa.

El espacio público, que sabemos está abierto al uso de todos los ciudadanos, precisamente por eso es el *lugar natural* para el ejercicio del *derecho de reunión y manifestación,* pero también ese derecho se ha de cohonestar con los derechos de otros a disfrutar de ese mismo espacio público, incluso para que otro puedan *hacer lo mismo,* pero sin que ninguno de los dos planteamientos se pueda imponer absolutamente sobre el otro. Los defensores de que, por ejemplo, una plaza puede ser ocupada *indefinidamente* por una acampada de protesta, concediendo a ese acto la necesaria cobertura constitucional que brinda el derecho de reunión y manifestación, orillan ese aspecto de la cuestión, cuando no tildan de reaccionario al que ose hacer esa observación, añadiendo la acusación de *priorización del orden por encima de lo justo,* echando mano de la conocida y manipulada cita de Goethe[222].

El TC ha examinado el contenido de ese derecho de manifestación[223], señalando que se trata de una vía al servicio del intercambio o exposición de ideas, la defensa de intereses o la publicidad de problemas o reivindicaciones, constituyendo un *cauce del principio democrático participativo,* cuyos elementos configuradores son, según la opinión dominante, el subjetivo —una agrupación de personas—, el temporal —su duración tran-

---

222 Digo manipulada porque habitualmente se sostiene que Goethe, sin duda un gran conservador, había manifestado sentenciosamente que prefería la "injusticia" al "desorden", lo cual se interpreta como muestra de su preferencia por el principio de autoridad. Pero eso no es verdad, pues lo cierto es que Goethe simplemente estaba respondiendo a un amigo que le criticaba por haber impedido el linchamiento de un sujeto a quien la masa acusaba de haber incendiado la catedral de Maguncia. A dicho amigo, y para expresar su repugnancia por el linchamiento, sin cuestionar que la víctima mereciera castigo, respondió Goethe "Es que es mi manera de ser, prefiero cometer una injusticia antes que soportar el desorden", en alemán "Es liegt nun einmal in meiner Natur, ich will lieber eine Ungerechtigkeit begehen als Unordnung ertragen" (Vid. *Goethe, la injusticia y el desorden.* J. Vera Morales, *El Pais,* 7 de octubre de 1999).

223 Ampliamente sobre el tema, J.J. Solozábal Echabarría, *La configuración constitucional del derecho de reunión,* en Parlamento y Constitución. Anuario, 5, 2001, págs. 103 y ss.

sitoria—, el finalístico —licitud de la finalidad de la reunión— y el real u objetivo —lugar de celebración—."[224]

La L.O. 9/1983 desarrolla el derecho de reunión y manifestación, con un criterio que, al menos hasta ahora, ha merecido mayoritaria aprobación. El ejercicio de ese derecho no puede ser cercenado por la Administración, la cual solamente puede exigir la comunicación previa, que no supone en modo alguno la posibilidad de autorizar o denegar. Cuestión diferente será el que la comunicación indique una hora y un lugar que a su vez comunica otro grupo de ciudadanos, y eso dé lugar a una intervención orientada a evitar conflictos.

Lógicamente, al ser la "comunicación previa" el único requisito formal para el ejercicio del derecho de manifestación, es amplia la atención que se dirige a ella, a sus condiciones, a la responsabilidad del comunicante y a las consecuencias de la falta de esa comunicación, que no puede ser la transformación inmediata de la manifestación en "ilegal". La comunicación previa es además una condición necesaria para que a su vez la Administración pueda garantizar y proteger el derecho de manifestación, y así lo ha declarado el TC en STC 59/1990[225]

Pese a ello, la falta de comunicación, aunque pueda dar lugar a una sanción administrativa, no transforma la manifestación o reunión en *ilegal.* Continuará estando amparada por el derecho constitucional, y la sanción que se pueda imponer no tiene como fundamento la ilegalidad de la reunión, sino los contratiempos que causa a la Administración, que además tiene el repentino deber de garantizar la ausencia de incidentes. Sostener que la falta de comunicación es "irrelevante", como hacen algunos, equivale a defender la aplicabilidad directa de la Constitución sin mediación alguna del Estado, lo cual, practicado por todos los ciudadanos a la vez llevaría a consecuencias imaginables.

De acuerdo con la Constitución solo pueden prohibirse las manifestaciones o reuniones en las que se porten armas o aquellas que entrañen un peligro real para el orden público que pueda causar daños a personas o bienes[226]. Un peligro de esa clase puede darse con independencia de la "constitucionalidad" del objeto de la manifestación.

---

224 STC 170/2008, de 15 de diciembre, F. 3

225 Cfr. Solozábal, *op. cit.*, pág. 120

226 La STC 66/1995, de 8 de mayo, declara, en relación con las condiciones para apreciar un desorden público con peligro para personas o bienes, que éste es una "*situación de desorden material en el lugar de tránsito público afectado, entendiendo por tal desorden material el que impide el normal desarrollo de la convivencia ciudadana en aspectos que afectan a la integridad física o moral de personas o a la integridad de bienes*

Claro que la Administración puede prohibir una manifestación o reunión, y amplia es la doctrina constitucional sobre la cuestión, pero dejaré de lado esa importante dimensión del tema, para centrarme en la dimensión penal.

6. LA INTERVENCIÓN DEL DERECHO PENAL

La existencia de delitos de desórdenes públicos es una realidad normativa que se ha de someter a la existencia previa y superior de los derechos fundamentales de reunión y manifestación. No hay que ser un gran jurista para comprender que el desorden público no puede configurarse penalmente haciendo abstracción de que se trate de una dictadura o de un Estado de derecho.

Partiendo de esa regla esencial se puede contemplar lo que el legislador penal hace en este terreno:

Prescindiendo de la normativa administrativa sobre uso del espacio público —ya me he referido antes a la cuestión de la comunicación previa y su valoración— el planteamiento inicial no puede ser otro que la afirmación de que el espacio público *puede ser usado libremente por todos.* En lo que aquí interesa lo más importante es que en el derecho penal se describen actos delictivos *cuyo lugar físico* es o puede ser el espacio físico, esto es, las calles y plazas[227]. Esos delitos son concretamente los de des-

---

públicos o privados. Estos son los dos elementos que configuran el concepto de orden público con peligro para personas y bienes consagrado en este precepto constitucional. Ciertamente, el normal funcionamiento de la vida colectiva, las pautas que ordenan el habitual discurrir de la convivencia social, puede verse alterado por múltiples factores, que a su vez pueden afectar a cuestiones o bienes tan diversos como la tranquilidad, la paz, la seguridad de los ciudadanos, el ejercicio de sus derechos o el normal funcionamiento de los servicios esenciales para el desarrollo de la vida ciudadana; sin embargo, sólo podrá entenderse afectado el orden público al que se refiere el mentado precepto constitucional cuando el desorden externo en la calle ponga en peligro la integridad de personas o de bienes... [y] no cualquier corte de tráfico o invasión de calzadas producido en el curso de una manifestación o de una concentración puede incluirse en los límites del artículo 21.2 CE..." (F. 3).

227 El problema no se plantea en los mismos términos en relación con las carreteras y los cortes de tráfico. En Auto TC 176/2000 de 12 de julio podemos ver un resumen del tema: "*No se puede excluir a priori del contenido del derecho de reunión (art. 21 CE) la interrupción del tráfico rodado. Así resulta de las SSTC 59/1990, FJ 6; 66/1995, FJ 3 y 42/2000, FFJJ 4 y 5, y también lo ha declarado expresamente la Sala Tercera del Tribunal Supremo con motivo de las comúnmente denominadas "tractoradas" (entre otras, STS de 10 de abril de 1995). Ahora bien, aunque el corte de la carretera con tractores no queda fuera necesariamente del ámbito facultativo del art. 21 CE, su ejercicio lícito está sometido, en lo que ahora importa, a dos límites: a) Previa*

órdenes públicos, que el derecho positivo incluye en el grupo de delitos contra el orden público.

Son diferentes los delitos contra el orden público, algunos son más graves que los desórdenes, que también pueden tener por escenario el espacio público, como sucede con el de *sedición* y alguno otro. Pero no entraré en ellos pues prefiero centrarme en el uso desviado del espacio público, pero siempre *partiendo del derecho a usar y disfrutar de ese espacio, esto es, de una legitimidad originaria.* Los otros delitos contra el orden público, por ejemplo la sedición[228], en modo alguno parten de una

---

comunicación a la autoridad gubernativa (art. 8 de la Ley Orgánica 9/1983, de 15 de julio, reguladora del Derecho de Reunión: LORDR); b) Ejercicio dentro de las modificaciones propuestas por la autoridad gubernativa cuando considere que "existen razones fundadas de que puedan producirse alteraciones de orden público, con peligro para personas o bienes" (art. 10 LORDR). Estas "modificaciones" hay que entender que vinculan necesariamente a todos los manifestantes, no sólo a los convocantes o promotores. El desconocimiento subjetivo del límite gubernativo podría llevar, a lo sumo, a la exclusión de un reproche subjetivo de antijuridicidad, pero no tornaría la conducta en objetivamente lícita. En el presente caso, el recurrente desatendió el límite expreso de no cortar en ningún caso la carretera, límite impuesto por el Delegado del Gobierno....en consecuencia, la conducta...quedó al margen del legítimo ejercicio del derecho de reunión, razón por la cual no era ya excluible la subsunción de aquella conducta en el tipo de infracción grave del art. 23 n) LOPSC. Precisamente el hecho de que en el presente caso la autoridad gubernativa expresamente hubiera prohibido el corte del tráfico marca la diferencia con dos casos anteriores enjuiciados por este Tribunal y donde se otorgó el amparo. En efecto, en las SSTC 59/1990, FJ 6, y 42/2000, FJ 5, expresamente se considera si el corte del tráfico contravenía o no algún límite expreso fijado por la autoridad. Y precisamente porque no se identifica la existencia de ese límite expreso el Tribunal prosigue su enjuiciamiento y concluye estimando los recursos de amparo. En el presente caso, una vez comprobado que el impedimento del tráfico rodado no se atuvo a los límites que establece la Ley, resulta ya superfluo enjuiciar si la necesaria ponderación del derecho de reunión con otros bienes o derechos constitucionales se ha realizado correctamente..."

228 El sentido y significado de la sedición va mucho más allá de una mera perversión del uso del espacio público. En la sedición. Hay que tener en cuenta que en derecho español la sedición no es simplemente una conducta que puede ser pacífica pero que se orienta a promover el cuestionamiento de la autoridad del Estado mediante escritos y declaraciones. La sedición en derecho español es *necesariamente* un suceso que pasa por un alzamiento público y tumultuario y que se presenta penalmente como un delito vecino al de rebelión, aunque este último difiera en su contenido y sea mucho más grave, precisamente por ese carácter tumultuario. Es verdad que esa clase de alzamiento ha de tener lugar en algún espacio público, pero también es evidente que no se trata de un *abuso en el derecho a utilizar el espacio público*, sino de algo diferente y más grave, orientado a los fines que con mejor o peor fortuna señala el tipo. Por lo tanto, en principio dejaré fuera del tema al delito de sedición, no sin advertir que la frontera con el desorden público no es tan clara como sería de desear, precisamente

legitimidad originaria, y por lo tanto afectan a bienes jurídicos diferentes y por lo mismo no pueden ser comprendidos con los mismos criterios.

6.1. La regulación de los desórdenes públicos hasta la Reforma de 2015

El CP de 1995 ofrecía una definición básica del delito de desórdenes públicos[229], que, aun siendo criticada en algunos aspectos, mantenía unas notas esenciales que propiciaban la admisión de su "constitucionalidad", como eran la exigencia de que fuera un delito plurisubjetivo, esto es, necesariamente ejecutado por un grupo de personas, que se reúnen con la finalidad de atentar contra *la paz pública* (elemento subjetivo del injusto, *de máxima importancia*), provocando efectivamente la alteración del orden público (concreción del elemento objetivo), con daños a personas o bienes, obstaculización de acceso o tránsito y la invasión de instalaciones o edificios (esto es medios determinados de actuación).

Como he dicho, la anterior descripción del delito era rica en componentes subjetivos y en aspectos objetivos de la conducta. De los elementos subjetivos el más importante, en mi opinión, es la finalidad de alterar la *paz pública.* Conviene detenerse en éste porque se conserva ese elemento en la actual regulación tras la Reforma de 2015, pero *absolutamente degradado en su significación.*

La *paz pública* es un concepto ligado al de orden público, pues este a su vez la "garantiza", pero es diferente[230]. No es nuevo en el derecho espa-

---

por la inconcreción del tipo, lo cual da lugar a que algunas modalidades de desórdenes públicos puedan tener o alcanzar el carácter de sedición.

229 (Anterior)Artículo 557. *1. Serán castigados con la pena de prisión de seis meses a tres años los que, actuando en grupo, y con el fin de atentar contra la paz pública, alteren el orden público causando lesiones a las personas, produciendo daños en las propiedades, obstaculizando las vías públicas o los accesos a las mismas de manera peligrosa para los que por ellas circulen, o invadiendo instalaciones o edificios, sin perjuicio de las penas que les puedan corresponder conforme a otros preceptos de este Código. 2. Se impondrá la pena superior en grado a las previstas en el apartado precedente a los autores de los actos allí citados cuando éstos se produjeren con ocasión de la celebración de eventos o espectáculos que congreguen a gran número de personas.* Artículo 559. *Los que perturben gravemente el orden público con objeto de impedir a alguna persona el ejercicio de sus derechos cívicos, serán castigados con las penas de multa de tres a doce meses y de inhabilitación especial para el derecho de sufragio pasivo por tiempo de dos a seis años.*

230 La paz pública, como señaló el TS en STS 987/2009 de 13 de octubre, es "...concepto más amplio se integraría por el conjunto de condiciones externas que permiten el normal desarrollo de la convivencia ciudadana, el orden de la comunidad y en definitiva la observancia de las reglas que facilitan esa convivencia —STS 1321/1999—, y

ñol, pues lo encontramos en el art. 3 de la Ley de Orden Público de 28 de julio de 1933, la cual tras enumerar los actos contrarios al orden público, añadía a los que de cualquier modo turbaran la paz pública, y vuelve a aparecer en el art. 1 de la Ley de Orden Público de 1959.

Es claro en ambos casos que no es lo mismo que el orden público, ni entonces ni en nuestro tiempo, y por lo tanto yerran quienes los traten como sinónimos. El orden público, aun siendo un concepto impreciso, puede satisfacerse con el respeto a prohibiciones y órdenes de la Administración orientadas a garantizar la tranquilidad en la calle, que se podría entender como ausencia de conflictos, y a su preservación se destina en lo esencial la legislación sobre seguridad ciudadana[231], y las misiones que el artículo 104 de la Constitución atribuye a los Cuerpos y Fuerzas de Seguridad[232]. De esa manera, el orden público se presenta como un marco de mínimas reglas a cumplir para que se pueda desarrollar el programa constitucional de derechos y libertades.

La paz pública es, pues, un *estado de calma o tranquilidad en el que los ciudadanos perciben la posibilidad de ejercer sus derechos y la ausencia de presiones que turben ese ejercicio*. Se podría llegar a decir que la preservación del orden público es una condición imprescindible, pero solamente el orden no daría esa clase paz. Puede imaginarse una situación en que la abundante presencia policial garantice el orden público, pero ello es compatible con un nivel de tensión que impediría hablar de paz pública. Del mismo modo, el Estado podría garantizar el orden público sin que ello supusiera la paz pública, pues esa requiere un respeto multidireccional: del Estado hacia los ciudadanos, de éstos hacia las Instituciones que son de todos y de los ciudadanos hacia los otros ciudadanos.

Pues bien, el delito de desórdenes públicos, en su anterior configuración (veremos lo que ha hecho la Reforma de 2015) requería de dos condiciones: que sus autores *alterasen el orden público* y que lo hicieran con el *fin de atentar contra la paz pública,* esto es: una acción (que además

---

por tanto permiten el ejercicio de los derechos fundamentales de las personas —STS 1622/2001—. En idéntico sentido la doctrina científica lo define como "….la tranquilidad en las manifestaciones colectivas de la vida ciudadana…"

231 En sentido similar, M. J. Izu Belloso, "*Los conceptos de orden público y seguridad ciudadana tras la Constitución de 1978*", Revista Española de Derecho Administrativo nº 58, abril-junio de 1988.pág. 18 y 19

232 Artículo 104. 1. Las Fuerzas y Cuerpos de Seguridad, bajo la dependencia del Gobierno, tendrán como misión *proteger el libre ejercicio de los derechos y libertades y garantizar la seguridad ciudadana*. 2. Una ley orgánica determinará las funciones, principios básicos de actuación y estatutos de las Fuerzas y Cuerpos de Seguridad.

ha de tener medios precisos), orientada a una finalidad, y por ello es de palmaria claridad que orden público y paz pública son cosas diferentes.

Por lo tanto, y ese es un factor diferencial esencial, se podía alterar el orden público sin afectar a la paz pública. Por ejemplo: una manifestación no comunicada, o, incluso, comunicada, prohibida y celebrada pese a todo, puede provocar atascos de tránsito y cortes de calles en una ciudad. Eso será una alteración del orden público para el derecho administrativo, pero de ello no se puede derivar que se ha afectado a la paz pública, si por tal entendemos la *pérdida del sentimiento* de paz, y por lo tanto no sería constitutiva de delito. Más aun: incluso en el supuesto de que algunos o muchos ciudadanos estimaran que se había afectado a la paz pública, no tanto por las alteraciones para transitar, sino por otros motivos (contenidos de los lemas o proclamas, p.e.), tampoco podría apreciarse delito. Y todo eso sucede a causa de la *concreción de los modos típicos de cometer el delito*[233].

Así las cosas teníamos una limitación de los medios comisivos según la cual no puede haber delito de desórdenes públicos más que cuando *además de haber alterado el orden público,* lo cual vendrá determinado por la normativa administrativa, se causen *lesiones, daños, u obstaculización de las vías públicas o los accesos a las mismas de manera peligrosa.* Se trataba de tres delitos (arts. 147 y ss., 263 y ss., y 385 del CP) de gravedad muy variable, pero lo importante, en relación con los desórdenes punibles, es que habían de producirse en el marco de la acción y, si no se daban, los hechos quedaban fuera del CP. En cuanto a la ocupación o invasión de edificios o instalaciones, que es la otra modalidad de desorden público punible, podían también ser constitutivas de allanamiento (art. 203 CP) o, eventualmente, coacciones del art. 172 CP. Tras la Reforma de 2015, la invasión u ocupación de edificios tiene un tratamiento penal específico ¡y equiparando edificios públicos y privados!

Se podría concluir que los únicos desórdenes públicos que contemplaba el CP como delictivos son los que eran *violentos penalmente,* destacando, además, que son delitos que se habían de cometer, sin ser suficiente, como ahora sucede, el "riesgo" de que se produzcan.

---

233 Efectivamente, de acuerdo con el anterior art. 557 CP el orden público se alteraba *causando lesiones a las personas, produciendo daños en las propiedades, obstaculizando las vías públicas o los accesos a las mismas de manera peligrosa para los que por ellas circulen, o invadiendo instalaciones o edificios, sin perjuicio de las penas que les puedan corresponder conforme a otros preceptos de este Código.*

6.2. El giro autoritario de la Reforma

No ha pasado desapercibida —no podía— la actuación punitiva que se prevé para las alteraciones del orden público. En una materia en la que debiera ser especialmente respetado el fundamental derecho constitucional de reunión y manifestación, aparece un inadmisible abanico de amenazas, que, además se ha de contemplar en unión de las que establece la legislación de seguridad ciudadana.

De la reforma de 2015 se dice que acomete necesarias modificaciones técnicas, pero lo cierto es que esas modificaciones encierran consecuencias graves de aumento de lo penalmente reprimible en comparación con la legislación anterior.

El espacio público no solamente es un dominio público, sino que además está abierto al uso de todos los ciudadanos, y por lo tanto puede ser usado para ejercer el derecho de reunión y manifestación. Ese derecho se ha de cohonestar con los derechos de otros a disfrutar de ese mismo espacio público, pero sin que ninguno de los dos planteamientos se pueda imponer absolutamente sobre el otro, pero lo que no puede admitirse es un planteamiento básico de acuerdo con el cual parece que *el espacio público sea, como, regla, inutilizable y que excepcionalmente, bajo severas condiciones, se permita su uso*. La L.O. 9/1983 desarrolla el derecho de reunión y manifestación, con un criterio que, al menos hasta ahora, había merecido mayoritaria aprobación.

El ejercicio de ese derecho no puede ser cercenado por la Administración, la cual solamente puede exigir la comunicación previa, que no supone en modo alguno la posibilidad de autorizar o denegar. Cuestión diferente será el que la comunicación indique una hora y un lugar que a su vez comunica otro grupo de ciudadanos, y eso dé lugar a una intervención orientada a evitar conflictos.

El delito de desórdenes público, en la configuración hasta ahora vigente requería que sus autores *alterasen el orden público* con el *fin de atentar contra la paz pública,* esto es: una acción (que además ha de tener medios precisos), orientada a una finalidad, y por ello es de palmaria claridad que orden público y paz pública son cosas diferentes. La afectación de la paz pública venía siendo un *plus* respecto de la alteración del orden público. Una alteración del orden público, como he intentado destacar al describir la situación precedente, no conlleva automáticamente la de la paz pública.

A su vez, la alteración del orden público dependía de que el desorden se hubiera producido a través de *unos modos típicos*: causando lesiones a las personas, produciendo daños en las propiedades, obstaculizando las vías públicas o los accesos a las mismas de manera peligrosa para los que por ellas circulen, o invadiendo instalaciones o edificios.

Exigir que el "desorden" se plasme en daños personales o materiales puede parecer innecesario a alguno, pero en ese caso podría preguntarse qué clase de desorden merece represión si no se ha turbado la paz ni hecho daño a nadie ni a nada. Vista así la cuestión se comprende que los componentes de violencia son imprescindibles, so pena de dejar "vacía" la acción.

Ese vaciado de la acción típica no es tal, puesto que, y ahora volvemos a lo expuesto en el primer apartado de estas páginas, no se ha de olvidar que el ejercicio del derecho de reunión o manifestación *es un acto de plena constitucionalidad,* y, por lo tanto, la intervención del derecho ha de ser, en principio, de respeto y protección.

Partiendo de esa condición de *acto constitucionalmente adecuado* puede volver a plantearse la pregunta central: ¿en nombre de qué es transformable en delictivo lo que nació como expresión del ejercicio de un derecho fundamental? Y la respuesta es, a mi modo de ver, clara: porque la realización de actos violentos no tiene nada que ver con el derecho fundamental mencionado, que en modo alguno puede dar cobertura a delitos. Siendo así resulta inadecuado hablar de "exceso" en el ejercicio del derecho, por la simple razón de que la manifestación violenta (en significativos niveles de violencia, pues la legislación anterior se refería a actos tipificables como delitos) no tiene nada que ver con ese derecho.

No ignoro que se han dado casos en los que se ha llegado a sostener que es legítima "cierta violencia". Sin entrar en cuantificar cuánta es la violencia legítima, puede diferenciarse entre "imposición" (por ejemplo: no es posible transitar por un lugar ocupado) y "violencia" (lesiones, agresiones zarandeos, pedradas, etc.) Esta segunda no es admisible, ni forma parte implícita del derecho de reunión y manifestación. Por lo tanto, constituye un grave error de enfoque decir que el límite del derecho de manifestación es el desorden público que afecta a la paz pública, pues el derecho fundamental de manifestación *por sí mismo carece de límites* porque su ejercicio no tiene por qué afectar a otros.

Este planteamiento podía sostenerse a la luz de la regulación penal anterior. Pero de acuerdo con la nueva configuración del delito bastará con alterar la paz pública ejecutando "actos de violencia sobre las personas o sobre las cosas" o amenazando a otros con llevarlos a cabo— lo que es una declaración genérica que no se corresponde con tipicidades concretas. Solo entendiendo que esa vaga alusión a "actos de violencia" y a "amenazas de llevarlos a cabo" ha de entenderse *necesariamente* como hechos típico-penales (de lesiones, de coacciones, de amenazas) puede dotarse al nuevo tipo de una interpretación aceptable.

Pero es que, además, se prescinde del previo requisito de que se haya alterado el orden público (olvidando el sentido del *nomen iuris* de la infracción), y hasta se prescinde también de la necesaria actuación en grupo, pues se admite el desorden público de quién actuando *individualmente* pero amparados en el grupo realiza esos actos, bastando, por supuesto, la amenaza, que podría en todo caso ser castigada con arreglo a su propia tipicidad sin necesidad de acudir a este delito. [234]

La conclusión es que hemos abandonado una tipificación de los desórdenes públicos que, aun con puntos criticables, diferenciaba claramente entre la alteración del orden público como cuestión administrativa, el desorden público con daños personales o materiales, que podía tratarse cómo correspondiera a cada suceso concreto, y el delito de desórdenes públicos que requería lo anterior y la turbación de la paz pública. En su lugar tenemos una infracción imprecisa, que prescinde del carácter plurisubjetivo si es preciso, que no concreta la clase de daños personales que se han de producir, y, en todo caso, endurece innecesariamente las penas.

---

234 A eso se añade que las penas pueden aumentar llegando a los seis años de prisión cuando, por citar los supuestos más incomprensibles, se exhiba un "arma de fuego simulada", o los hechos se lleven a cabo en una manifestación o reunión numerosa, o con ocasión de alguna de ellas, de modo que el número de participantes en la manifestación torna en grave lo que no lo era. Otro tanto puede decirse del hecho de tapar u ocultar el rostro, que tal vez pudiera valorarse como indicio de disposición a provocar o dañar sin ser reconocido, pero que la concurrencia de algunos individuos en esas condiciones eleve a desorden público grave una manifestación es excesivo.

LA REFORMA DEL DELITO DE ATENTADO

Mª LUISA CUERDA ARNAU
Catedrática de derecho penal. Universitat Jaume I

1. INTRODUCCIÓN: LA APARENTE BENEVOLENCIA DE LA REFORMA

La LO 1/2015 carece de Exposición de Motivos. El legislador ha optado por dotarla de un Preámbulo. Tal cosa es por sí sola indicativa de un determinado modo de legislar pero lo cierto es que a esta reforma le cuadra más un preámbulo que una exposición de los verdaderos motivos que han llevado al legislador a introducir los cambios, pues, a fin de cuentas, lo que se hace es, conforme a la segunda acepción del citado término, andarse con rodeos y digresiones en lugar de decir claramente algo. En el caso concreto del delito de atentado, bajo el ropaje de mejoras técnicas y la rebaja de la pena en el tipo básico[235] se esconde, en realidad, una reforma que, como veremos, amplia considerablemente su ámbito de aplicación y endurece la reacción penal. Es la misma falacia que hay detrá de la desaparición de las faltas contra el orden público. Baste un ejemplo: la conducta de faltar al respeto y a la consideración debida a los agentes, incardinable en la vieja falta del art. 634 CP, hoy (ex arts. 36. 6 y 39 b LOSC) podrá ser castigada con una sanción muy superior a la que era posible imponer con anterioridad, sin poder ajustar la sanción a la capacidad económica del responsable y sin gozar de las garantías jurisdiccionales previas hasta el momento existentes. Esa es, a la postre, la verdadera cara de la nueva política criminal en materia de orden público.

---

[235] Ello evita algunos despropósitos punitivos y permite ajustarse en mayor medida a la variedad de conductas susceptibles de integrarse en el precepto. Es, probablemente, de los pocos aciertos de la reforma, que, sin embargo, se queda corta, pues debieran haberse reducido también los máximos. Al no hacerlo, queda un espacio penológico excesivo y, de otro lado, no se corrige la desproporción del subtipo agravado, cuyo suelo son los máximos del tipo básico. Todo ello, además, al margen de las penas resultantes de un eventual concurso, que, por cierto, si lo es con un delito de homicidio supondrá un notorio incremento de la penalidad.

2. EL CONCEPTO DE ATENTADO TRAS LA REFORMA DE 2015: ÁMBITO OBJETIVO

2.1. Crítica a las reformas introducidas en el tipo básico

El legislador de 2015 ha decidido ofrecer un nuevo concepto de atentado, por cuya virtud "son reos de atentado los que agredieren o, con intimidación grave o violencia, opusieren resistencia grave a la autoridad, a sus agentes o funcionarios públicos, o los acometieren, cuando se hallen en el ejercicio de las funciones de sus cargos o con ocasión de ellas" (art. 550.1). Ante la nueva redacción bien puede decirse que su única ventaja es la supresión de la fórmula "empleen fuerza contra ellos"[236]. En cuanto al resto, la reforma siembra incertidumbre donde existía certeza, puede conducir a interpretaciones extensivas del tipo y, sin duda, motivará resoluciones discrepantes con quebranto de la previsibilidad y, por ende, del principio de legalidad.

La primera dificultad la encontramos a la hora de distinguir entre lo que hoy son dos modalidades de atentado: la agresión y el acometimiento. Doctrina y jurisprudencia coincidían en entender el acometimiento como sinónimo de agresión física aunque no llegase a materializarse en resultado lesivo alguno, bastando, pues, con un acto de iniciación del ataque o movimiento revelador del propósito agresivo[237] Agresión y acometimiento eran, pues, términos sinónimos[238]. Siendo tal cosa diáfana, la

---

236 Esa modalidad comisiva suscitaba dudas aplicativas (v.g. su diferencia con el acometimiento) y favorecía que se residenciaran en el atentado conductas no asimilables en cuanto a su entidad a las demás modalidades típicas.

237 CUERDA ARNAU, Mª L., *Los delitos de atentado y resistencia*, Valencia, 2003, ed. Tirant Lo Blanch, JAVATO MARTÍN, A.Mª, *El delito de atentado. Modelos legislativos. Estudio histórico-dogmático y de Derecho comparado*, Granada, 2005, ed. Comares, pág. 364; ROIG TORRES, M., *El delito de atentado*, Cizur Menor, 2004, ed. Aranzadi pág. 119. Vid. asimismo jurisprudencia allí cit; más reciente, vg. STS 580/2014, de 21 de julio "Acometer equivale a agredir y basta con que tal conducta se de con una acción directamente dirigida a atacar a la autoridad (a sus agentes o a los funcionarios), advirtiendo la jurisprudencia que el atentado se perfecciona incluso cuando el acto de acometimiento no llegar a consumarse. Lo esencial es la embestida o ataque violento FJ 2º, letra c) *(Tol 4467990)*.

238 A propósito del Anteproyecto, DE LA CUESTA AGUADO sostuvo que el concepto de agresión "es más que un mero acometimiento (...) la agresión es un acometimiento violento que persigue originar un resultado lesivo" ("Delitos de atentado y resistencia", en ÁLVAREZ GARCÍA, J (dir.)/DOPICO, J. (coord.) *Estudio crítico sobre el Anteproyecto de reforma penal de 2012*, Tirant Lo Blanch, 2013, pág. 961 y ss).
No me consta que la jurisprudencia o la doctrina hayan defendido alguna vez tal criterio, puesto que el acometimiento —equivalente a agresión física— se entendía como acción dirigida a lesionar la vida, la integridad corporal o la salud del sujeto.

los cuatro años y seis meses en los demás casos, penas, como se ve, nada despreciables.

En primer lugar, el círculo de conductas que dan paso al tipo agravado se amplía notablemente, al tiempo que se posibilita, salvo cuanto se dirá, desconectar la agravación de la concreta peligrosidad de la conducta.

Hasta ahora, lo determinante para aplicar la agravación era justamente el concreto peligro representado por la acción. De ahí que, como dice la STS 20 enero 2000 *(Tol 117527)* se excluyese, por ejemplo, "esa calificación respecto al hecho de tirar piedras y objetos a los agentes de la autoridad dada la indeterminación del sujeto pasivo al no "precisar la distancia e intensidad del lanzamiento"(STS 1604/2000, de 21 de octubre). En definitiva, el medio peligroso que requiere la agravación en el delito de atentado es un instrumento con capacidad objetiva de lesionar al bien jurídico vida o integridad física, pero hemos de tener en cuenta también las circunstancias concurrentes en cada supuesto para comprobar si efectivamente un instrumento que objetivamente puede ser tenido como peligroso en su concreta utilización merece tal calificación" (FJ. 2º). En el mismo sentido, conviene traer a colación cuanto decía la STS 1828/2001, de 16 octubre *(Tol 103099)*, que, con profusas citas, insistía en la necesidad de realizar "una interpretación del tipo sujeta al fundamento material de su incriminación, contando con la perspectiva del principio de proporcionalidad"(...) lo que, entre otras, tiene como consecuencia "la restricción del subtipo agravado del art. 551. 1º teniendo en cuenta las circunstancias concurrentes en cada supuesto para constatar si efectivamente un instrumento que genéricamente puede calificarse de peligroso, en su modo concreto de utilización merece también dicha calificación, es decir atendiendo a si concurren en el caso concreto las condiciones que, de modo material y no meramente formal, justifican la agravación" (FJ 2º).

En la nueva redacción, sin embargo, sólo en la hipótesis relativa a los actos de violencia a que se refiere el párrafo primero del nº 2 se exige expresamente el peligro potencial para la vida y/o salud de las personas. No así en el resto. Incluso en el caso de lanzamiento de objetos o líquidos inflamables, el incendio y la utilización de explosivos, la agravación parece basada en la peligrosidad abstracta de las referidas conductas, ya que la fórmula "en particular, están incluidos..." indica que tales supuestos se estiman *iuris et de iure* potencialmente peligrosos, lo que da pie a aplicar el tipo agravado aunque los objetos lanzados no tengan entidad para poner en peligro la vida/integridad del sujeto, supuestos que, como decíamos, la jurisprudencia había descartado que dieran paso al viejo subtipo agravado.

Por su parte, la nueva formulación de que es objeto la agravación consistente en "hacer uso de armas u otros objetos peligrosos" también amplía, a mi modo de ver, las posibilidades de aplicación del subtipo[240]. La anterior redacción ("verificar la agresión haciendo uso de armas") se había venido interpretando por la jurisprudencia de manera muy restrictiva exigiendo, de un lado, la peligrosidad en el caso concreto y, de otro, el efectivo uso en el curso de una agresión actual. Como decía la STS de 16 octubre 2001*(Tol 103099)*, "no cabe apreciar el subtipo agravado del artículo 552.1º del Código Penal más que en aquellos casos en que en primer lugar se aprecie la existencia de una verdadera agresión —y no solo una acción intimidatoria— y en segundo lugar ésta se verifique con armas u otro medio peligroso" (...) Agresión, según el Diccionario de la Academia de la Lengua Española, en la acepción que ahora nos interesa, significa "acto de acometer a alguno para matarlo, herirlo o hacerle daño", lo que no ocurre cuando el arma de fuego se utiliza sólo para amenazar, aunque la amenaza se dirija contra un agente de la autoridad y apuntándole directamente, que es lo que aquí ocurrió. De otro modo nos encontraríamos ante una aplicación extensiva de la norma en contra del reo, que violaría el principio de legalidad(...) No cabe confundir el uso de armas o medios peligrosos que cualifica, por ejemplo, el delito de robo en el art. 242.2 CP, y la agresión con armas u otro medio peligroso aquí contemplado" (FJ 3º)[241]. De ahí que existan múltiples sentencias en las que no se aplica el subtipo cuando sólo se encañona al agente [STS 87 / 2001, de 29 de enero, *(Tol 27943)*; 210/2004, de 23 de febrero[242]]. Sin embargo, la nueva redacción posibilita, en mi opinión, su apreciación en casos de mera exhibición, ya que no se exige una agresión actual sino "que el atentado se cometa haciendo uso", lo que autoriza a aplicarla al atentado intimidatorio, a la modalidad de resistencia activa grave y a todo acto de acometimiento (vg.

---

240 No comparto, pues, la valoración positiva que de la nueva fórmula hace GARCÍA RIVAS, *Comentario*, *op. cit.*, pág. 775. Es verdad que "hacer uso" cierra el paso a apreciarla en caso de simple porte. Pero eso era algo que ya se derivaba —y más claramente— de la antigua redacción (agredir *con* armas u otro medio peligroso). Por el contrario, por las razones que expondré en el texto, es más amplio "*cometer el atentado* haciendo uso" que "*verificar la agresión* con armas..."

241 Resume bien la doctrina jurisprudencial la STS 294/2012, de 26 de abril, F.J 7º

242 *(Tol 365469)*. Ahora bien, sí se estima concurrente, como parece lógico, cuando se usa y se encasquilla por un defecto de funcionamiento: STS 308/2011, de 19 abril *(Tol 2125993)* o se acciona el gatillo de arma descargada STS 294/2012, de 26 de abril, *(Tol 2553788)*

blandir los palos que sujetan la pancarta aunque no se haga ademán de pasar a mayores[243]).

Para cerrar el capítulo de las novedades introducidas en el tipo agravado que no merecen una valoración positiva, queda referirse a la causa de agravación relativa a que los hechos se produzcan en motín, plante o incidente colectivo en un centro penitenciario. GARCIA RIVAS justifica la agravación por el mayor peligro que representa para la integridad de los funcionarios una agresión colectiva[244]. Sin embargo, la agravación no exige ningún tipo de agresión colectiva, de modo que no hay que pensar en un conjunto de amotinados atentando contra indefensos funcionarios. Bastará con que se produzca un "incidente" y uno de los implicados atente contra el funcionario, al margen de que nadie más lo haga. Por otra parte, no hay que olvidar que el referido subtipo puede entrar, en su caso, en concurso con el art. 469 CP, y es frecuente que lo haga con lesiones y detenciones ilegales lo que conduce a resultados penológicos que ya son, sin necesidad de agravar el atentado, singularmente severos[245].

Para terminar, sólo decir que siempre nos queda el consuelo de saber que la cosa pudo ser peor de no haberse renunciado a agravar los atentados cuando "los hechos se lleven a cabo en una manifestación o reunión numerosa, o con ocasión de alguna de ellas". La agravación merecía, sin duda, ser suprimida por cuanto una interpretación sistemática respetuosa con el principio de vigencia, conducía a referirla a los casos en que el atentado se producía en el marco de una manifestación o reunión lícita (ex art. 514.3 CP, a contrario), esto es, en el ejercicio de derechos fundamentales, lo que planteaba importantes problemas desde una perspectiva constitucional.

---

243 No se discute que con la anterior redacción tampoco cabía exigir que la agresión tuviese efectivamente lugar. Pero lo cierto es que, de hecho, sólo se aplicaba, además de en los casos en que se producía el resultado lesivo, en aquellos en que se había dado inicio a la agresión (vg. intentar arrollar al agente con el vehículo, intentar darle con un palo de considerable dimensión, dispararle aunque el disparo no impactase, etc.). Hasta donde alcanzo, no existen pronunciamientos en los que se aplicase el subtipo agravado pese a no haberse dado inicio a la agresión con el arma u objeto peligroso (incluso en el ejemplo de accionar el gatillo de un arma que se encasquilla, tenemos un principio de ejecución de la agresión).

244 *Comentario..., op. cit.*, pág. 775. En similar sentido, la enmienda 1020 GPP, presentada a última hora en el Senado, en la que tiene su origen la agravación: debido al plus de peligrosidad y por lo tanto, mayor reproche, que merece la comisión del delito en ese contexto.

245 Vid. STS 132/2008, de 12 de febrero *(Tol 1297087)*

2.3. La creación de tipos específicos: el delito complejo de homicidio y atentado y el atentado terrorista

Esta ha sido otra de las vías utilizadas para incrementar el rigor penal hasta extremos que, como bien dice GARCÍA RIVAS[246], llega al paroxismo en el caso del art. 573.

La reforma operada en materia de terrorismo por la LO 2/2015 —bajo el paraguas, una vez más, de las Directivas—, proyecta también su oscura sombra sobre el delito de atentado, que, conforme a cuanto dispone el art. 573, será calificado como delito de terrorismo cuando se llevare a cabo con cualquiera de las finalidades descritas en el mismo. Ahora bien, hay que tener en cuenta que hoy el concepto de delito de terrorismo se extiende hasta límites antes nunca sobrepasados al añadirse nuevas finalidades y prescindirse del elemento organizativo, lo que posibilitará calificar *prima facie* como terrorismo, con todo lo que ello comporta[247], conductas tales como las agresiones que un individuo aislado dirija contra agentes en el marco de graves desórdenes públicos y con la finalidad de alterar gravemente la paz, o, con matices, masacres tipo *Columbine* en centros educativos contra estudiantes y personal docente —indiscutiblemente incluidos entre los sujetos protegidos— en tanto se estimen idóneos para generar terror entre la comunidad educativa, familias y resto de implicados. Por otra parte, no se pierda de vista que, tratándose de autoridades especialmente protegidas (art. 550. 3), miembros de las Fuerzas o Cuerpos de Seguridad o de las Fuerzas armadas o de funcionarios que presten servicio en instituciones penitenciarias, rige la agravación prevista en el art. 573 bis, que también ha visto ampliado su ámbito de aplicación al incluir a los funcionarios de prisiones, que no estaban contemplados en la agravación homóloga del anterior art. 572 CP[248]

---

246 *Comentario*..., op. cit., pág. 769

247 Piénsese no sólo en los recortes de garantías procesales, sino también en otras implicaciones sustantivas (vg. el castigo de las apologías de esas acciones como apología/enaltecimiento del terrorismo, lo que, si se piensa en incidentes ocurridos en algunas manifestaciones y el eco habido en las redes, puede tener efectos nada deseables)

248 El anterior 572. 2 rezaba así: "Si los hechos se realizaran contra las personas mencionadas en el apartado 2 del artículo 551 o contra miembros de las Fuerzas Armadas, de las Fuerzas y Cuerpos de Seguridad del Estado, Policías de las Comunidades Autónomas o de los Entes locales, se impondrá la pena en su mitad superior". Ahora, falta toda referencia a las policías de las Comunidades Autónomas o de los Entes locales, pero, como es obvio, ello en nada recorta su alcance puesto que en ambos casos estamos ante personas integradas en las Fuerzas y Cuerpos de Seguridad del Estado (art. 2 LO 2/1986)

Resta, por último, referirse a lo que establece el nuevo homicidio del art. 138. 2 letra b), que obliga a imponer la pena superior en grado a la prevista para el tipo básico "cuando los hechos sean además constitutivos de un delito de atentado del artículo 550". El legislador ha decidido incrementar el rigor con la finalidad, según reza el apartado X del Preámbulo, de reforzar la protección de los agentes de las Fuerzas y Cuerpos de Seguridad cuando son víctimas de este delito en el ejercicio de sus funciones o con ocasión de ellas. Sin embargo, ni puede decirse que hasta ahora estuvieran desprotegidos ni, sobre todo, la tutela cualificada se ciñe a ellos, ya que los sujetos del atentado son otros muchos funcionarios[249]. En todo caso, lo que sí debe excluirse es la posibilidad de aplicar esta previsión a los homicidios del personal asimilado en el nuevo art. 554 CP. A ello conduce una interpretación estricta de lo dispuesto en el art. 138. 2 letra b) —que se remite al art. 550— y así lo aconseja también la prudencia. En cualquier caso, el precepto dará problemas y puede ser fuente —como lo fueron históricamente los delitos complejos— de vulneraciones del principio de culpabilidad. No se entiende, pues, la decisión de rehabilitar esas figuras. Recordemos, para terminar, las soluciones que, tras muchas vacilaciones, se dieron a algunos de aquellos problemas: de un lado, la necesidad de predicar el dolo con respecto a ambas infracciones del complejo; de otro, la imposibilidad —por tratarse de un todo indivisible—, de apreciar circunstancias de agravación sólo concurrentes en una de ellas, y, por último, el abandono para casos de varios resultados de la llamada teoría múltiple y homogénea —que estimaba tantas infracciones complejas como delitos secundarios cometidos, criterio notoriamente gravoso para el sujeto activo— y la opción a favor de la teoría múltiple y heterogénea por cuya virtud uno de los resultados forma el complejo y el otro entra en concurso ideal de delitos[250]

3. REFORMAS QUE AFECTAN AL ÁMBITO SUBJETIVO. ESPECIAL REFERENCIA A LA ASIMILACIÓN DE LOS PARTICULARES Y LOS MIEMBROS DE LA SEGURIDAD PRIVADA

El nuevo art. 554 dispone que:

---

249 También críticamente, ÁLVAREZ GARCÍA, F.J/ VENTURA PÜSCHEL, A., en QUINTERO OLIVARES, G. *Comentario...*, *op. cit.*, pág. 320

250 Vid un buen resumen en STS 1800/1994 de 18 octubre *(Tol 404499)*, F.J. 4º.

"1. Los hechos descritos en los artículos 550 y 551 serán también castigados con las penas expresadas en ellos cuando se cometieren contra un miembro de las Fuerzas Armadas que, vistiendo uniforme, estuviera prestando un servicio que le hubiera sido legalmente encomendado.
2. Las mismas penas se impondrán a quienes acometan, empleen violencia o intimiden a las personas que acudan en auxilio de la autoridad, sus agentes o funcionarios
3. También se impondrán las penas de los artículos 550 y 551 a quienes acometan, empleen violencia o intimiden gravemente:
a) A los bomberos o miembros del personal sanitario o equipos de socorro que estuvieran interviniendo con ocasión de un siniestro, calamidad pública o situación de emergencia, con la finalidad de impedirles el ejercicio de sus funciones.
b) Al personal de seguridad privada, debidamente identificado, que desarrolle actividades de seguridad privada en cooperación y bajo el mando de las Fuerzas y Cuerpos de Seguridad"

La auténtica novedad del precepto no viene dada, claro está, ni por el inexplicable mantenimiento de la autónoma y anacrónica referencia a la Fuerza Armada, ni por la mención de los bomberos y los servicios sanitarios, que ya se consideraban dentro del círculo de sujetos pasivos de la acción[251]. Lo verdaderamente novedoso y criticable es la equiparación punitiva que se produce en relación con las personas que acuden en auxilio, así como la extensión de la singular tutela a otros colectivos; entre ellos, el de la Seguridad privada.

De un lado, carece de justificación la extensión que materialmente se hace del atentado al asimilar la pena cuando aquél se dirige contra las personas que acuden en auxilio de la autoridad, sus agentes o funcionarios. Ampararse, como hace la Exposición de Motivos, en el hecho de que se ha rebajado el umbral mínimo de las penas no es excusa. Nuestra tradición legislativa apoya el que se extienda la protección a los particulares que acuden en auxilio de la autoridad, agentes o funcionarios, pero no que se castiguen los atentados contra ellos con la misma pena. La equipara-

251 Los bomberos son, sin discusión, funcionarios públicos en el sentido del art. 24 CP. En cuanto a los servicios sanitarios de urgencias, la conocida STS 1125/2011, de 2 de noviembre, dejó claro que entraban dentro de los sujetos amparados por el delito de atentado (FJ 6º). No obstante, en aquel caso la dotación sanitaria pertenecía al servicio nacional de salud y, por tanto, el motivo de casación era absolutamente infundado. Sin embargo, podían subsistir dudas cuando quienes realizan esta tarea no son empleados del sistema público de salud en sentido estricto, sino que prestan sus funciones en seguros privados (Adeslas, Sanitas, etc). Aunque también en tales casos estamos ante una prestación asistencial de naturaleza pública, es preferible la mención expresa si es que se quiere dejar claro que también a ellos se extiende la singular protección que el tipo depara.

ción punitiva que establece tampoco guarda coherencia sistemática con la penalidad general, pues, si se distingue entre funcionarios y autoridades —y, a su vez, entre estas— en atención a la relevancia de las funciones, es obvio que la que desempeña un particular no es equiparable a la de un funcionario o agente, ya que se limita a auxiliar a éstos en el ejercicio de sus funciones.

Por lo que respecta a la posible colaboración de quienes no ostentan la consideración de servidores públicos pero gramaticalmente entran en la fórmula "equipos de socorro" (vg voluntarios de una ONG) lo razonable sería, a lo sumo, extender la protección en los términos del viejo art. 555 sólo si su intervención ha sido requerida; no así si ésta es espontánea, al margen de otras responsabilidades penales en las que pudieran incurrir quienes impidan una intervención idónea para evitar un resultado lesivo o disminuir un riesgo.

En lo referente al personal de seguridad privada, sabido es que desde la STS de 25 de octubre de 1991, luego refrendada por la Ley 23/1992 de 30 de julio de Seguridad Privada, no se le venía reconociendo el carácter de agentes de la autoridad, sin perjuicio de que fuera de aplicación el tipo atenuado en tanto que, conforme al art. 14 de la Ley 23/1992 y el art. 4.2. de la Ley Orgánica de Fuerzas y Cuerpos de Seguridad del Estado, auxiliasen y colaborasen con aquéllos en cumplimiento de su obligación de hacerlo, hoy recogida en el art. 7.3 lo la LOSC (en el mismo sentido Consulta 3/93 de 20 de octubre, de la Fiscalía General del Estado). Eso era más que suficiente y no había razón alguna para romper con una tradición consolidada. Salvo, claro está, que el objetivo sea ir imponiendo paulatinamente un modelo "privado" de seguridad ciudadana, que es, en el fondo, a lo que ésta y otras reformas conducen.

Asistimos, en definitiva, a una inadmisible extensión del concepto de atentado. El legislador, en lugar de aprovechar la reforma para reflexionar sobre la conveniencia de restringir la figura —como parecería razonable tratándose de un delito contra el orden público— a los casos en las que la autoridad o sus agentes desempeñaran funciones públicas caracterizadas por la coerción, va en la dirección contraria y desnaturaliza con ello la razón de ser de la infracción.

CASO "ATUREM EL PARLAMENT": UNA CUESTIÓN DE ATIPICIDAD, NO (SÓLO) DE PONDERACIÓN

JOSÉ MANUEL PAREDES CASTAÑÓN
Catedrático de derecho penal. Universidad de Oviedo

1. Este trabajo tiene por objeto analizar críticamente la forma en la que dos de nuestros principales tribunales en el orden penal (sendas secciones de las salas de lo penal de la Audiencia Nacional[252] y del Tribunal Supremo)[253] han razonado la solución y los fundamentos de la misma en relación con un caso paradigmático del Derecho Penal político no antiterrorista, cual es el de los incidentes acaecidos con motivo de la manifestación que, el día 15 de junio de 2011, fue convocada delante del Parlamento de Catalunya bajo el lema de *"Aturem el Parlament, no dexiarem que aprovin retallades"*. Y, muy particularmente, determinar si alguna de las dos constituye una buena interpretación del Derecho Penal vigente, examinando las herramientas dogmáticas que cada uno de los dos tribunales ha empleado, para (partiendo de idénticos hechos probados,) llegar a sus conclusiones, radicalmente contrarias, a la hora de calificar dichos hechos.

2. A este respecto, lo primero que llama poderosamente la atención es el lugar en donde se ha localizado la discusión jurídica, y la discrepancia, entre los dos tribunales; y dónde, en cambio, no. En efecto, la sentencia de instancia concentra el debate acerca de la calificación jurídica de los hechos probados casi exclusivamente en torno al efecto (justificante) que el ejercicio legítimo (art. 20,7º CP) del derecho de reunión y manifestación (art. 21 CE, y disposiciones concordantes del Derecho internacional de los derechos humanos vigentes en España) debería producir sobre las acciones demostradas de los acusados. Y, por su parte, el Tribunal Supremo, en su puesta en cuestión de los fundamentos jurídicos de la resolución de instancia, se detiene principalmente a discutir dicha preeminencia del derecho fundamental de reunión, preeminencia que, en su opinión, debería ponderarse en contraposición con otros derechos e intereses de rango constitucional. Y, luego, una vez rechazado que pueda existir un efecto

---

252 Sentencia nº 31/2014, de 7 de julio de 2014, de la Sección 1ª de la Sala de lo Penal de la Audiencia Nacional

253 Sentencia nº 161/2015, de 17 de marzo de 2015, de la Sala de lo Penal del Tribunal Supremo.

justificante generalizado del derecho fundamental sobre todas y cada una de las acciones enjuiciadas, argumenta que varias de ellas, puestas en contexto, sí que resultan típicas, a tenor de lo dispuesto en el art. 498 CP (y, en conexión con él, también de lo dispuesto por el art. 550 CP), por lo que deben ser castigadas.

Lo llamativo de esta forma de argumentar es, precisamente, su alcance extremadamente limitado. Así, cabe ciertamente adoptar diferentes posiciones dogmáticas acerca de cómo ha de interpretarse el alcance del derecho fundamental de reunión. Como también cabe adoptarlas en relación con el modo en el que debe ponderarse el valor de la libertad de acción otorgada por dicho derecho, en comparación con las necesidades de protección de otros derechos fundamentales (del derecho de participación política) y de otros intereses constitucionalmente reconocidos (como el principio democrático de la representación de la soberanía popular por el parlamento). En este sentido, soy de la opinión de que cualquiera de las dos posiciones adoptadas por las sentencias en liza resultan perfectamente defendibles, en pura teoría dogmática constitucional. Pudiendo optarse por la una o por la otra en función de lecturas morales y políticas diferentes (simplificando: más progresista o más conservadora), mas ambas compatibles con el tenor literal del texto constitucional y, por consiguiente, no arbitrarias[254].

---

254 Por supuesto, la cuestión de la interpretación de la constitución y de sus consecuencias para la interpretación de la ley resulta en extremo discutible. Yo, por mi parte, mantengo (aunque no es éste el lugar para intentar argumentarlo en detalle) que es preciso distinguir entre, de una parte, las implicaciones propiamente jurídicas de la constitución (que son las únicas que le corresponde señalar y hacer valer a la jurisdicción constitucional, y las únicas en virtud de las cuales puede predicarse justificadamente que una ley, o una sentencia que aplica una ley, por haber ignorado tales implicaciones, son nulas de pleno Derecho); y, de otra parte, las implicaciones que pueden derivarse de las posibles lecturas (interpretaciones) moral y políticamente sesgadas de la constitución. Esto último es competencia primordial del legislador, pero también de los jueces, cuando interpretan las leyes a la luz de la (lectura moral y política suya de la) constitución. Que estemos ante lo uno o ante lo otro depende de que la implicación normativa en cuestión se pueda deducir directamente del tenor literal de las normas constitucionales (conforme al canon de interpretación de normas jurídicas generalmente aceptado), o bien, por el contrario, tan sólo añadiendo al significado de dicho tenor literal, además, normas morales o restricciones políticas adicionales. Y, en cuanto a las consecuencias, la diferencia entre ambas hipótesis estriba en que dos lecturas morales o políticas distintas, y aun contradictorias, de la misma constitución resultan ambas (hasta un cierto límite: justamente el marcado por las implicaciones jurídicas que las normas constitucionales poseen) en principio conforme a Derecho. Cosa que no sucede cuando existe contradicción normativa directa entre ley o sentencia y el significado (directo) de la norma constitucional.

Si todo terminase aquí, esto es, si lo único que pudiésemos decir acerca de casos penales tan políticamente cargados como el que comento es que cabe hacer una ponderación de derechos más sesgada hacia la derecha y también una más sesgada hacia la izquierda, y que ambas tienen cabida en el espacio de lo constitucionalmente interpretable, entonces tendrían sin más razón los defensores de aquella teoría crítica acerca del Derecho y de la dogmática jurídica que sostiene que, en realidad, no existe argumentación puramente racional posible en el universo del Derecho, sino mero encubrimiento retórico de posiciones de poder. En suma, todo se reduciría, entonces, en que la resolución dictada por un tribunal de primera instancia más bien izquierdista fue corregida por la dictada por otro tribunal, jerárquicamente superior, de tintes más conservadores.

Qué duda cabe de que algo de esto hay, en el caso de marras. Sin embargo, me resisto a aceptar que, entonces, no quepa diálogo racional alguno acerca de la justificación y alcance de las decisiones judiciales que pretenden estar interpretando el Derecho. Y me resisto a aceptarlo, primero, por razones políticas: la obligación de motivar las resoluciones judiciales, garantía esencial del proceso, exige, si es tomada en serio, que la argumentación contenida en las sentencias no sea mera retórica, sino una argumentación racionalmente coherente, susceptible de discusión y de refutación mediante métodos (si no objetivos, sí, cuando menos) intersubjetivamente aceptables. Pero es que, además, desde el punto de vista teórico, ocurre que solamente una concepción extremadamente chata, poco plausible, de los contenidos de la dogmática jurídica, obliga a conclusión tan desconsoladora. Por el contrario, un análisis dogmático más rico de los problemas de calificación y de subsunción suscitados por los casos penales permite hallar numerosos aspectos de los mismos que, si no objetivables, sí que, cuando menos, pueden ser discutidos racionalmente y con (relativa) independencia de las posiciones morales y políticas de las que se parta. Así, aunque ciertamente nada en el ámbito de la interpretación jurídica puede ser aislado por completo de los problemas morales y políticos, lo que sí que resulta posible, en mi opinión, es quebrar, y diversificar, los frentes de la discusión, de manera que no todo se reduzca a si el intérprete es políticamente "progresista" o "conservador".

Así, en el caso que estoy comentando, si sólo se tratase de que la Audiencia Nacional y el Tribunal Supremo mantienen lecturas diferentes desde el punto de vista político acerca del alcance del art. 21 CE, entonces habría que reconocer que tan conforme a Derecho era la interpretación de la Audiencia sobre el alcance justificante del precepto, como la del Tribunal Supremo sobre los límites de dicho efecto. Pero esa no es la cuestión que hay que resolver: la cuestión es, más bien, si no es cierto —como pienso que lo es— que, al menos en el caso del Tribunal Supremo, no se trata tan sólo de interpretase de otro modo, posible, el ordenamiento, sino que más bien lo infringió.

3. En concreto, identifico al menos cinco problemas más de calificación jurídica que podían y debían haber sido discutidos en el caso. Son los siguientes: 1°) el problema de la tipicidad (¿resultaban las conductas probadas de los acusados subsumibles en los tipos penales invocados por la acusación?); 2°) el problema de la lesividad (aun en el supuesto de que dichas conductas fuesen subsumibles en los tenores literales de los tipos, ¿afectaron efectivamente a los bienes jurídicos protegidos en los mismos y, por consiguiente, eran merecedoras de pena?); 3°) el problema del grado de antijuridicidad y de la eventual insignificancia (aun en el supuesto de que las conductas objeto de enjuiciamiento fuesen materialmente antijurídicas, ¿en qué grado, con qué nivel de gravedad? ¿influiría en dicha gravedad el hecho de que tales conductas, aun si no pudiesen ser consideradas como justificadas en virtud de la aplicación del art. 20,7° CP, constituyesen, en todo caso, supuestos de ejercicio —abusivo, sí, pero ejercicio— de un derecho fundamental?); 4°) el problema del dolo, de los elementos subjetivos del injusto y de la conciencia de la prohibición (¿es suficiente con saber que se está participando en una manifestación y impidiendo el paso a un parlamentario para realizar la conducta típica del art. 498 CP o, por el contrario, es preciso además poseer una cierta intención, efectivamente comprobable?); 5°) el problema de la responsabilidad individual (¿cómo determinar la parte del desvalor del evento que resulta imputable, a título de autoría o de cooperación, a la conducta de cada uno de los acusados?).

Como se verá, mi tesis es que el caso (los problemas de calificación jurídica del caso) es más complejo de como ha sido presentado por nuestros tribunales. Y que, por consiguiente, también debería haberlo sido, más compleja y más completa, la motivación de las resolución judiciales al respecto. Veámoslo a continuación.

4. Comenzando por la primera de las cuestiones, la de la tipicidad, resulta llamativo que los tribunales (y, muy especialmente, el Tribunal Supremo, que optó por afirmarla) no hayan entrado a discutir en detalle los requisitos exigidos para la aplicación de los tipos penales que se invocan. En efecto, respetando los hechos dados por probados en la sentencia de instancia, en absoluto resulta evidente que cualquiera de las conductas de los acusados resulten subsumibles en el tenor literal de los mencionados tipos penales.

Dos son, en concreto, las cuestiones de tipicidad que suscitan dudas y que, por ello mismo, deberían haber sido objeto de una discusión detallada en las resoluciones judiciales comentadas[255]. La primera es la de la estructura general del tipo del art. 498 CP: ¿delito de lesión o delito de peligro? ¿delito de resultado (con modalidades limitadas de acción) o delito de mera actividad (con elementos subjetivos del injusto)? Y la segunda, la de interpretación que debe darse a las modalidades de la acción típica (*"emplearen fuerza, violencia, intimidación o amenaza grave"/ "acometan a la autoridad (...) o empleen fuerza contra ellos, los intimiden gravemente o les hagan resistencia activa también grave"*), francamente similares en los dos tipos invocados.

El tipo penal del art. 498 CP contiene dos modalidades alternativas de conducta típica: 1ª) *"emplear fuerza, violencia, intimidación o amenaza grave para impedir a un miembro del Congreso de los Diputados, del Senado o de una Asamblea Legislativa de Comunidad Autónoma asistir a sus reuniones"*; y 2ª) *"por los mismos medios, coartar la libre manifestación de sus opiniones o la emisión de su voto"*. En principio, el tenor literal de las dos modalidades admitiría, me parece, tanto su interpretación como delitos de resultado cuanto su interpretación como delitos de mera actividad. Es cierto que el tenor literal de la primera (*"emplear... para..."*), en una primera lectura desapasionada, parece apuntar inicialmente hacia el delito de mera actividad. Y, en cambio, el tenor literal de la segunda parece indicar más bien un delito de resultado (*"coartar"* parece que equivale mejor a *"lograr coartar"*, que no a *"intentar coartar"*). Con lo que, en definitiva, la interpretación sistemática del precepto permitiría inclinar la balanza tanto en un sentido como en el otro: puesto que parece absurdo (al no haber razón alguna para ello) sostener que cada una de las dos modalidades típicas deba ser interpretada de manera diferente; así las cosas, desde un punto de vista puramente lingüístico, cabría defender que ambas modalidades lo son de mera actividad[256], aunque ciertamente la

---

255 Particularmente, como he señalado, en la condenatoria del Tribunal Supremo, por obvias razones de mayor exigencia en la motivación de la sentencia. Pero también en la sentencia de instancia, absolutoria, habría sido conveniente que se hubiese acometido tal discusión: justamente, para evitar que, al final, el debate jurídico se viera reducido —como efectivamente se vio— a un enfrentamiento entre una interpretación progresista y otra conservadora del alcance del derecho de reunión. En definitiva, que las limitaciones de su argumentación dogmática "se lo pusiese fácil" al Tribunal Supremo, para contradecirla y para llegar a la condena pretendida.

256 Aunque, como acabo de señalar, la segunda de las modalidades parece avenirse mejor con su interpretación como delito de resultado, es cierto que, en términos puramente lingüísticos, su interpretación como delito de mera actividad resultaría posible (menos plausible, es cierto, pero no radicalmente contraria al uso ordinario del lenguaje

interpretación de ambas como delitos de resultado parecería preferible, ya sólo por razones sistemáticas. Pues, si para la consumación del delito, en la segunda modalidad típica, es preciso que se coarte efectivamente la libertad de expresión o de voto del parlamentario, con mayor razón debería exigirse un resultado efectivo también en la primera modalidad; esto es, que se logre impedir que el parlamentario asista a la sesión de la cámara.

En todo caso, y como suele suceder, el argumento decisivo para optar definitivamente por una u otra de las dos posibilidades de interpretación ha de ser de naturaleza valorativa. De este modo, en mi opinión, existen argumentos valorativos que deben llevarnos a interpretar el delito del art. 498 CP como un delito de mera actividad[257], y no como uno de resultado. Dos argumentos, en concreto: de una parte, la particular importancia

---

—y, por lo tanto, tampoco violatoria del principio de legalidad penal): puesto que el diccionario (REAL ACADEMIA ESPAÑOLA: *Diccionario de la lengua española*, 3ª ed., Espasa, Madrid, 2014) define el término "*coartar*" como "*limitar, restringir, no conceder enteramente algo*", y reconoce al término "*limitar*" dos acepciones distintas ("*poner límites a algo*" y "*acortar, ceñir*"), podría optarse por la primera, y entender que lo que describe el tipo penal como delito consumado es únicamente la acción de poner límites (en vez de optar por la segunda, e interpretar que para que exista delito consumado hace falta que se produzca el resultado de un acortamiento en la libertad de decisión del parlamentario).

257 LASCURAIN SÁNCHEZ, Juan Antonio, en RODRÍGUEZ MOURULLO, Gonzalo (dtor.): *Comentarios al Código Penal*, Civitas, Madrid, 1997, pág. 1259; REBOLLO VARGAS, Rafael, en CÓRDOBA RODA, Juan/ GARCÍA ARÁN, Mercedes (dtores.): *Comentarios al Código Penal. Parte Especial*, II, Marcial Pons, Madrid, pág. 2401; POLAINO NAVARRETE, Miguel, en el mismo (dtor.): *Lecciones de Derecho Penal. Parte Especial*, Tecnos, Madrid, 2011, pág. 471; SERRANO GÓMEZ, Alfonso/ SERRANO MAÍLLO, Alfonso: *Derecho Penal. Parte Especial*, 16ª ed., Dykinson, Madrid, 2011, pág. 953; TAMARIT SUMALLA, Josep María/ RODRÍGUEZ PUERTA, María José, en QUINTERO OLIVARES, Gonzalo (dtor.): *Comentarios a la Parte Especial del Derecho Penal*, 9ª ed., Aranzadi, Pamplona, 2011, pág. 2022. Por su parte, COBO DEL ROSAL, Manuel/ QUINTANAR DÍEZ, Manuel: *Delitos contra la Constitución (III): delitos contra las instituciones del Estado y la división de poderes*, en COBO DEL ROSAL, Manuel (dtor.): *Derecho Penal español. Parte Especial*, 2ª ed., Dykinson, Madrid, 2005, pág. 1032, sostiene que cada una de las dos conductas típicas contenidas en el art. 498 CP poseen diferente naturaleza jurídica (la primera sería un delito de mera actividad y la segunda un delito de resultado). No se comprende, no obstante, por qué resultaría preciso hacer tal diferenciación, ya que no se aprecia que exista ninguna razón valorativa o teleológica que la fundamente (en todo caso, puestos a diferenciar, los argumentos de esta índole deberían llevar más bien a interpretar como delito de resultado la primera conducta típica, menos grave, y como delito de mera actividad la segunda, más grave) y, desde el punto de vista lingüístico, el único argumento posible, el empleo del término "*coartar*" para describir la segunda conducta típica, resulta notoriamente insuficiente (vid. supra n. 5), habiendo, como hay, razones valorativas en pro de la interpretación extensiva.

del bien jurídico protegido (el funcionamiento de los órganos constitucionales con respeto a las garantías institucionales orientadas a asegurar la vigencia del principio democrático y del pluralismo político)[258], que justifica una intervención anticipada (antes de que se haya logrado impedir la actuación del parlamentario), en virtud del mayor merecimiento de pena derivado del desvalor del evento; y, de otra, el argumento de la comparación con los delitos de amenazas, en los que no cabe ninguna duda de que es suficiente, para la consumación, con que el mensaje amenazante haya sido recibido por el destinatario, sin que haya necesidad alguna de que éste modifique su conducta a resultas del mensaje recibido[259].

Obsérvese que, en todo caso, las consecuencias de una y de otra solución tampoco son tan radicalmente diferentes. Pues, por una parte, tanto en la interpretación como delito de mera actividad cuanto en la interpretación como delito de resultado, es claro que nos hallamos ante un delito de lesión: es decir, que no basta con que un sujeto obre contra un parlamentario, sino que es preciso además que dicha actuación afecte a la libertad de acción de éste (aun cuando no es necesario que llegue a constreñírsela por completo)[260]. La cuestión dista de ser baladí: si, en el caso de autos, se llega-

---

[258] TAMARIT SUMALLA/ RODRÍGUEZ PUERTA, en QUINTERO OLIVARES (dtor.), *Comentarios*, 2011, pág. 2022.

[259] Vid. PAREDES CASTAÑÓN, José Manuel: *Libertad, seguridad y delitos de amenazas*, en EPCr XXIX (2010), pág. 383. Es cierto que este segundo argumento, por sí solo, no sería suficiente si no estuviese completado con el primero, pues siempre se podría aducir, *a contrario*, que el delito de coacciones sí que es un delito de resultado, por lo que, por analogía, al menos las dos primeras clases de conductas típica (la de "*emplear fuerza*" y la de "*emplear violencia*") del art. 498 CP deberían interpretarse también así. Sin embargo, una vez puestos los dos argumentos valorativos en relación, creo que su combinación permite argumentar convincentemente en favor de la interpretación más extensiva del tipo.

[260] De otra opinión se manifiesta el Magistrado Perfecto Andrés Ibáñez, en su voto particular, manteniendo que nos hallamos ante un delito de peligro abstracto. En mi opinión, sin embargo, la discrepancia obedece a un mal entendimiento de cuál es el bien jurídico protegido; y, más en general, de la naturaleza de los bienes jurídicos supraindividuales. En efecto, el argumento fundamental para sostener que estamos ante un delito de peligro abstracto parece ser que el tipo resulta "*aplicable ya solo con que se dé el empleo —de alguna de aquellas— para el fin contemplado, con independencia del resultado*". Pero esto, en realidad, lo único que indica es que se trata de un delito de mera actividad. Pero no prejuzga si, además, es un delito de lesión o es un delito de peligro (la equiparación entre delito de mera actividad y delito de peligro es un error manifiesto: vid. LUZÓN PEÑA, Diego Manuel: *Lecciones de Derecho Penal. Parte General*, 2ª ed., Tirant lo Blanch, Valencia, 2012, págs. 168-169): es decir, si hace falta o no que la acción típica llegue a privar efectivamente al parlamentario de su libertad de acción. Así, en mi opinión, para la tipicidad basta con que exista una acción violenta o intimidatoria sobre el parlamentario, no es necesario que la misma logre impedir a éste actuar en ejercicio de su posición (delito de mera actividad, por lo tanto). Y, sin

se a demostrar que una determinada acción, aun resultando subsumible en el tenor literal del tipo penal, no tuvo capacidad para afectar a la libertad de decisión del parlamentario, entonces habría que considerarla (en virtud de una razonable interpretación valorativa restrictiva del tipo) atípica.

Precisamente, ello podría haber ocurrido en relación con alguna de las acciones enjuiciadas en este caso. Así, según los hechos probados, hubo un acusado (José María Vázquez Moreno) que, aproximándose por detrás, pintó con un espray el abrigo y el bolso de una diputada. En este caso, debido a la existencia de una acción de contacto físico entre el autor y el cuerpo de la víctima, es evidente, a mi entender, que existe la *"fuerza"* o *"violencia"* que el tipo penal del art. 498 CP exige en principio para la tipicidad. Y, sin embargo, como la sentencia de instancia destaca con acierto, pese a ello, el hecho de que la diputada ni siquiera se enterase de lo que estaba sucediendo, hasta mucho después, implica que la conducta del acusado, fuese cual fuese su intención, de hecho no pudo afectar en absoluto a la libertad de decisión de aquella. Por consiguiente, parece claro que condenarle —como hace el Tribunal Supremo— por un delito consumado de coacción a parlamentarios puede que no viole el tenor literal del tipo (y, por lo tanto, tampoco el principio de legalidad penal), pero, desde luego, constituye una aplicación extensiva del mismo totalmente carente de fundamento. Pues la conducta enjuiciada carecía del suficiente grado de antijuridicidad material para merecer la pena del delito consumado: no hubo lesión del bien jurídico (la protección de la libertad de la diputada objeto de la acción no se vio disminuida).

Por otra parte, la interpretación de este delito como delito de lesión, y no de mero peligro, resulta relevante también a la hora de determinar el contenido que se ha de exigir a los elementos subjetivos del tipo penal. Pues, en efecto, si el contenido de antijuridicidad material de este delito se sustenta sobre la afectación a la libertad de decisión del parlamentario,

---

embargo, lo que sí que es preciso, a mi entender, es que la acción violenta o intimidatoria realizada afecte efectivamente al proceso de toma de decisiones del parlamentario: no que le impida actuar como tal, pero sí que interfiera en sus decisiones (delito de lesión, no de mero peligro). (Por lo demás, es evidente también —lo he argumentado con detalle en PAREDES CASTAÑÓN, José Manuel: *Los delitos de peligro como técnica de incriminación en Derecho Penal económico: bases político-criminales*, en RDPC 11 (2003), págs. 135-137— que no existe ninguna razón para interpretar todos los delitos contra bienes jurídicos supraindividuales como delitos de peligro, puesto que aquellos pueden ser perfectamente lesionados. Siempre, claro está, que se tenga claro que la lesión del bien jurídico no tiene por qué equivaler a la destrucción física del objeto material de la acción. Así, hay lesión del bien jurídico cuando la conducta subsumible en el art. 498 CP interfiere con el proceso de toma de decisiones de, al menos, un parlamentario; pero, por supuesto, ello no conlleva necesariamente la necesidad de que se paralice efectivamente el funcionamiento de toda la Cámara.)

entonces, parece imprescindible exigir no sólo que el autor sea consciente de que está actuando con *"fuerza"*, *"violencia"*, etc., sino que además habrá que exigir que sea consciente de la potencialidad lesiva de su acción para el bien jurídico protegido. Ello, por supuesto, muchas veces irá de suyo. Pero no siempre: así, resulta perfectamente imaginable (especialmente en un ámbito, como es el de la confrontación política, en el que casi todas las acciones —y también las violentas— poseen siempre algún aspecto puramente expresivo) un supuesto en el que el autor aplique violencia sobre un parlamentario únicamente con la finalidad de expresar su desacuerdo o su desprecio hacia quien es, hacia su comportamiento o hacia lo que representa, pero sin darse cuenta de que con ello está afectando también a la libertad del diputado para ejercer sus funciones. Veremos luego que tal cosa pudo suceder también aquí.

5. La segunda cuestión de tipicidad objetiva que es preciso aclarar es la relativa a las modalidades de la acción típica. Y es que únicamente determinadas formas de comportamiento, de entre las que son lesivas para el bien jurídico protegido (de entre las que afectan a la libertad de actuación del parlamentario), resultan penalmente típicas, no todas. En concreto, el art. 498 CP exige que el autor o autores *"emplearen fuerza, violencia, intimidación o amenaza grave"*. Es decir, es preciso que la acción del autor o autores pueda ser subsumida bajo las categorías de violencia (puesto que la *"fuerza"* a la que se refiere el precepto no puede ser sino violencia)[261] o de intimidación (puesto que, por definición, una *"amenaza grave"* es una intimidación)[262] [263].

---

261 En efecto, aunque desde el punto de vista lingüístico cabría defender que el término *"fuerza"* se refiere a la fuerza en las cosas, sin embargo, el sentido teleológico del tipo veda, a mi entender, dicha posibilidad de interpretación: al tratarse, en el fondo, de un delito contra la libertad, la mera fuerza en las cosas no puede ser, por sí misma, nunca suficiente para poder apreciar lesividad. De manera que sólo si se convierte en violencia (ejemplo: se bloquean las puertas de entrada o de salida del edificio de la cámara), o bien en intimidación (ejemplo: se golpea el automóvil con el que el parlamentario intenta acceder al parlamento), la fuerza en las cosas resultará típica, mas no en otros casos.

262 Conceptualmente, sería posible distinguir la intimidación de la amenaza —tal y como ha hecho la jurisprudencia en otros ámbitos— en atención al grado de inmediatez temporal que existe entre la acción de emitir el mensaje amenazante y el momento posterior para el que se compromete el cumplimiento de la amenaza. Sin embargo, en el supuesto que nos ocupa, hacer esta distinción carece de sentido, dado que el tratamiento de ambas formas de comportamiento es idéntica. Bastará, pues, con aceptar que cualquier clase de acción amenazante, para ya mismo o para cualquier momento del futuro, resulta subsumible en el tipo del art. 498 CP (tanto da que la califiquemos como "intimidación" o como "amenaza").

263 En el mismo sentido, reconduciendo también las modalidades típicas del art. 498 CP a los conceptos de violencia y de intimidación, BENÍTEZ ORTÚZAR, Ignacio F.:

En uno y otro caso, tanto por *"violencia"* como por *"intimidación"* hay que entender lo que es habitual en la parte especial del Derecho Penal español: violencia física, en un caso[264], y amenaza condicional, dirigida a lograr una alteración en la conducta del destinatario, en el otro.

A este respecto, no puedo sino manifestar mi pleno acuerdo con el contenido del voto particular que el Magistrado Perfecto Andrés Ibáñez formuló a la sentencia de casación, condenatoria, del Tribunal Supremo. Y, más aún, mi sorpresa y escándalo ante la desidia que el tribunal de casación manifiesta hacia las limitaciones que el principio de legalidad penal impone a la interpretación extensiva de los tipos penales: no sólo por lo discutibles que son, desde este punto de vista, las conclusiones a las que llega, sino también, además, por la carencia de cualquier argumentación sólida al respecto.

En efecto, las conductas que estaban siendo enjuiciadas (a tenor de los hechos probados) eran las siguientes: 1ª) interponerse con los brazos en cruz ante unos diputados y seguirles gritando las consignas de la reunión; 2ª) seguir en algún momento a un diputado con los brazos en alto, moviendo las manos, coreando consignas de la manifestación; 3ª) al tiempo que desplegaba una pancarta para exhibir una leyenda, pedir que no dejaran pasar a dos parlamentarios, dirigiéndose a varios manifestantes; 4ª) rodear a un parlamentario, coreando lemas; 5ª) recriminar a un parlamentario las políticas de recortes de gasto y decirle que no los representaba; y 6ª) pintar con un espray, ensuciándolos, la espalda de la chaqueta y el bolso de una diputada, aproximándose a ella por detrás, mientras caminaba.

Pues bien, de todas estas conductas sólo la última es, como hemos dicho, evidentemente violenta. Algunas de las restantes podrían llegar a serlo también, desde luego, o intimidatorias, si se diesen las características en las mismas adecuadas para ello. Pero que lo sean en absoluto resulta evidente por principio, ni puede ser dado por supuesto:

Delitos contra la Constitución (III): delitos contra las instituciones del Estado y la división de poderes, en MORILLAS CUEVA, Lorenzo (coord.): *Sistema de Derecho Penal español. Parte Especial*, Dykinson, Madrid, 2011, pág. 1087.

264 Como es sabido, sin embargo, la jurisprudencia española viene aplicando al delito de coacciones una interpretación bastante confusa, a tenor de la cual también la intimidación resultaría subsumible bajo el término violencia en dicho delito. En mi opinión, dicha interpretación es errónea. Sea como sea, en relación con el delito del art. 498 CP, la cuestión carece de interés, puesto que en este tipo la violencia y la intimidación aparecen equiparadas, tanto en cuanto a sus condiciones de imputación como en cuanto a la pena a imponer.

— Rodear a un diputado o ponerse ante él puede llegar a ser violencia. Pero solamente cuando se cree un obstáculo físico prácticamente infranqueable para la libertad de movimientos de dicho diputado (impidiéndole efectivamente pasar o transitar), y no en otro caso.

— Rodear a un diputado, seguirle o interponerse en su camino puede llegar a ser también intimidación. Pero solamente si la actitud de quien le rodea, le sigue o se interpone es de tal índole que el diputado en cuestión puede, racionalmente, temer por su vida, integridad física, libertad, etc. (puede temer, en suma, que quien le rodea, le sigue o se interpone le está anunciando, con su actitud, la probabilidad de un mal grave e inminente) si sigue adelante, si no ceja en su propósito. No en otro caso.

El problema, claro está, es que en la sentencia condenatoria de casación apenas existen datos (¡ni pruebas!) para poder apreciar que tales condiciones concurrieran en alguna de las conductas enjuiciadas. Por lo que la condena resultante aparece como notoriamente carente de motivación, especialmente en el plano probatorio (pero también en el de la interpretación del alcance del tipo penal aplicado). Una sentencia, en suma, que, debido a ello, viola la presunción de inocencia de los acusados.

Por lo demás, en el caso concreto de dos de las conductas enjuiciadas, incluso si prescindiésemos (¡que ya es prescindir!) de la falta de pruebas, no hay manera razonable de argumentar que las mismas resulten subsumibles en las modalidades típicas de autoría del art. 498 CP. En efecto, recriminar a un diputado (aunque sea a voces, aunque sea de malas maneras) o decirle que no nos representa es una conducta directamente atípica, por cuanto que dicha conducta verbal no puede ser considerada en ningún caso como intimidatoria (menos aún como violenta). Y, por otra parte, pedir, a personas indeterminadas, que no se permita pasar a dos parlamentarios, podría llegar a constituir, a lo sumo, un caso de provocación pública al delito[265]; y esto, únicamente en el caso de que la incitación fuese a emplear la violencia para impedir el paso. Sea como sea, la provocación al delito del art. 498 CP es atípica en nuestro Derecho. Resulta, por ello, particularmente sorprendente que el Tribunal Supremo no tenga reparo alguno en condenar a estas personas, en violación flagrante del principio de legalidad penal, por conductas perfectamente atípicas en Derecho español.

---

265 No hay inducción, puesto que la incitación no fue seguida de acto violento por parte de los incitados. Y, por supuesto, no existe autoría del delito, ya que el acusado se limitó a pedir a otros que actuasen, sin hacerlo él mismo.

6. Resumiendo: para que exista responsabilidad por delito consumado en virtud del tipo penal del art. 498 CP es preciso demostrar que se ha llevado a cabo una acción de naturaleza violenta o intimidatoria que objetivamente ha interferido en el proceso de toma de decisiones de algún parlamentario. En concreto, en el caso comentado, era preciso demostrar dos cosas: primero, que las actuaciones de los acusados interfirieron efectivamente en el plan de algún diputado o diputados, de acudir a la sesión del Parlamento catalán el día 15 de junio de 2011; y, segundo, que dicha interferencia no fue una cualquiera, sino, precisamente, una de naturaleza violenta o intimidatoria. En mi opinión, en el caso de siete de los ocho acusados, no se ha demostrado ni lo uno ni lo otro. Como he argumentado, dos de dichas conductas no podían ser típicas en ningún caso. Las otras cinco, sí. Pero, por supuesto, no basta con suponerlo, sino que habría que haberlo demostrado, cosa que el tribunal de casación no se esfuerza en hacer.

Y, por cierto, todo lo acabado de exponer es aplicable de forma inmediata también a la acusación por delito de atentado, puesto que el tipo penal del atentado exigía también —en el momento de los hechos— la concurrencia de fuerza o intimidación en la conducta típica. Fuerza o intimidación que, como he señalado, no se demostró que concurriese, en siete de las ocho conductas enjuiciadas.

Así, en ausencia de pruebas de que hubiese violencia o intimidación, lo cierto es que la condena penal que, en el proceso de casación, ha sido impuesta a siete de los ocho acusados, resulta ser notoriamente infundada: o viola la presunción de inocencia de los acusados (condena sin pruebas: art. 24.2 CE), o viola su derecho a la legalidad penal (art. 25.1 CE), o viola ambos derechos fundamentales al tiempo. En todo caso, la nulidad de la resolución, a través del correspondiente proceso de amparo, debería ser la conclusión jurídicamente obligada[266].

---

266 Sorprendentemente, sin embargo, la noticia que nos llega es que el Tribunal Constitucional no ha admitido a trámite los recursos de amparo presentados, argumentando, al parecer, que carecerían de la "*especial trascendencia constitucional*" que exige el art. 50.1.b) LOTC que concurra en la materia objeto de la demanda de amparo. (En el momento de escribir estas líneas aún no ha sido publicado el auto de inadmisión, por lo que me baso exclusivamente en la noticia de prensa: vid. *El Constitucional rechaza estudiar las condenas de Aturem el Parlament*, Diagonal, 24-9-2015.) Y resulta sorprendente, porque, aun dejando a un lado las consideraciones de índole política (creo que no completamente irrelevantes en este caso: al fin y al cabo, se trata de un supuesto particularmente decisivo, como manifestación del enfrentamiento entre formas diferentes —simplificando, la del movimiento 15-M y la de los "partidos de gobierno"— de concebir la democracia y la participación democrática, dentro del

7. Cuestión distinta es la de la responsabilidad del sexto de los acusados (José María Vázquez Moreno), quien, según los hechos probados, pintó con un espray, ensuciándolos, la espalda de la chaqueta y el bolso de una diputada, aproximándose a ella por detrás, mientras caminaba. Como más arriba se ha señalado, es evidente que esta conducta sí que es una de naturaleza violenta. Como consecuencia, para empezar, resulta subsumible en el tipo penal del delito de atentado (que en el momento de los hechos castigaba a *"los que acometan a la autoridad, a sus agentes o funcionarios públicos, o empleen fuerza contra ellos, los intimiden gravemente o les hagan resistencia activa también grave, cuando se hallen ejecutando las funciones de sus cargos o con ocasión de ella"*).

Por lo que hace a la subsunción de esta conducta en el delito de coacción a parlamentarios del art. 498 CP, más arriba ya se ha señalado, sin embargo, cuál es la razón principal para ponerla en cuestión: que —como acertadamente señala el tribunal de instancia— el hecho de que la diputada ni siquiera se enterase de lo que estaba sucediendo, hasta mucho después, implica que la conducta del acusado, fuese cual fuese su intención, de hecho no pudo afectar en absoluto a la libertad de decisión de aquella. Es decir, la conducta (sin duda, objetivamente disvaliosa) no llegó a producir el desvalor del evento propio de este tipo penal, porque la acción —formalmente típica— no llegó a afectar, sin embargo, al bien jurídico protegido (a la libertad del parlamentario). Por lo que condenarle —como hace el Tribunal Supremo— por un delito consumado resulta (no contrario al principio de legalidad penal, pero sí) erróneo: una aplicación extensiva del tipo carente de cualquier fundamentación material.

En mi opinión, por lo tanto, la conducta en cuestión sólo podía ser subsumida con corrección, a lo sumo, en el tipo penal de la tentativa del delito del art. 498 CP (además de en el delito consumado de atentado)[267].

---

régimen constitucional español), y ciñéndonos exclusivamente a los problemas de dogmática jurídico-constitucional suscitados en el caso, lo cierto es que uno de los puntos clave, desde un punto de vista jurídico, de la discrepancia interpretativa entre la Audiencia Nacional y el Tribunal Supremo a la hora de resolver el caso ha versado, precisamente, sobre el contenido y alcance de los derechos fundamentales y sobre el modo en que hay que resolver los conflictos entre ellos. Y, en concreto, sobre el contenido y alcance del derecho fundamental a la libertad de reunión y manifestación, de una parte, y sobre la configuración e implicaciones del derecho fundamental a la participación política de otra (derecho éste que el Tribunal Supremo tiende a mezclar —y aun a confundir— con el principio democrático), de otra. Y sobre la manera de afrontar conflictos entre ambos derechos. Si tales cuestiones no posee trascendencia constitucional...

[267] Y, por supuesto, en el de daños. No obstante, de los daños no hablaré aquí, puesto que, en relación con esta calificación, no se suscitó en el proceso ningún problema de

Una tentativa que es dudoso que fuese objetivamente idónea: en efecto, independientemente de cuál fuese la intención del autor, lo cierto es que manchar con un espray la espalda de una chaqueta de alguien que va caminando (en pleno bullicio) no parece una conducta objetivamente idónea para lograr el efecto de afectar al proceso de toma de decisiones de la parlamentaria.

La cuestión es que, si esto es así, entonces surge la duda de si tal tentativa inidónea resulta punible en nuestro Derecho. Como es sabido, el asunto es discutido, y discutible, tanto en términos político-criminales como por lo que se refiere a la interpretación del Derecho positivo, del tenor literal del art. 16.1 CP. En cualquier caso, como mínimo, la pena debería ser la inferior en uno o dos grados a la del delito consumado (art. 62 CP). Y, por tratarse de una tentativa inidónea, más bien la inferior en dos grados. Si es que, como digo, no se considera directamente atípico tal comportamiento. Sea como sea, la calificación jurídica del Tribunal Supremo ha de ser considerada, en cualquier caso, errónea, contraria a Derecho.

Más aún, incluso si diéramos por buena la tesis de que la conducta en cuestión resulta en principio objetivamente típica conforme al art. 498 CP (en todo caso, como tentativa, nunca como delito consumado), cabría aportar dos argumentos adicionales que conducirían igualmente a poner en cuestión la tipicidad efectiva o, cuando menos, a matizarla significativamente. Así, en primer lugar, hasta ahora he estado dando por supuesto que el autor de la acción de ensuciar la chaqueta de la diputada pretendía coaccionarla o intimidarla, lo que pasa es que lo hizo mal. Pero, en realidad, mucho más plausible parece ser lo contrario: en efecto, a partir de los hechos probados, parecería que la conducta del autor se aproxima más a una conducta meramente expresiva (de manifestación de desagrado hacia la figura de la diputada o hacia lo que representa) que a una conducta instrumental, dirigida a afectar al comportamiento de la diputada. De hecho, si el sujeto hubiera querido coaccionar a la diputada, impedirle el paso, tenía a su disposición medios mucho más eficaces: echarle alguna sustancia encima, sobre la cabeza, empujarla, impedirle el paso, etc. Por supuesto, la solución de esta duda depende de la valoración de las pruebas existentes. Sea como sea, la cuestión decisiva es que el Tribunal Supremo, al alterar la calificación jurídica de los hechos, y convertirlos en un delito doloso (¡y consumado!) de coacciones a parlamentarios está dando por supuesto, sin pruebas, que el autor creía, al pintarrajear la chaqueta de la diputada, estar afectando a su proceso de decisiones (dolo). Y que, ade-

interpretación dogmática.

biera demostrado que los autores eran conscientes de que lo que hacían constituía una contribución a un plan colectivo para coaccionar a los diputados e impedirles entrar en el Parlamento. Tal cosa podría haber sucedido en dos casos: 1°) si se hubiese demostrado la existencia de un plan común, con reparto de tareas entre los manifestantes (supuesto de coautoría); o 2°) si se hubiese demostrado, por el contrario, que, aunque no hubo un plan conjunto, cada acusado contaba (con base razonable) con la actuación de otros que, con toda seguridad, iban a coadyuvar a lograr el resultado, coactivo, final (supuesto de autoría accesoria)[274]. La cuestión es que, obviamente, nada de todo ello quedó acreditado en este caso.

En virtud de todo lo que se acaba de exponer, a la vista de que el Tribunal ni argumenta ni comprueba nada de lo que se ha señalado, hay que decir que el argumento de la "intimidación ambiental" es puro humo: carece por completo de valor alguno, a los efectos de determinar la existencia o no de tipicidad penal en las conductas enjuiciadas.

9. Como se puede comprobar, en realidad no hacía falta empeñarse en sesudas disquisiciones, ni en uno o ni en otro sentido, acerca del alcance del derecho fundamental de reunión y manifestación, o sobre su ponderación frente a otros derechos o intereses constitucionales. Simplemente, en el caso de siete de los ocho acusados, no hacía falta recurrir a este argumento: con manifestación o sin ella, lo cierto es que las conductas que se probó que había cometido no eran penalmente típicas; respetando el significado ordinario de las palabras empleadas en el tenor literal (sin realizar, pues, una aplicación analógica *in malam partem*), no podían ser subsumidas en los tipos de los arts. 550 ó 498 CP[275]. La cuestión, enton

---

274 La diferencia entre uno y otro supuesto es que, en el primero, toda la lesión del bien jurídico (el efecto coactivo sobre el conjunto de los diputados afectados) resultaría imputable a cada uno de los manifestantes que hubiesen participado (intencionadamente) en el plan conjunto. Esto es, habría que apreciar, para cada uno de los intervinientes, un concurso de delitos (tantos como parlamentarios se viesen afectados por la coacción). Mientras que, en el segundo supuesto, cada manifestante (que contase con que otros muchos más iban a realizar también, por su parte, actos coactivos de similar naturaleza y entidad) respondería únicamente de las coacciones que él hubiese realizado.

275 Tal vez, las conductas en cuestión sí que pudieran parecer —en principio, al menos— subsumibles en otros tipos penales. Como, por ejemplo, en alguno de los de desórdenes públicos. Justamente, si la acusación hubiese sido por este delito, entonces sí que habría sido preciso recurrir principalmente a argumentaciones atinentes a la antijuridicidad material para discutir si las conductas enjuiciadas debían ser o no consideradas como penalmente típicas: en efecto, dada la notoria vaguedad del tenor literal de los tipos de los delitos de desórdenes públicos, habría que haber discutido acerca de cómo se ha de definir la lesividad contra el bien jurídico orden público (de

ces, no era principalmente qué concepción —conservadora o progresista— se mantenga acerca del contenido y alcance del derecho fundamental de reunión y manifestación, así como de su relación con otros derechos e intereses constitucionales. La cuestión es que la sentencia condenatoria del Tribunal Supremo resulta extraordinariamente falta de rigor, tanto al examinar los hechos probados como al argumentar dogmáticamente para justificar la condena: se condena (en el trámite casacional, además) a los acusados sin pruebas, sin respetar las exigencias del principio de legalidad penal y apenas sin argumentación interpretativa alguna. Existen, pues, muchas razones para considerar que dicha condena no reúne los requisitos, ni procesales ni sustantivos, para ser considerada conforme a Derecho.

Por su parte, la sentencia de instancia, absolutoria, posee como principal mérito su cuidadosa atención a las garantías en materia de prueba, atención que le lleva a concluir que no existe base probatoria suficiente para condenar. Con razón, a mi entender, por lo que hace a las cuestiones de hecho. Aunque, en el aspecto propiamente dogmático, esta sentencia deja también que desear, al ser incapaz de analizar con rigor todos los problemas de tipicidad suscitados y que se acaban de exponer.

Así, en medio de dos alambicadas argumentaciones contrapuestas acerca de la ponderación de derechos e intereses constitucionales (argumentaciones que, además, ya he intentado explicar por qué resultaban en realidad irrelevantes), se perdió de vista la cuestión central que había que decidir, y motivar: si los acusados habían o no cometido algún hecho delictivo. Algo que las acusaciones no fueron capaces de demostrar. Razón por la que, si como teórico puedo reprochar a ambos tribunales la imperfección de las motivaciones de sus sentencias, como ciudadano me

---

esta cuestión me he ocupado extensamente en PAREDES CASTAÑÓN, José Manuel: *El orden público como bien jurídico autónomo (y legítimo)*, en LUZÓN PEÑA, Diego Manuel (dtor.): *Derecho penal del Estado social y democrático de Derecho. Libro Homenaje a Santiago Mir Puig*, La Ley, Madrid, 2010, págs. 911 ss., passim), para excluir del ámbito típico algunas conductas. Y también habría que haber discutido detalladamente —aquí sí— acerca del efecto justificante del derecho fundamental de reunión sobre dichas conductas. Pero no fue esta la opción del Ministerio Fiscal: seguramente por razones políticas, se decidió proceder contra los acusados por un delito contra el orden constitucional, competencia de la Audiencia Nacional. Delito que —como se ha argumentado en el texto— no se pudo demostrar. Que el Tribunal Supremo, a través de una sentencia sin fundamento jurídico serio y que vulnera las garantías más esenciales del proceso penal, haya venido a "salvarle la cara" a una fiscalía enredada en sus propias maniobras (políticas) dice mucho, y malo, acerca de cómo opera —con honrosas excepciones, es cierto— la justicia penal española cuando de aplicar el Derecho Penal político se trata...

siento particularmente escandalizado de que, sin base probatoria suficiente y sin apenas argumentos jurídicos, se haya condenado a ocho personas (especialmente, a siete de ellas) a penas de prisión, únicamente por haber ejercido un derecho fundamental.

SOBRE PONDERACIONES Y PENAS. A PROPÓSITO DE LA SENTENCIA DEL TRIBUNAL SUPREMO (SALA PENAL) 161/2015, EN EL CASO DEL ASEDIO AL PARLAMENTO DE CATALUÑA

JUAN ANTONIO GARCÍA AMADO
Catedrático de filosofía del Derecho. Universidad de León

1. Los *hechos del caso* son los siguientes, muy resumidamente expuestos. Para los días 14 y 15 de junio de 2011 se convocó una concentración ante el Parlamento de Cataluña con ocasión de la sesión que en el mismo se había convocado para aprobar los presupuestos de la Comunidad. El lema de la manifestación era "Aturem el Paralament, no deixarem que aprovin retallades" ("Paremos el Parlamento, no permitiremos que aprueben recortes"). La concentración se comunicó a la autoridad gubernativa, tal como la ley prescribe, y no fue prohibida ni alteró dicha autoridad ningún detalle de la misma. Tampoco adoptó la autoridad gubernativa medida alguna para regular la manifestación. Tras diversos incidentes en distintas partes de la ciudad, los manifestantes se congregaron en la única calle que se había dejado franca para el acceso de los diputados al Parlamento. La policía ni acotó un perímetro ni levantó un cordón policial para garantizar el paso de los parlamentarios por esa calle hacia el Parlamento. Algunos de los diputados lograron llegar a su destino, pero otros tuvieron serias dificultades y hasta hubo alguno que volvió sobre sus pasos y arribó al Parlamento en helicóptero. Otros lograron acceder por esa calle, pero al lado de la policía y entre las increpaciones de los manifestantes.

Los concretos hechos por los que cada acusado acabará siendo condenado por el Tribunal Supremo se expondrán al final de este trabajo.

2. Me concentraré en el asunto central de la sentencia, que es el referido a si los hechos declarados probados por la Audiencia Nacional son o no constitutivos del delito contra altas instituciones del Estado previsto en el artículo 498 del Código Penal, que reza así: "*Los que emplearen fuerza, violencia, intimidación o amenaza grave para impedir a un miembro del Congreso de los Diputados, del Senado o de una Asamblea Legislativa de Comunidad Autónoma asistir a sus reuniones, o, por los mismos medios,* *coartaren la libre manifestación de sus opiniones o la emisión de su voto, serán castigados con la pena de prisión de tres a cinco años*".

El eje del debate, en este caso, se halla (o debería hallarse) en si concurre o no la causa de exención de la responsabilidad criminal mencionada en el apartado séptimo del artículo 20 del Código Penal, concretamente la eximente de ejercicio legítimo de un derecho: "*Están exentos de responsabilidad criminal... 7° El que obre en cumplimiento de un deber o en ejercicio legítimo de un derecho, oficio o cargo*".

Bajo un punto de vista de teoría del derecho y de metodología de la decisión judicial, los dos temas capitales que en un caso como este se han de dirimir son los siguientes: a) si, conforme a los hechos probados, la conducta de los acusados encaja o no bajo el tipo penal descrito en el artículo 498 del Código Penal; b) si en favor de los acusados concurre o no la causa de justificación de ejercicio legítimo de un derecho. Comenzaré con unas consideraciones metodológicas, referidas al método o tipo de razonamiento que en casos como este resulta más apropiado.

3. Las eximentes recogidas en el artículo 20 del Código Penal, que excluyen la antijuridicidad de la acción, operan como excepciones expresas al carácter antijurídico y, con ello, penalmente sancionable, de las conductas delictivas típicas recogidas en el propio Código. El esquema genérico puede exponerse así:

Son antijurídicas las conductas C^1*. ...* C^n*, a no ser que concurra alguna de las causas de exención de responsabilidad criminal* E^1*...*E^n.

Aplicado tal esquema al caso que comentamos, quedaría de este modo:

Es antijurídica la conducta descrita en el artículo 498 del Código Penal a no ser que concurra la causa de exención de responsabilidad del apartado 7° del artículo 20 del Código Penal, concretamente la de ejercicio legítimo de un derecho.

Sentado que las acciones de los acusados realicen la conducta típica del delito en cuestión, el del artículo 498, se ha de dilucidar si mediante tales acciones dichos acusados estaban o no ejerciendo un derecho legítimo. Denominemos D a ese derecho legítimo, sea el que sea y antes de entrar en el análisis de nuestro caso en concreto.

Respecto de D, las cuestiones a resolver serán siempre dos, analíticamente diferenciables, aunque siempre relacionadas en la práctica, en cada concreto supuesto práctico:

(i) Cuál es, en abstracto o genéricamente, el contenido esencial o típico de D.

(ii) Si en los hechos del respectivo caso que se enjuicie la conducta que se declare probada constituye o no una instancia particular de D, un caso subsumible bajo aquel contenido definitorio de D.

Entre esos dos pasos o fases del razonamiento existe una indudable relación, un "ir y venir de la mirada". La caracterización en abstracto del contenido definitorio de D condiciona el que resulte o no viable plantearse el encaje de la acción en cuestión bajo dicha causa eximente de ejercicio legítimo de tal derecho, pero, al mismo tiempo, los perfiles de tal derecho son en cada ocasión reexaminados, y, en su caso, matizados o modificados, lo que puede conducir a una reformulación del alcance genérico de D, sea ampliándolo, sea restringiéndolo.

Tratemos de esquematizar lo anterior de manera simplificada. La caracterización en abstracto de D puede representarse así:

El ejercicio legítimo de D consiste en la acción genérica X.

Puede suceder que concurran los elementos de X y que, en las circunstancias del caso, la duda verse sobre si tal realización de X es o no ejercicio *legítimo* de D. Aquí no debatimos sobre si el comportamiento de marras pasa o no aquel primer filtro (ser *ejercicio* de un derecho), sino sobre si tal ejercicio, que en principio sí se compadece con X, es ejercicio *legítimo* de D. En este paso segundo el razonamiento es fuertemente circunstancial, tiene una de sus bases en las precisas circunstancias del caso, tanto las circunstancias atinentes a la acción misma como las circunstancias referidas al contexto de la acción. El esquema, pues, sería:

En las circunstancias (personales, sociales, ambientales...) K^1... K^n, la acción A vale como un caso de X y, por extensión, como ejercicio legítimo de D.

Los problemas de justificación de la decisión pueden, entonces, surgir por una doble vía:

(i) Si al hacer de esa manera de A un supuesto de X incurrimos en incongruencia con el significado de X.

(ii) Si, aun cuando concurran los elementos definitorios de la acción en que el ejercicio del derecho consiste, se está ante una extralimitación o inadecuada extensión del ejercicio del derecho en cuestión.

En el actual debate doctrinal y metodológico se ha introducido con gran fuerza y enorme eco la cuestión de la ponderación. Un caso en el que hay una conducta encajable en un tipo delictivo y en el que se trata de ver si concurre o no la eximente de ejercicio legítimo de un derecho puede plantearse de dos maneras:

(i) Mediante un enfoque interpretativo-subsuntivo. Se razona sobre cuál es el contenido definitorio de ese derecho, D, y sobre si, en las circunstancias del caso, está o no justificada la extensión o no de ese derecho al caso en cuestión.

(ii) Mediante un planteamiento ponderativo. Una vez que se ha establecido que, en principio, los hechos del caso pueden ser incardinados bajo los términos o alcance genérico del derecho D, no se pone el acento en la interpretación de D (de la norma que contiene D), sea la interpretación en abstracto, sea la interpretación atenta a las circunstancias del caso para resolver ese supuesto fronterizo o de "zona de penumbra", sino que se trae a colación otro derecho, D´, y, mediante una operación de ponderación o de sopesar D y D´ en las circunstancias de la ocasión, se decide a favor del que en dichas circunstancias tenga mayor peso. Si D es el derecho sobre el que se debate si ha sido o no legítimamente ejercido por el acusado, se concluirá que hay tal ejercicio legítimo y, por tanto, exención de responsabilidad criminal, cuando D pese más que D´ en esas circunstancias; y si es D´ el que tiene peso mayor en el caso, se concluirá que no concurre dicha causa de exención de responsabilidad penal. Así pues, la ponderación presupone que el asunto se presenta o reconstruye como de conflicto entre derechos, o entre el derecho de referencia (aquel sobre cuyo ejercicio legítimo se debate) y un principio constitucional que para el caso brinda una solución opuesta.

Volveré sobre esos dos métodos o modos de razonar y sobre su utilidad y sus respectivas ventajas e inconvenientes. Ahora pasemos al análisis de la sentencia que comentamos y, antes, de la sentencia de instancia que parcialmente anula.

4. El Tribunal *a quo*, la *Audiencia Nacional (Sección Primera de la Sala de lo Penal)*, en su *sentencia de 7 de julio de 2014*, lleva a cabo un peculiar razonamiento interpretativo-subsuntivo a tenor del que justifica una interpretación extensiva de los derechos de reunión y manifestación, interpretación extensiva mediante la que justifica que las conductas de los acusados constituyen ejercicio legítimo de dichos derechos y que, por tanto, procede aplicar la eximente de ejercicio legítimo de un derecho.

Los argumentos con los que respalda la Audiencia Nacional tal interpretación y el consiguiente fallo absolutorio deben ser presentados de modo pormenorizado, riguroso y enteramente fiel a la propia sentencia de instancia, no sólo para comprobar en qué medida la sentencia del Tribunal Supremo aquí analizada reconstruye correctamente los fundamentos de fallo que, en lo referido al delito del artículo 498 del Código Penal, anula, sino también para valorar, por contraste, las razones del Tribunal Supremo. Podemos ordenar de la siguiente manera la fundamentación por

(xix) Las conductas examinadas pueden verse o bien como actos de ejercicio legítimo de un derecho fundamental o como delito, pero no ambas cosas a la vez. Pero entre esos dos polos hay un *territorio intermedio*, compuesto por "aquellas conductas que expresan un exceso o abuso del derecho, que no acaba por desnaturalizarlo o desfigurarlo, porque se encuentran íntimamente relacionadas con el ejercicio del mismo, en atención a su contenido y finalidad, inscritas en la razón de ser constitucional del derecho". Ahí "la intervención penal debe superar los filtros que establece el principio de proporcionalidad y, en especial, la doctrina del efecto desaliento. Pues no es suficiente constatar que la acción sobrepasa el ámbito de la protección constitucional del derecho, porque entre lo protegido y lo punible hay zonas intermedias que pueden ser reguladas por el derecho público o privado sin necesidad de intervención penal, la última razón, según señala la jurisprudencia constitucional (...). Hay que observar que analizamos conductas que suponen el ejercicio de los derechos, por lo tanto, nos movemos en la praxis de la libertad de expresión y del derecho de manifestación, de derechos en acción se trata, que siempre se presentan en la esfera pública en conflicto con otros bienes e intereses, en una tensión donde la medida de lo admisible y el significado de la transgresión es siempre discutible, la delimitación de lo normal frente a lo abusivo se hace muchas veces mediante una delgada línea, inevitablemente con criterios oportunistas. Cierto exceso, posiblemente, es consustancial al ejercicio del derecho de manifestación en una sociedad abierta y compleja".

(xx) "Por lo tanto, resulta necesario diferenciar el abuso en el ejercicio del derecho de su relevancia penal y, para ello, atender a las circunstancias de los hechos y a la intensidad del exceso, así como la vinculación o distancia de la conducta respecto al contenido y fines del derecho".

(xxi) "La mayoría de las conductas probadas que se atribuyen en la sentencia a alguno de los acusados consistieron en participar en la manifestación, permaneciendo en el lugar —acotado por la autoridad gubernativa, mediante el cierre de las puertas de acceso al parque que rodea la sede del Parlament, y delimitado en concreto por la acción de los agentes que intervenían secuencialmente, desplazando a los grupos de manifestantes— y encontrándose con alguno de los parlamentarios (...) Respecto a todos ellos solo podemos afirmar su presencia en el lugar por donde los diputados se vieron obligados a transitar para acceder al Parlament y en algún caso la confrontación con ellos. Todos ejercieron el derecho fundamental de manifestación, sin que pueda imputárseles acto alguno que pudiera significar un exceso o abuso".

(xxii) En cuanto a las acusaciones por delito contra la inmunidad de los parlamentarios (artículo 498 del Código Penal), "la misma exigencia del principio de proporcionalidad demanda que toda conducta fuere idónea para impedir asistir a la reunión o coartar la libre voluntad del parlamentario. En este punto cabe reseñar que dicha idoneidad lleva implícita la gravedad de la acción, en consideración a la circunstancia y condición del sujeto pasivo, un político, persona pública que ejerce uno de los poderes del Estado, habituado a adoptar decisiones bajo la ética de la responsabilidad, hecho a la crítica, al conflicto y la presión de los medios y de la opinión pública".

"Las acciones que hemos identificado —con criterios estrictos de una normalidad planteada como modelo fuera del conflicto— con un cierto significado de exceso o abuso del derecho de manifestación consistían, según hemos dicho, en ponerse delante de los diputados con los brazos abiertos o caminar detrás de ellos con los brazos en alto, al tiempo que se coreaban las consignas sobre el recorte presupuestario o la falta de legitimidad de la representación que ostentaban. Desde luego, son conductas íntima e inequívocamente conectadas con el derecho a la protesta que allí se ejercitaba. Entendemos que formalmente esas conductas pudieran parecer como coactivas; pero materialmente carecían de la idoneidad necesaria y de la entidad suficiente como para ser consideradas típicas".

(xxiii) La doctrina del efecto desaliento juega como "pauta del juicio de proporcionalidad cuando se afectan derechos fundamentales" y despliega sus efectos en este caso, porque "la sanción penal que no tuviera en cuenta que los acusados cuyos actos analizamos ejercían un derecho fundamental, enviaría un mensaje de desincentivación de la participación democrática directa de los ciudadanos en las cosas comunes y del ejercicio de la crítica política". Así pues, "[l]a prohibición de exceso aconseja una interpretación estricta del tipo penal ante una acción íntimamente relacionada, por su contenido y fines, con el ámbito constitucionalmente protegido del derecho fundamental, dejando fuera de lo prohibido conductas de escasa lesividad, que carecen de la capacidad suficiente como para comprometer el bien jurídico, ya que no tenían idoneidad para impedir a los diputados la asistencia a la reunión del Parlament o para coartar, siquiera influir, su libertad de opinión o de voto".

5. Ciertamente, esa argumentación de la Audiencia Nacional en la sentencia de instancia es peculiar, si bien no desentona del tipo de enigmáticas metafísicas que impregnan la actual jurisprudencia de tantos tribunales, incluidos los penales. Veamos esto brevemente.

a) Hay una confusión notable entre el contenido esencial de un derecho fundamental y la proporcionalidad de su ejercicio. Pero, por definición, el ejercicio de un derecho fundamental que cae dentro de lo que es su contenido esencial no puede ser desproporcionado. No verlo así implica que caben casos en que el ejercicio de lo que indubitadamente es el contenido esencial de un derecho fundamental pueda ser restringido en virtud del mismo principio de proporcionalidad.

b) El lenguaje de la proporcionalidad deja en segundo plano la cuestión que verdaderamente importa en este tipo de casos: la de si, dándose la acción típica, falta la antijuridicidad por concurrir la eximente de ejercicio legítimo de un derecho. Lo que haría, así, legítimo el ejercicio de un derecho no es que la acción cumpla con los elementos definitorios de tal derecho y su ejercicio, sino que resulte "proporcionado" o no "proporcionado" castigarla penalmente. De tal manera, los límites de la antijuridicidad de la acción se tornan fluctuantes y su determinación será puramente casuística. En otras palabras, no se cuenta con la eximente cuando se ejerce legítimamente un derecho, sino cuando concurren en las circunstancias del caso razones suficientes para rechazar el castigo por esa acción. Entre la regla (que las acciones subsumibles en el tipo penal T son delito y como tal deben castigarse) y la excepción (que la responsabilidad penal se exonera si se da la causa de justificación E) se inserta un elemento imprevisto y sorprendente: aun no concurriendo la causa de justificación E (ni ninguna otra causa de justificación prevista) la regla puede ser excepcionada. ¿Cuándo? Cuando, pese a concurrir todos los requisitos para la imposición de la pena por el correspondiente delito y no darse causa de justificación, la imposición de la correspondiente pena resulte *desproporcionada* en cuanto carga o traba para el derecho fundamental en cuestión; por ejemplo, porque tendrá un efecto de desaliento para otros sujetos que en el futuro se planteen el ejercicio de ese derecho.

Con esto último hallamos otro aspecto curioso, una nueva inversión del razonamiento. En lugar de pensar en el "desaliento" que la pena está llamada a producir en quienes puedan verse tentados para ejercer ilegítimamente el derecho de marras, se toma en cuenta ese efecto de "desaliento" que puede la pena tener sobre quienes quieren ejercer el derecho legítima o ilegítimamente, y todo ello por la importancia abstracta o genérica de ese derecho de referencia. Se acaba, así, en una especie de ponderación entre la ilegitimidad de la vulneración del bien jurídico que el correspondiente delito protege y la legitimidad de un derecho fundamental en sí y que, sin embargo, en el caso no se ha ejercido legítimamente.

c) Entre los propios derechos fundamentales se señala una relación que podríamos por analogía denominar como de dinámica de fluidos. Por un lado, cuanta mayor sea la dificultad para su legítimo ejercicio, menores son los requisitos para la legitimidad de tal ejercicio. Por otro lado, cuantos más obstáculos encuentre el ejercicio legítimo de un derecho, mayor deberá ser la tolerancia con la vulneración de otros derechos, al menos en lo que tiene que ver con la protección penal de tales derechos en cuanto bienes jurídico-penales de los correspondientes delitos. No hay vía más expedita para la plena y radical politización de la jurisprudencia penal.

En mi opinión, o es típica la conducta o no lo es; y si lo es, o es antijurídica porque no concurre causa de justificación tasada o concurre tal causa y no es antijurídica, procediendo entonces la absolución. Cuando la causa de justificación es esa de ejercicio legítimo de un derecho, o damos caracterizaciones generales y universalizables del ejercicio del derecho de que se trate o nos abocamos, en lo penal también, a un radical casuismo y una sorprendente y revolucionaria justicia penal del caso concreto. Lo penal y su precisión y taxatividad se difumina en un mar de ponderaciones y proporcionalidades que conducirán a que pueda haber condenas allí donde las causas de justificación claramente concurren, y absoluciones allá donde no hay tales causas de justificación pero no parece conveniente ni proporcionado el castigo legalmente previsto, a la luz de los valores que se quieran considerar.

d) En el razonamiento de la Audiencia Nacional se insinúa una confusión entre fines y medios y terminan los fines por justificar los medios. Primero se recalca la importancia del derecho fundamental de reunión y manifestación. Como si en verdad fuera tan relevante destacar que cualquier derecho fundamental es, precisamente, "fundamental". Después se explica que hay un derecho fundamental, el de libertad de expresión, en cuanto medio de las personas y grupos para exponer sus ideas y defender sus intereses en la esfera pública, que está resultando restringido para determinados grupos vulnerables por causa de la propiedad privada de la mayoría de los medios de comunicación y del partidismo de los medios de titularidad pública. Y a partir de ese diagnóstico se concluye que semejante restricción de la libertad de expresión debe ser compensada o contrapesada con la admisibilidad del exceso en el ejercicio del derecho de reunión y manifestación. La deficiente protección de la libertad de expresión se compensa con la justificación del exceso en el ejercicio de la libertad de manifestación y por los efectos "expresivos" de tal exceso.

e) ¿Estaría la Audiencia Nacional haciendo un ejercicio de uso alternativo del derecho? Podría pensarse así. Su veredicto sobre la realidad social y política española del presente apenas podría ser más rotundo. Derechos como el de libertad de expresión son reducidos a su mínima plasmación por la acción combinada de la propiedad privada de la mayoría de los medios de comunicación y el partidismo desaforado de los públicos; los partidos políticos traicionan al electorado porque cuando acceden al gobierno hacen recortes en recursos y derechos sociales, recortes que no habían anunciado en sus programas; el Derecho penal amenaza con convertir en delictivas las acciones que constituyen explicable reacción ante tanta opresión de los derechos y semejante pauperización de muchos ciudadanos. Los jueces penales, entonces, deben obrar como contrapeso frente a tanta perversión o degeneración de lo político y lo gubernamental, justamente a base de darle un abierto cariz político a sus decisiones y de forzar los conceptos y las interpretaciones cuanto sea necesario para dicho fin político y "alternativo".

Ante ese diagnóstico que de la situación política hace la Audiencia Nacional, habría que preguntarse varias cosas. Una, si en verdad en los medios de comunicación opera esa exclusión de la voz de las personas y grupos socialmente más desfavorecidos y perjudicados por los recortes en derechos sociales y servicios públicos; dos, si la transmisión de las protestas legítimas y, al parecer, sistemáticamente ocultadas en los medios tiene su cauce adecuado en los "excesos" en el ejercicio de derechos como el de manifestación y si no ocurrirá exactamente lo contrario, es decir, que resulte socialmente deslegitimado el mensaje de protesta como consecuencia de esas maneras en que se expresa.

f) Llamativa es también la sutil manera de cargar responsabilidad sobre el Estado. A juicio de la Audiencia, es plenamente legítimo que los manifestantes formen piquetes, buscando "un espacio de confrontación física y simbólica" con los parlamentarios, piquetes cuyo cometido puede ser el de ubicarse en la puerta del Parlamento para evitar la entrada de los parlamentarios. Esos piquetes, al parecer, serían aquí legítimos, aun cuando su finalidad patentemente se oponga al artículo 498 del Código Penal, que tipifica como delito el impedir mediante fuerza, violencia, intimidación o amenaza grave a parlamentarios la asistencia a reuniones de la cámara legislativa. Pero, con ser legítimos los piquetes así conformados, el Estado estaría llamado a poner los medios para que no consumen sus propósitos, en este caso los de impedir el acceso de los diputados al Parlamento de Cataluña. Puesto que la ley permite al Estado tomar las correspondientes medidas, si no lo hace abocará a los propios piquetes a alcanzar el contacto físico que buscaban y, de tal modo, quedará desprotegido el mismísimo derecho de reunión. Curiosísimo razonamiento. Al final resulta que el pretendido encuentro de los manifestantes o sus piquetes con los diputados se consumó, pero no cabe reproche ni puede haber delito porque el Estado no puso los medios para frustrar tal encuentro físico. Es legítimo que los manifestantes quieran impedir el paso de los parlamentarios, pero si lo consiguen será por culpa de la imprevisión del Estado y no podrán esos hechos constituir delito, aunque encajen en la dicción del artículo 498 y el ejercicio del derecho de reunión y manifestación acabe resultando "excesivo".

g) Para la teoría del derecho y de los derechos son todo un hallazgo las "zonas intermedias" entre el ejercicio legítimo de un derecho y el ejercicio no legítimo pero que penalmente excusa de la responsabilidad penal como si fuera legítimo. Se vuelve trimembre la clasificación que parecía dual. A las alternativas que pensábamos, las de ejercicio legítimo (causa de justificación penal) *versus* ejercicio no legítimo de un derecho (no causa de justificación penal), se agrega una tercera, la del ejercicio abusivo o excesivo del derecho, pero que sí excusa de responsabilidad penal. Al mismo tiempo, mientras que para la aplicación o la inaplicación de la eximente de ejercicio legítimo de un derecho jugaría un razonamiento de tipo subsuntivo, en este sorprendente territorio intermedio o tierra de nadie se aplicará el principio de proporcionalidad. Que se aplique el principio de proporcionalidad supone que la solución sobre si el comportamiento es penalmente sancionable o no en el caso concreto ya no depende de una descripción típica del delito y de la causa de justificación y del contenido del derecho al que esa causa de justificación respectivamente remita, sino de un análisis de las circunstancias y el contexto del caso. Por ejemplo, y como en este mismo supuesto comprobamos, el que las acciones de impedir que los diputados accedan al Parlamento sean o no antijurídicas no depende del contenido estable o definido del derecho de reunión y manifestación, sino de las circunstancias políticas del momento. También el Derecho penal se vuelve dúctil y muy casuístico por ese camino, más etéreo que sólido, más indeterminado que previsible.

Téngase en cuenta también que no estamos hablando de una sentencia del Tribunal Constitucional en ejercicio del control de constitucionalidad del tipo penal en cuestión, sino de una sentencia de la jurisdicción penal que absuelve porque considera desproporcionado castigar el comportamiento que pueda corresponderse con la descripción del tipo penal, y que no se afirma como ejercicio legítimo del derecho de reunión y manifestación, sino abusivo o "excesivo" (¿desproporcionado?). Se ha dado, así, con el camino para excepcionar tranquilamente la imposición de pena para la conducta encuadrable bajo el tipo penal y para la que no concurre causa de justificación; es cuestión de tiempo el que algún tribunal penal se anime a dar el paso siguiente, el de castigar la conducta para la que sí concurra con toda claridad eximente, con el mismo argumento de que resulte desproporcionada la impunidad de esa conducta en las peculiares circunstancias del caso concreto y de su contexto social y político. Lo difícil no es abrir ese tipo de puertas, sino cerrarlas.

h) Y todo para qué. Acaba la Audiencia Nacional afirmando que aunque "formalmente esas conductas pudieran parecer como coactivas", "materialmente carecían de la idoneidad necesaria y de la entidad suficiente como para ser consideradas típicas". Acabáramos. Si no hay acción típica, no hay delito. Sobra, pues, toda divagación sobre la concurrencia o no de causa de justificación. Ahora las piezas encajan al fin, pero de otra forma: las anteriores apreciaciones sobre la importancia del derecho y de su ejercicio en la actual coyuntura iban dirigidas a justificar una interpretación restrictiva del tipo penal. Pero si lo dirimente es la interpretación del tipo penal del artículo 498, ¿a qué viene y para qué vale tanta alusión al principio de proporcionalidad? Posiblemente, para lo habitual: para no tener que abordar una justificación seria, rigurosa y general de esa interpretación aplicada a dicho artículo. En estos tiempos, siempre que un tribunal no quiere argumentar la interpretación rectora de su fallo se pone a hablar de hechos y circunstancias del caso y dice que aplica el principio de proporcionalidad y que pondera.

6. En su sentencia, el Tribunal Supremo embrolla todavía más la situación y añade oscuridad metodológica a la ya muy notable oscuridad metodológica de la Audiencia Nacional. Pronto se aprecia de nuevo la actual obsesión de nuestros magistrados con la dichosa ponderación. Interpreta el Tribunal Supremo del siguiente modo la posición de la Audiencia Nacional: "La línea argumental que anima la sentencia recurrida, concluye con un juicio de ponderación de los bienes y derechos en conflicto que proclama la escasa lesividad de las acciones imputadas a los acusados y, al propio tiempo, la concurrencia de una causa de justificación amparada en el ejercicio legítimo de un derecho, tal y como se establece en el artículo 20.7 del Código Penal. La absolución resulta obligada con el fin —se razona— de evitar lo que los Jueces de instancia denominan *«el efecto desaliento»*".

¿Fue ese el juicio de ponderación? No estamos seguros. Pero, sea como sea, para qué ponderar si se afirma que concurre la causa de justificación del artículo 20.7º. ¿O acaso cabría que concurriera y que a base de ponderar concluyéramos que habría que castigar de todos modos?

El Tribunal Supremo condena por delito del artículo 498 y fundamenta también a base de ponderación. Si en el caso de la referida sentencia de la Audiencia Nacional nos quedábamos sin saber qué era exactamente lo que se ponderaba, lo que el Tribunal Supremo nos dice ahora es que la Audiencia Nacional no ponderó lo que debía ni como debía. Y, en efecto, una de las claves de la famosa ponderación es que cada uno elige lo que quiere poner en cada platillo de la balanza, en función de cuál desea que sea el derecho o principio ganador y cuál el perdedor.

Según el Tribunal Supremo, la ponderación, en el caso de autos, tiene que darse entre el derecho de reunión (y el de libertad de expresión a él anejo) y el derecho de participación política de los ciudadanos a través de sus legítimos representantes en el órgano legislativo. Dado que el caso se plantea ahora como de conflicto entre esos dos derechos, y puesto que no lo había presentado así la sentencia de instancia, quedan descontextualizadas y faltas de aplicación al caso las sentencias del Tribunal Constitucional que la Audiencia Nacional había citado como precedentes y como base de su doctrina, y así lo hace ver el Tribunal Supremo. Se insiste en que en la resolución de instancia no se encuentra ni rastro de la "argumentación ponderativa singular" entre libertades de expresión y reunión, por un lado, y derecho de participación, por otro. Y, en efecto, no hay tal ponderación en la decisión del Tribunal *a quo*, por la sencilla razón de que no se planteó el caso como de conflicto entre esos derechos.

Aparece en escena el artículo 23 de la Constitución, que abarca tanto "el derecho al acceso a las funciones y cargos públicos en condiciones de igualdad", como "la necesidad de que los representantes designados puedan permanecer y ejercer libremente sus cargos". Al obstaculizar el ejercicio de las funciones de los parlamentarios se obstaculiza el derecho de los ciudadanos a participar en los asuntos públicos a través de sus representantes.

Podríamos entender cabalmente que lo que el Tribunal Supremo está haciendo es justificar una cierta interpretación extensiva o, al menos, no restrictiva del artículo 498 del Código Penal, en virtud de la gran importancia del bien protegido por ese tipo penal, que viene a ser, a fin de cuentas, nada menos que uno de los componentes básicos del derecho de los ciudadanos a su participación política en democracia. Pero, entonces, ¿para qué hablar de ponderación? Bastaría decir que no puede ser ejercicio ilegítimo del derecho de reunión y manifestación el que viniera a dañar gravemente la sustancia misma del derecho de participación política.

Restablezcamos nosotros la auténtica índole del caso y de lo que para el caso viene a cuento. Hay una acusación por delito contra la inmunidad tículo 23 CE) y que salió mayor el peso del de participación, por lo que no pueden quedar impunes los comportamientos de los acusados, al margen de que su subsunción bajo la norma sea más o menos problemática o de cómo deba el precepto interpretarse para que esa subsunción quepa, y al margen de que otro día y en otro caso algo diferente el pesaje de esos mismos derechos en competencia pueda dar un resultado distinto. Como casi siempre en este tipo de resoluciones ponderadoras, cada derecho tiene el peso que tiene porque el tribunal de turno dice que lo tiene. De ahí que ponderar sea tan práctico y tan cómodo. La balanza no se enseña, se indica nada más que el peso, pero no se ve por ningún lado el "ponderómetro".

A mi modo de ver, que otras jurisdicciones se pierdan por esos esotéricos caminos de la ponderación es altamente preocupante, pero que sean los altos tribunales de lo Penal los que por ahí se embarquen puede acabar resultando trágico para nuestros derechos (precisamente) y garantías ante el sistema penal y ante el Leviatán que lo respalda. Y, entretanto, esa manera de razonar echa por tierra sin piedad siglos de sutil y aguda dogmática penal y de exigencia a la hora de motivar con esmero y sin trampa las decisiones judiciales, en particular las penales condenatorias.

Por cierto, la pena para los ocho acusados condenados será de tres años de prisión.

OTROS TÍTULOS DE ESTA COLECCIÓN

41. DELITOS INFORMÁTICOS Y DELITOS COMUNES COMETIDOS A TRAVÉS DE LA INFORMÁTICA
Enrique Orts Berenguer
Margarita Roig Torres
42. EL DELITO DE ROBO CON VIOLENCIA O INTIMIDACIÓN EN LAS PERSONAS
Rosario de Vicente Martínez
43. LAS CIRCUNSTANCIAS ATENUANTES EN EL ORDENAMIENTO JURÍDICO ESPAÑOL
Emiliano Borja Jiménez
44. LA PROHIBICIÓN CONSTITUCIONAL DE INCURRIR EN BIS IN IDEM
Mercedes Pérez Manzano
45. GESTIÓN DE COBRO DE MOROSOS Y DERECHO PENAL
Manuel Cobo del Rosal
Javier Sánchez-Vera Gómez-Trelles
46. JUECES PENALES Y PENAS EN ESPAÑA
José Cid Moliné
Elena Larrauri Pijoan
J. Gonzalo Escobar Marulanda
Jennifer Lahoz Abós
Marayca López y Ferrer
Beatriz Tébar Vilches
Daniel Varona Gómez
47. LOS DELITOS CONTRA EL HONOR
Patricia Laurenzo Copello
48. DELITOS CONTRA LA VIDA Y LA SALUD DE LOS TRABAJADORES
Juan Mª Terradillos Basoco
49. EL DELITO DE PREVARICACIÓN JUDICIAL
Ramón Ferrer Barquero
50. LA TENTATIVA INIDÓNEA Y EL CÓDIGO PENAL DE 1995
José Muñoz Lorente
51. SALUD PÚBLICA Y DROGAS TÓXICAS
María Acale Sánchez
52. LOS DELITOS CONTRA LOS CONSUMIDORES
Luz María Puente Aba
53. LA CIRCUNSTANCIA ATENUANTE ANALÓGICA EN EL CÓDIGO PENAL DE 1995
Pilar Otero González
54. EL DEBER DE SOCORRO
Manuel Gómez Tomillo
55. EL DELITO SOCIETARIO DE FALSEDAD EN DOCUMENTOS SOCIALES
Patricia Faraldo Cabana
56. RESPONSABILIDAD PENAL DE LAS PERSONAS JURÍDICAS Y ALCANCE DEL ART. 129 DEL CÓDIGO PENAL
Mª Jesús Guardiola Lago
57. LA CORRUPCIÓN DE AGENTE PÚBLICO EXTRANJERO E INTERNACIONAL
Eduardo A. Fabián Caparrós
58. LOS DELITOS DE ATENTADO Y RESISTENCIA
Mª Luisa Cuerda Arnau
59. LOS DELITOS DE CONDUCCIÓN TEMERARIA
Miguel Ángel Moreno Alcázar
60. EL ERROR SOBRE LAS CIRCUNSTANCIAS ATENUANTES
Abraham Castro Moreno
61. SOBRE «LOS INCENDIOS»
Manuel Cobo del Rosal
Manuel Quintanar Díez
62. EL DELITO DE CORRUPCIÓN DE MENORES (ART. 189.3 CP)
Sara Aguado López
63. LA REFORMA DE LA EJECUCIÓN PENAL
Ramón García Albero
Josep-Maria Tamarit Sumalla
64. EL PRINCIPIO DE LEGALIDAD PENAL
Rosario de Vicente Martínez
65. LOS DELITOS CONTRA LA PROPIEDAD INDUSTRIAL EN EL CÓDIGO PENAL ESPAÑOL DE 1995
María José Segura García
66. LOS DELITOS DE DESCUBRIMIENTO Y REVELACIÓN DE SECRETOS
Carlos Romeo Casabona
67. LA IMPRUDENCIA PROFESIONAL
Cristina Guisasola Lerma
68. LOS DELITOS DE LESIONES AL FETO Y LOS RELATIVOS A LA MANIPULACIÓN GENÉTICA
Luis Gracia Martín
Estrella Escuchuri Aisa
69. EL ALLANAMIENTO DE MORADA, DOMICILIO DE PERSONAS JURÍDICAS Y ESTABLECIMIENTOS ABIERTOS AL PÚBLICO
Ángel José Sanz Morán
70. EL DELITO DE ROBO Y HURTO DE USO DE VEHÍCULOS
Rosario de Vicente Martínez
71. EL ABUSO DE INFORMACIÓN PRIVILEGIADA EN LA FUNCIÓN PÚBLICA
Abraham Castro Moreno
Pilar Otero González
72. CÁRCEL ELECTRÓNICA
Faustino Gudín Rodríguez-Magariños
73. EL DELITO DE PARTICIPACIÓN EN RIÑA
Luis Gracia Martín
Eva Fernández Ibáñez
Belén Mayo Calderón
74. LOS DELITOS DE HOMICIDIO Y DE ASESINATO EN EL CÓDIGO PENAL ESPAÑOL
Luis Gracia Martín
Jorge Vizueta Fernández
75. EL PRINCIPIO DE PROPORCIONALIDAD PENAL
Norberto J. de la Mata Barranco
76. AUTOMÓVILES, DELITOS Y PENAS
Josep Mª Tamarit Sumalla
Mª Eulàlia Luque Reina
77. EL DELITO DE DOPAJE
Emilio Cortés Bechiarelli
78. VIOLENCIA DE GÉNERO Y VIOLENCIA DOMÉSTICA
Eduardo Ramon Ribas
79. LAS PROHIBICIONES DE RESIDENCIA, APROXIMACIÓN Y COMUNICACIÓN EN EL DERECHO PENAL
Patricia Faraldo Cabana
80. TERRORISMO INTERNACIONAL Y CONFLICTO ARMADO
Héctor Olasolo Alonso
Ana Isabel Pérez Cepeda

Made in the USA
Monee, IL
04 November 2026

67385312R00125